Gruel / Kipp
Vom Lehrer zum Schulleiter
Wege und Chancen der beruflichen Weiterentwicklung in der Schule

Handlungsfeld: Personal & Führung

Gruel / Kipp

Vom Lehrer zum Schulleiter

Wege und Chancen der beruflichen Weiterentwicklung in der Schule

Carl Link

Bibliografische Information der Deutschen Nationalbibliothek
Die Deutsche Nationalbibliothek verzeichnet diese Publikation in der Deutschen Nationalbibliografie; detaillierte bibliografische Daten sind im Internet über http://dnb.d-nb.de abrufbar.

ISBN 978-3-556-06620-1

www.wolterskluwer.de
www.schulverwaltung.de

Umschlagkonzeption: Martina Busch, Grafikdesign, Homburg-Kirrberg
Titelbild: iStock © Vernon Wiley
Satz: Innodata Inc., Noida, India
Druck: Williams Ley & tag GmbH, München

∞ Gedruckt auf säurefreiem, alterungsbeständigem und chlorfreiem Papier

Inhalt

Vorwort

Im Medienservice seines Bundeslandes vom 10. Februar 2011 betont der sächsische Kultusminister Roland Wöller, dass in Sachsen bis 2014 aufgrund von Altersabgängen rund 500 Schulleiterstellen neu besetzt werden müssen und erklärt: *„Wir müssen daher schon heute bei den jungen Lehrern für schulische Führungsaufgaben werben und sie dafür ausbilden".* Die Welt am Sonntag titelt am 16. 06. 2013 einen Beitrag mit *„Vom Lehrer zum Schulmanager – Bundesweit werden Rektoren gesucht, am besten mit einem passenden Studium"* (Kirstin von Elm). Im Text geht die Autorin darauf ein, dass *„laut einer Umfrage der Nachrichtenagentur dapd … bundesweit hunderte von Schulen ohne Schulleiter* auskommen, alleine in Nordrhein-Westfalen fehlt an rund jeder fünften Schule ein Rektor oder Direktor. Tendenz steigend, denn viele Schulleiter scheiden in den kommenden Jahren aus Altersgründen aus. Vor allem in ländlichen Regionen sowie an Grund- und Hauptschulen gibt es jede Menge Vakanzen. "*

So oder ähnlich sieht es zurzeit in den meisten deutschen Bundesländern aus. In dem Artikel ‚Kleine Kinder, kleines Geld' in der Welt am Sonntag (04.05.2014/ Ausgabe 18/Seite 5) schreibt die Wirtschaftsreporterin Inga Michler: *„Allein in Nordrhein-Westfalen waren Ende Januar 328 von 2891 staatlichen Grundschulen ohne feste Leitung – ein Anteil von mehr als elf Prozent. In Niedersachsen waren im Herbst 132 von rund 1700 Rektoren-Stellen nur kommissarisch besetzt. In Sachsen waren es 44 Stellen. Einer Umfrage der Welt am Sonntag unter den Kultusministerien der Länder zufolge fehlen außerdem in Sachsen-Anhalt derzeit 39 Grundschulrektoren, in Thüringen 31, in Mecklenburg-Vorpommern 18, in Brandenburg 12 und in Bremen vier Rektoren. In Berlin waren mit 30 Vakanzen mehr als acht Prozent der Stellen nur kommissarisch besetzt. ‚Eine kleine zweistellige Zahl' fehlt an Bayerns 2400 staatlichen Grundschulen, wie das Bildungsministerium erklärte. Andere Länder, darunter Baden-Württemberg und Hessen, konnten oder wollten keine Zahlen nennen. "*

Die Ursachen für diese Entwicklung sind vielfältig, die Auswirkungen gravierend.

---

* Anmerkung: *Aus Gründen der besseren Lesbarkeit wird auf die gleichzeitige Verwendung der männlichen und weiblichen Sprachformen verzichtet. Sämtliche Personenbezeichnungen gelten gleichwohl für beide Geschlechter.*

Die Idee für das vorliegende Buch kam uns bei Überlegungen zur Führungs-kräfteentwicklung im Rahmen des „Netzwerks Voneinander Lernen", das seit mehr als 10 Jahren für die Schulen in der Region Gießen/Vogelsberg Möglich-keiten der Vernetzung, der Kooperation und der Beschäftigung mit Fragen der Schulentwicklung anbietet (www.voneinander-lernen.de).

Die Autoren des Buches haben Erfahrungen in unterschiedlichen Funktionen in Schule und Schulaufsicht sammeln können. Sie haben dabei zum Teil mehr-mals während ihres beruflichen Wirkens selbst vor der Frage nach einer Verän-derung und der Bewerbung um eine neue Stelle gestanden. In vielfältiger Weise haben sie aber auch in ihrer jeweiligen Rolle in unterschiedlichen Positionen des Bildungssystems an Personalauswahlentscheidungen und Verfahren zur Besetzung von schulischen Funktionsstellen teilgenommen oder diese selbst durchgeführt. Die hierbei gesammelten persönlichen und dienstlichen Erfah-rungen möchten sie weitergeben.

Einerseits will das Buch informieren und Hinweise zur eigenen Vorbereitung auf Bewerbung und Teilnahme an Auswahlverfahren geben, andererseits will es Mut machen und dazu motivieren, den Schritt hin zu einer Veränderung und zur Karriere im schulischen Bereich für sich selbst ins Auge zu fassen und zu gehen. Es möchte dazu anregen, sich unbedingt gut beraten zu lassen, um festzustellen zu können, ob man tatsächlich für die angestrebte Funktion ge-eignet ist und nicht nur Sekundärmotivationen wie Ansehen, Gehalt etc. für das eigene Streben nach einer beruflichen Umorientierung und Weiterentwicklung verantwortlich sind.

Gespräche mit Schulleitern sowie mit Teilnehmern an einem Mentoringpro-jekt haben uns ermutigt, unsere eigenen in einer Reihe von Jahren in unter-schiedlichsten Funktionen erworbenen Erfahrungen aufzuschreiben und mit denen von anderen Kollegen zu teilen, anzureichern, vorhandene Perspektiven zu erweitern und das Ergebnis zu veröffentlichen und damit nicht nur zum Nachdenken anzuregen, sondern auch Handlungsoptionen aufzuzeigen und Fortbildungsmöglichkeiten zu eröffnen. Wir erheben dabei aber nicht den An-spruch auf Vollständigkeit oder darauf, jeden noch so differenzierten und be-denkenswerten Aspekt zu behandeln.

Schulleiter sind Führungskräfte, die unter anderem Schule organisieren, ergebnisorientiert arbeiten und Rechenschaftslegung praktizieren und insgesamt für die Qualität der Arbeit ihrer Schule verantwortlich zeichnen.

Das Aufgabenspektrum von Schulleitung hat sich in den letzten Jahren verändert, ist deutlich größer geworden und die Anforderungen an die Menschen, die dieser Aufgabe nachgehen oder nachgehen wollen, sind deutlich anspruchsvoller geworden.

Das Buch richtet sich daher an alle, die sich mit dem Gedanken an eine Bewerbung auf eine Schulleiterstelle tragen, gleich, ob sie sich nun schon entschlossen haben und nur noch Fragen zum Verfahren haben oder ob sie noch gänzlich unentschieden und unsicher sind und an ihrer persönlichen Eignung Zweifel hegen. Es will sich der Aufgabe Schulleitung einerseits aus unterschiedlichen Blickwinkeln nähern und der Frage nachgehen, was Schulleiter motiviert hat, sich dieser Aufgabe anzunehmen und will andererseits selbst motivieren, Mut machen und Möglichkeiten der Vergewisserung und auch der Vorbereitung auf die Bewerbung, das Überprüfungsverfahren und die Funktion aufzeigen.

Mit dieser Veröffentlichung verfolgen wir unter anderem auch das Ziel, das Vertrauen in die Einrichtung „Schule" durch die Vorbereitung und Gewinnung guter Schulleiter und die Entwicklung einer entsprechenden persönlichen Haltung des Einzelnen zu stärken und zu festigen.

Hans-Joachim Gruel
Heinz Kipp

1. Aufgabe Schulleitung

Hans-Joachim Gruel

1.1 Schulleitung in der Theorie – Rolle, Berufsbild, Kompetenzen

„Auf den Schulleiter kommt es an!"
Trotz alledem! Schulleitung – eine Aufgabe für mich?

„Auf den Schulleiter kommt es an!" Mit dieser eindeutigen Aussage fasst der SPIEGEL *(Nr. 44/2013, S. 17)* im Herbst 2013 die Ergebnisse der internationalen Vergleichsstudien TIMMS und PIRLS zusammen und macht deutlich, welche Bedeutung der Schulleiter auch in Deutschland für den Lernerfolg seiner Schüler hat. Die Schulentwicklungsforschung gibt den SPIEGEL-Redakteuren Recht. Keine gute Schule ohne gute Schulleitung – das gehört inzwischen zu den gesicherten Erkenntnissen zahlreicher Untersuchungen zur nachhaltigen Wirksamkeit von Veränderungsprozessen in der Schule.

Allerdings bleibt die so wichtige „Königsrolle" immer öfter unbesetzt. Selbst überregionale Medien weisen in kürzer werdenden Abständen darauf hin, dass in ganz Deutschland zahlreiche schulische Funktionsstellen unbesetzt sind und möglicherweise auch bleiben, denn es wird immer schwieriger Bewerber für frei gewordene Planstellen zu finden. Vor allem natürlich auch solche, die für diese komplexe Aufgabe tatsächlich geeignet sind. Kurz und prägnant titelt der WDR im Mai 2014: *„Schuldirektor? Wer will sich das noch antun?"*

Barbara Dorstewitz, Leiterin einer Grundschule:
„Bezahlung und Zeitaufwand stehen in keinem Verhältnis zur geleisteten Arbeit, zur erbrachten Leistung!"

Die Hintergründe für diese unbefriedigende und problematische Situation sind sicherlich vielfältig. In der Berichterstattung der Presse und den zahlreichen

Stellungnahmen der Lehrerverbände werden bei der Ursachenforschung vor allem drei Aspekte genannt: die inadäquate Bezahlung bei einer gleichzeitig höher werdenden zeitlichen Belastung und schließlich die deutlich gestiegenen Anforderungen an den Beruf des Schulleiters. So berechtigt die mit diesen Erklärungen verbundenen Forderungen nach einer höheren Besoldung und einer besseren Regelung der Arbeitszeit auch sind – vor allem im Grundschulbereich, in dem die Nachwuchsproblematik am stärksten zutage tritt –, sie gehen möglicherweise nicht weit genug. Während der Ruf nach einer besseren Besoldung und der Hinweis auf die hohen zeitlichen Belastungen leicht zu begründen und nachvollziehbar sind, lohnt sich zum besseren Verständnis ein genauerer Blick auf die deutlich wahrnehmbaren Veränderungen im Anforderungsprofil des Berufs „Schulleiter".

Nach den Angaben des NRW-Schulministeriums scheiden in den nächsten Jahren durchschnittlich mehr als 400 Schulleiterinnen und Schuleiter jährlich aus dem Dienst aus:

2009	2010	2011	2012	2013	2014	2015	2016	2017
323	306	255	375	412	499	425	427	393

(Quelle: http://www.tresselt.de/schulleitung.htm)

Galt der Schulleiter auf Grund der sehr spezifischen Traditionen des deutschen Bildungssystems lange Zeit zu Recht oder auch zu Unrecht als „Primus inter pares", so hat sich das Berufsbild „Schulleitung" spätestens mit den Bildungsreformen der neunziger Jahre deutlich verändert. Verschärft wird diese Entwicklung noch durch die föderalistische Grundstruktur des deutschen Schulwesens, die unterschiedlichen Bildungssysteme und Traditionen der ehemaligen beiden deutschen Staaten – hier unterschiedlich regierte Bundesländer, dort eine zentralistisch angelegte Organisation von Bildung und Erziehung –, vor allem aber die unterschiedlichen bildungspolitischen Auffassungen der Parteien, wie denn ein gerechteres, an den Bedürfnissen der Gesellschaft orientiertes Schulsystem zu realisieren sei. Die Verantwortlichkeit der Länder für ihr jeweiliges Bildungssystem verführt dazu, dass mangels gleichwertiger Alternativen vor allem die Bildungspolitik ins Auge gefasst wird, wenn es darum geht, sich bei den potentiellen Wählern zu profilieren. Insofern haben schulpolitische Vorstellungen immer Konjunktur.

Zwar sorgt die Kultusministerkonferenz (KMK) für feste Rahmensetzungen (z.B. in der Pflichtschulzeit oder bei Abschlussregelungen), die für alle Länder verbindlich sind, aber dennoch ist in Deutschland ein Gebilde entstanden, das aus sechzehn oft sehr unterschiedlichen Teilsystemen besteht. Innerhalb des von den Beschlüssen der KMK vorgegebenen Rahmens wird im Bildungsbereich der Bundesländer permanent in unterschiedliche Richtungen weiter reformiert, auch wenn es vereinzelte Ansätze zu einer stärkeren Vereinheitlichung gibt. Nicht umsonst sind in den letzten Jahren Forderungen nach einer verbindlicheren Grundstruktur des deutschen Bildungssystems zu hören, vermehrt auch von Seiten der Eltern, denen es zunehmend schwerer fällt, sich im Durcheinander schulischer Begrifflichkeiten, Verordnungen und Regelungen zurecht zu finden.

Wie auch immer die Schule und das jeweilige Bildungssystem in den einzelnen Bundesländern sich weiterentwickelt, klar ist, dass eine Veränderung der Rahmenbedingungen vor allem Auswirkungen auf die Position und die Rolle des Schulleiters hat. War der bereits erwähnte „Primus inter pares" zunächst noch in erster Linie ein Lehrer, der ohne weitergehende Befugnisse und Rechte und gegen eine gewisse Entlastung von seinen eigentlichen Unterrichtspflichten die Verwaltung und Organisation der Schule übernommen hatte und sich dadurch von seinen Kollegen abhob, so ist heute meist davon die Rede, der Schulleiter habe weniger Pädagoge, sondern vor allem Manager zu sein, um die mit der Leitung einer Schule verbundenen vielfältigen Aufgaben bewältigen zu können. Dahinter verbirgt sich neben der Aufwertung der Schulleiter-Rolle unter anderem auch die Erkenntnis, dass die frühzeitige und systematische Förderung von Lehrkräften, die über das notwendige Führungspotential verfügen, lange Zeit vernachlässigt wurde, obwohl dies für die schulische Qualitätsentwicklung von wesentlicher Bedeutung ist. Wie auch immer: Für den Schulleiter, der eigentlich und hauptsächlich eher Lehrer ist und mit zusätzlichen Verwaltungsaufgaben betraut wird, wie für den Manager mit der Verantwortung für das schwierige System „Schule" gilt auch weiterhin, dass sie an der Schnittstelle zwischen den Vorgaben der Politik bzw. Bildungsverwaltung und deren Umsetzung in der eigenen Schule verortet sind.

Schulleiter agieren also vereinfacht dargestellt strukturell auf zwei Ebenen: Einerseits stehen sie zwischen dem Lehrerkollegium und der übergeordneten Schuladministration (Schulaufsicht, Kultusministerium, Begleitinstitutionen, Schulträger) und sind als solche auch Empfänger von Aufträgen, deren Umsetzung sie in ihrer jeweiligen Einzelschule realisieren sollen. Schulleiter sind in diesem Kontext eingebunden in ein System von Gesetzen, Erlassen, Verordnungen, Weisungen und Bestimmungen.

Jörg Keller, Leiter einer Integrierten Gesamtschule mit Oberstufe:

„Einen Plan zu haben, ist in Ordnung, aber viele Aufgaben werden einem auch einfach vor die Füße gelegt!"

Andererseits sind sie vor Ort verantwortliche Führungskräfte, die über ihr Leitungshandeln gegenüber der Schulaufsicht, der Inspektion und dem Schulträger Rechenschaft ablegen müssen, obwohl sie an Konferenzbeschlüsse unterschiedlich zusammengesetzter Gremien gebunden sind. Zu allem Überfluss sind sie in fast allen Fällen auch gleichzeitig noch als Lehrer bzw. Kollege tätig. Sie befinden sich also in einer potentiell konfliktträchtigen Doppelposition. So heißt es z.B. im Schulgesetz des Landes Nordrhein Westfalen ausdrücklich in § 59: *„Jede Schule hat eine Schulleiterin oder einen Schulleiter, die oder der zugleich Lehrerin oder Lehrer ist"* und wenig später: *„Sie oder er kann in Erfüllung dieser Aufgaben als Vorgesetzte oder Vorgesetzter allen an der Schule tätigen Personen Weisungen erteilen."*

Nicht umsonst spricht man mit Blick auf die Schulleitungsfunktion häufig von „Rollendiffusion". Dies wird insbesondere dann deutlich, wenn die

Schulleitung an der Schnittstelle zur Verwaltungsebene Vorgaben und Verordnungen durchsetzen muss, die bei Lehrkräften nicht unbedingt auf Gegenliebe und Verständnis stoßen und den ohnehin schon komplizierten und anstrengenden schulischen Alltag aus deren Sicht zusätzlich belasten: Einsatz an mehreren Standorten, Kompensierung nicht besetzter Planstellen, fachfremder Unterricht, Einsatz außerhalb der eigentlichen Unterrichtsverpflichtung und vieles mehr.

Auch daher ist in der Regel für den Schulleiter die nächsthöhere Ebene die wichtigste Ansprechstation in vielen schwierigen Fragen. Artikel 7 Abs. 1 des Grundgesetzes der Bundesrepublik Deutschland formuliert als Verfassungsgebot: *„Das gesamte Schulwesen steht unter der Aufsicht des Staates".* Dies hat zur Konsequenz, dass der Staat nicht nur ein Eingriffsrecht („Aufsicht"), sondern vielmehr auch eine Gestaltungspflicht hat, die per jeweiliger Landesverfassung und Gesetz eine flächendeckende Grundversorgung mit Schulen und ein umfassendes Bildungsangebot zum Ziel hat.

Die Schulaufsicht ist in den Ländern der Bundesrepublik Deutschland meist zwei- oder dreistufig organisiert. Dies bedeutet, dass zwischen der obersten Schulbehörde, dem Kultus- oder Schulministerium und der Einzelschule eine oder zwei weitere Ebenen als regionale oder lokale Schulaufsichtsbehörden existieren. Während beispielsweise aktuell in Hessen das Landesschulamt, in dem die 15 Staatlichen Schulämter als Untergliederungen zum 01. Januar 2013 aufgegangen waren, bereits wieder aufgelöst wird und Schulämter als eigenständige, dem Ministerium nachgeordnete Behörden wieder hergestellt werden, in denen die Schulaufsicht über alle Schulformen und Schulstufen ausgeübt wird, gibt es in anderen Bundesländern andere Regelungen.

Oft existieren unterschiedliche Institutionen, die für die verschiedenen Schultypen zuständig sind. So wird in Bayern die Schulaufsicht über Grund- und Mittelschulen durch die Staatlichen Schulämter ausgeübt. Für die unmittelbare Aufsicht über die Gymnasien, die Realschulen und die Berufsoberschulen werden vom Bayerischen Staatsministerium für Unterricht und Kultus jedoch sogenannte Ministerialbeauftragte bestellt und in Nordrhein-Westfalen *(§ 88 Abs. 3 SchulG NRW)* ist es das Staatliche Schulamt, das in seinem Gebiet die Schulaufsicht über die Grundschulen sowie die Fachaufsicht über die Hauptschulen und die Förderschulen wahrnimmt. Andere Schulformen, wie zum

Beispiel das Gymnasium oder die Berufliche Schule, sind dort direkt der Bezirksregierung unterstellt *(Eine Übersicht über die Schulaufsichtsstrukturen in den Bundesländern findet sich im Anhang).*

Schulleiter sind also auf eine enge Zusammenarbeit mit der direkt vorgesetzten Behörde angewiesen, meist Staatlichen Schulämtern oder Schulaufsichtsämtern, aber auch Bezirksregierungen oder Ministerialbeauftragten. Zu den Aufgaben dieser Einrichtungen zählen die Schulaufsicht, die Beratung der Schule in allen organisatorischen, pädagogischen und personellen Fragen sowie manchmal die gesamte Personalentwicklung in der Region. Zunehmend haben sich in einigen Bundesländern diese Einrichtungen aber neben der Wahrnehmung ihrer hoheitlichen Aufgaben auch der Beratung und der Begleitung der Schulen bei Schulentwicklungsprozessen zugewandt. Sie sind damit für die Schule nicht länger nur als „Aufsicht" von Bedeutung, sondern ebenso in Fragen der Fortbildung oder der Schulentwicklung. Dadurch sehen sie ihre Rolle in stärkerem Maße auch als schulnahe Beratungs- und Unterstützungsagenturen.

Die Schule ist für den Schulleiter der Raum der persönlichen Begegnungen mit Kollegen, Schülern, Eltern, Service-Mitarbeitern, Kontaktpersonen beim Schulträger oder im Schulamt, Aushilfskräften, Personen aus dem öffentlichen Umfeld einer Schule. Hier scheint noch immer ein wenig der „Primus inter pares" durch. *„Wenn alles gut läuft, ist Schule leiten nicht schwer"*, stellt Alfred Harnischfeger, gestandener Schulleiter, Fortbildner und Interessenvertreter, am Ende seiner Dienstzeit fest *(A.H., Schule leiten. Neue Wege gehen und sie anderen zumuten, Schwalbach/Taunus 2013, S. 34)*. Das Problem besteht darin, die Schule zum Laufen zu bringen und natürlich viel mehr noch sie in Gang zu halten, wenn es endlich gut läuft.

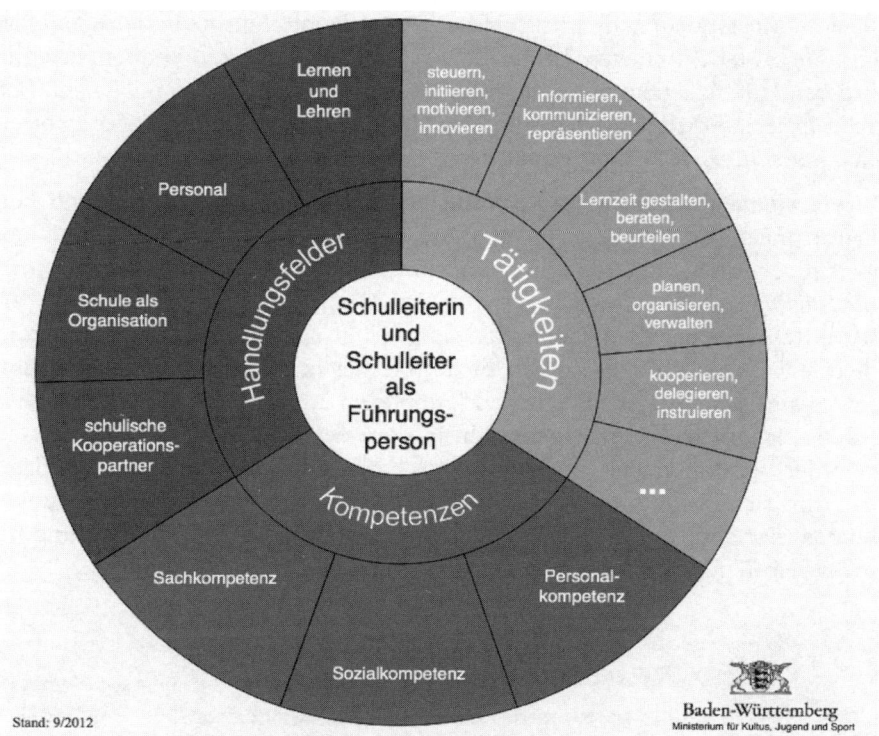

Abb. 1: *Lehrerfortbildung Baden Württemberg*

(Quelle: Lehrerfortbildung Baden Württemberg, Website: http://lehrerfortbildung-bw. de/ffb/schulleit/ anforderungsprofil/anforderungsprofil_sl_04092012.pdf)

Es dürfte allerdings auch klar sein, dass es angesichts all dieser Bezugspersonen und möglichen Situationen für den Schulleiter eine Vielzahl nicht formalisierter Aufgaben und Anforderungen gibt, die sehr viel Zeitaufwand erforderlich machen und dafür sorgen, dass jeder Arbeitstag ganz anders verlaufen kann, als vielleicht ursprünglich geplant. Wenn schwere Schneefälle vorausgesagt sind, der Hausmeister einen Einbruch meldet, das Gesundheitsamt wegen eines Meningitis-Falles in der Schule anruft oder es zu einer massiven Unterrichtsstörung gekommen ist, muss die Schulleitung sich diesen Problemen stellen, ohne dass sie auf „Musterlösungen" zurückgreifen kann. Letzte Instanz in der Schule ist und bleibt der Schulleiter. Hinter dessen Verantwortlichkeit können sich alle anderen zurückziehen und gelegentlich tun sie das auch. *„Ich habe heute gar keine Lust zur Schule zu gehen"*, sagt der Mann zu seiner Ehefrau. Die antwortet: *„Du musst aber, du bist der Schulleiter!"*

In der eigenen Schule ist der Schulleiter im Umgang mit unterschiedlichen Erwartungen, Ansprüchen, Rechten und Zuständigkeiten, in der Bewältigung vielfältiger Alltagssituationen sehr intensiv gefordert – *„Schule leiten ist nichts für Feiglinge"* – *(A. Harnischfeger, a.a.O., S.18)*, hat aber – und das ist die positive Kehrseite der Medaille – auch sehr viel größere Aktionsspielräume und diverse Handlungsmöglichkeiten, die ihm vielleicht zunächst gar nicht bewusst sind. Angesichts dieser alltäglichen komplexen Anforderungen ist die eigene Schule sicherlich der Arbeitsbereich, in dem der Schulleiter am intensivsten gefordert wird, sich aber auch am besten beweisen und profilieren kann. Und das wird sich in Zukunft wohl noch verstärken, wenn man die Entwicklungstendenzen richtig interpretiert und öffentliche Ankündigungen in Richtung auf mehr Selbständigkeit umgesetzt werden.

Annedore Radvan, Leiterin einer Grundschule:
„Es kann nur mit einer großen Überzeugungsarbeit gehen!"

Seit den neunziger Jahren hat es in der Reaktion auf Ergebnisse internationaler Vergleichsstudien eine Reihe pädagogischer Reformprozesse in allen Bundesländern gegeben, die für die Einzelschule mit erheblichen Veränderungen verbunden waren und die Transmissionsinstanz „Schulleitung" vor große Herausforderungen gestellt haben (Schulprogramme, Verkürzung der Gymnasialzeit, Schulinspektion, Ganztagsschule, Inklusion etc.). Gleichzeitig wurden aber auch die Rechte der Einzelschule gestärkt (Schulbudget, Selbstständige Schule, Personalfragen).

Je mehr Entscheidungsspielräume an die einzelne Schule delegiert werden, umso größer ist der Handlungsspielraum der Schulleitung, natürlich auch die Ansprüche und Erwartungen an den Verantwortlichen, ohne dass in gleichem

Maße – auch das muss in diesem Zusammenhang erwähnt werden – die notwendigen Unterstützungsmaßnahmen in die Wege geleitet wurden bzw. eine qualifizierte, professionelle Vorbereitung für die sehr viel komplexer gewordene Schulleiterfunktion entwickelt, zeitliche Ressourcen in Form von „Leitungszeit" dafür deutlich verbessert und eine dem ausgeweiteten Anforderungsprofil entsprechende Bezahlung geregelt wurde.

Die in der Bildungspolitik wahrzunehmende Tendenz zur Dezentralisierung und einer allmählich erweiterten Eigenverantwortung von Schule ist eng – und das ist die unverzichtbare Kehrseite der Medaille – mit einer verstärkten Rechenschaftspflicht auf unterschiedlichen Ebenen, Qualitätskontrollen durch Schulinspektion und Vergleichsstudien und landesweit einheitliche Prüfungen und Testverfahren verbunden. Dadurch wird gleichzeitig auch der Versuch einer Vereinheitlichung bzw. Zentralisierung des Schulwesens gemacht. Nimmt man hinzu, dass vor dem Hintergrund tendenziell sinkender Schülerzahlen der Wettbewerb zwischen den Schulen akzentuierter geworden ist, wird deutlich, dass Schulleitung sich heutzutage mit einem veränderten und erweiterten Spektrum von Anforderungen und Aufgaben konfrontiert sieht. Zu den traditionellen, ohnehin schon komplexen Aufgabenbereichen sind völlig neue, deutlich anspruchsvollere Aspekte und Fragen hinzugekommen.

Der Schweizer Bildungsforscher Stephan G. Huber stellt hierzu fest: *„Auch aktuelle Studien zu Schulentwicklung bzw. Schulverbesserung betonen die Relevanz von Schulleitung, besonders im Hinblick auf den angestrebten kontinuierlichen Verbesserungsprozess in einer jeden Schule. Schulleitung gilt als bedeutend für alle Phasen des Schulentwicklungsprozesses. Sie wird als verantwortlich dafür beschrieben, dass bei den angestrebten Verbesserungsprozessen der Blick auf die gesamte Schule beibehalten und eine sinnvolle Koordination von Einzelaktivitäten gesichert wird. Darüber hinaus soll sie intraschulische Bedingungen für eine kontinuierliche Weiterbildung und zunehmende Professionalisierung der Lehrkräfte schaffen. Sie trägt Verantwortung für die Entwicklung einer kooperativen Schulkultur. Schulleiterinnen bzw. Schulleiter werden also als Schlüsselfiguren in ihren Schulen bezeichnet, mit dem Vermögen, Schulentwicklungsprozesse entscheidend voranzubringen, aber genauso auch zu blockieren; sie gelten als zentrale „Change Agents" und tragen die Verantwortung für den Veränderungsprozess der Einzelschule"*

(Quelle: http://www.bildungsmanagement.net/pdf_gesichert/Huber-2007-Schulleitung-GegenstandWissenschaftlicherForschungDesIBB.pdf).

Kein Wunder, dass der Übergang „vom Verwalten zum Gestalten" von vielen Schulleitern aus berechtigten Gründen „als hohe Belastung empfunden" wird, wie in der SHaRP-Studie des „Deutschen Instituts für internationale pädagogische Forschung" *(SHaRP: „Schulleitungshandeln zwischen erweiterten Rechten und Pflichten")* vor kurzem untersucht und festgestellt wurde *(s.: http://www. dipf.de/de/dipf-aktuell/pressemitteilungen/schulleitung-zwischen-anspruch-und-wirklichkeit)*, ohne dass sich bezeichnenderweise ein signifikanter Unterschied zwischen der Leitung von Gymnasien und der von Grundschulen nachweisen ließe.

Trotz aller Klagen, Schwierigkeiten und Hindernisse lässt sich mit Blick auf viele Schulen feststellen, dass dort gerade auch in den letzten Jahren eine positive Umgestaltung der pädagogischen Arbeit und ihres schulischen Umfelds im Interesse und zum Nutzen von Schülern stattgefunden hat und stattfindet, sich Schulen also kontinuierlich qualitativ weiterentwickeln. Sicherlich spielen dabei die oft sehr unterschiedlichen Chancen und Entwicklungsbedingungen eine wichtige Rolle (Schulform, Umfeld, strukturelle Faktoren usw.), aber es ist in erster Linie das Schulleitungshandeln, das für positive Veränderungen und eine Verbesserung schulischer Bedingungen sowie Leistungen verantwortlich ist. Die Schule bewegt sich also doch oder sie bewegt sich nicht, das hängt unbestritten vor allem von der Schulleitung ab!

Dabei ist es nicht unbedingt erforderlich, dass die verantwortliche Person an der Spitze einer Schule all die Fähigkeiten und Kompetenzen mitbringt, die sich in vielen Broschüren, Ratgebern, Handreichungen und den Anforderungsprofilen der Ausschreibungstexte finden. Solche langen Listen mit übergeordneten, Schlüssel-, Haupt- und Nebenkompetenzen oder die 40 *„täglichen Problembereiche, die von der Schulleitung zu bewältigen sind" (http://www.tresselt.de/ schulleitung.htm)* können vielleicht ganz hilfreich sein, um die Komplexität der Schulleitungsfunktion zu umreißen *(Das gilt besonders für das Beispiel in: Bott, W., Grundkurs Schulrecht IX, Köln/Kronach 2012, S. 68 – 77)*, aber oft sind sie auch kontraproduktiv und drohen geeignete bzw. interessierte Bewerber für die Schulleitungsrolle tendenziell eher zu verunsichern, anstatt sie – was wichtiger wäre – zu ermutigen.

Denn es braucht Mut, sich auf eine Stelle zu bewerben, die der kanadische Bildungsforscher Michael Fullan bereits vor mehr als 20 Jahren mit folgenden

Worten beschrieben hat: „*Gesucht werden Mr. Oder Mrs. Universum, Wunderschaffer, die aus wenig Geld viel machen, die rivalisierenden Gruppen an einen Tisch bringen, chronisches Gemäkel aushalten, kaum Unterstützung brauchen, riesige Mengen Papier verdauen können; robuste Naturen, denen auch Doppel- oder 75 Nachtschichten pro Jahr nichts anhaben können, ohne Zusatzvergütung versteht sich. Er/sie hat zwar Blankovollmacht für Innovationen, darf aber dafür weder nennenswert Geld ausgeben noch Untergebene austauschen oder Vorschriften außer Kraft setzen. Gesucht wird, mit einem Wort: der Schulleiter/die Schulleiterin.*“ (Zit. nach: Badische Zeitung vom 04.05.2012; Schulleiter – ein schlecht bezahlter Fulltimejob).

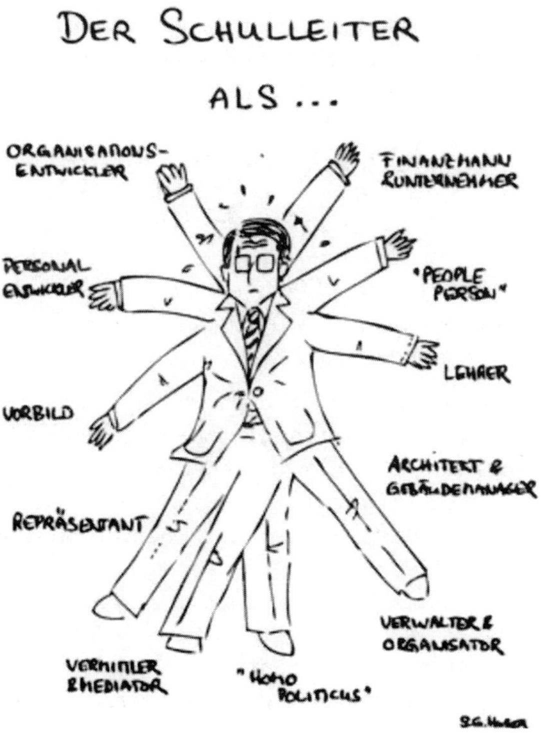

Abb. 2: *Mister Universum: der prototypische Schulleiter, wie ihn der Schweizer Bildungsforscher Stephan Huber sieht und gezeichnet hat. Quelle: Badische Zeitung, BZ/Foto: hupka*

Dass es solch ein Wunderwesen braucht, wird deutlich, wenn man sich noch einmal die Strukturen anschaut, die für den „schlecht bezahlten Fulltimejob" konstituierend sind. Es wurde bereits darauf hingewiesen, dass die Schulleitung an der Gelenkstelle zweier unterschiedlicher Bereiche oder Subsysteme agiert, zwischen denen sie vermitteln muss: *„Einerseits ist Schulleitung Teil der linearen Verwaltungshierarchie des Schulsystems; andererseits ist sie ebenso auch Teil der komplexen Hierarchie innerhalb der Schulen selbst, die ganz anderen Prämissen folgt: Alle Lehrer sind Vollakademiker (Anmerkung: Nicht alle!) und sind hierarchisch in ihrer Funktion weitgehend gleich gestellt; der Schulleiter ist auch Lehrer; Entscheidungen der Lehrerkonferenz sind für die Schulleitung bindend; die Lehrkräfte haben darüber hinaus einen juristisch gesicherten methodischen Freiraum durch das Institut der Pädagogischen Freiheit, die aber nach ständiger Rechtsprechung der Verwaltungsgerichte keinen Individualrechtsanspruch der einzelnen Lehrkraft begründet. Für Schulleiter bedeutet diese Position zwischen linearer Hierarchie und komplexer Hierarchie, dass sie zwei unterschiedliche Handlungsrationalitäten beachten müssen, nämlich die zielorientiert rationale des administrativen und bürokratischen Agierens nach personenunabhängigen, festgelegten Prinzipien einerseits und die Flexibilität erfordernde, nicht berechenbare, auf Einzelpersonen eigehende, kommunikativ-interaktionale Rationalität des pädagogischen Handelns andererseits ...“* (Rosenbusch, zitiert nach: Huber, *Qualifizierung von Schulleiterinnen und Schulleitern im internationalen Vergleich, Wolters Kluwer Deutschland, Kronach 2003, S. 30*).

Die vielfältigen Aufgaben des Schulleiters lassen sich Bereichen wie Bildungs- und Erziehungsaufgaben, Verwaltung und Management, schulischer Qualitätsentwicklung, Evaluation und Rechenschaftslegung, Personalführung und Teamentwicklung, Außenvertretung der Schule, Konfliktmanagement und Weiterbildung zuordnen, umfassen also die Dimensionen *„Management, Führung und Moderation"* (*Höher/Rolff, Neue Herausforderungen an Schulleitungsrollen: Management – Führung – Moderation, in: Rolf u.a. (Hrsg.), Jahrbuch der Schulentwicklung, Bd. 9, Weinheim Beltz 1996*), die sich noch weiter aufschlüsseln lassen: *„Zur Schulleiterin oder zum Schulleiter wird von der zuständigen Behörde nur bestellt, wer über die Ausbildung für das Lehramt hinausgehende Kenntnisse und Fähigkeiten erworben hat, die für die Leitung einer Schule erforderlich sind. Dies sind insbesondere Führungskompetenz, Teamfähigkeit,*

Konfliktfähigkeit, Innovationsfähigkeit, Organisationskompetenz sowie die Fähigkeit und Bereitschaft, mit schulischen wie außerschulischen Gremien zusammen zu arbeiten und schulische Aufgaben im Kontext bildungs-, sozial- und gesellschaftspolitischer Entwicklungen wahrzunehmen", heißt es zum Beispiel im § 91 des Hamburgischen Schulgesetzes.

Für die Arbeit in der *„komplexen Hierarchie innerhalb der Schule selbst"* (Rosenbusch, a.a.O.), die im Zusammenhang der selbstständiger werdenden Schulen immer wichtiger wird und den Alltag des Schulleitungshandelns daher stärker als bisher bestimmt, ist es sicherlich notwendig, dass der Schulleiter eine Vorstellung davon hat, wohin sich die eigene Schule weiter entwickeln soll (Vision/ Ziele), dass er aktiv um die Integration neuer Ansätze und Entwicklungen, also Veränderungen bemüht ist (Innovation), dass die Verwaltung bzw. Administration der Schule so gut funktionieren (Organisation), dass sich alle Herausforderungen und Notwendigkeiten routiniert und ohne große zusätzliche Anstrengungen durchführen lassen und schließlich, dass die in der Schule miteinander agierenden Personen und Gruppen in die jeweils anstehenden Entscheidungsfindungen mit einbezogen werden (Moderation bzw. Partizipation).

Dr. Carsten Scherließ, Leiter eines Gymnasiums:
„Ich habe an meiner Schule sehr viel bewegen können, immer im Miteinander!"

Nicht umsonst wird sehr häufig angesichts der vielfältigen Mitbestimmungsmöglichkeiten der schulischen Gremien die Organisation von Mehrheiten als zentrale Aufgabe von Schulleitung angesehen. Schließlich kann der Schulleiter nur wenige Fragen selbst entscheiden, sondern muss viel häufiger Beschlüsse schulischer Konferenzen und diverser Beteiligungsgremien umsetzen (Gesamtkonferenz, Schulkonferenz, Elternbeirat), auch wenn das von außen oft anders wahrgenommen und beim Schulleiter mehr „Macht" vermutet wird, als er tatsächlich hat. *„Sie sind doch der Schulleiter!"* Diese unmissverständliche, meist mit einer sehr konkreten Aufforderung verbundene Äußerung hat wohl jeder Schulleiter vor allem von Elternseite schon einmal zu hören bekommen.

Im Folgenden sind Aussagen von Schulleitern aus dem hessischen Schulamtsbezirk Gießen/Vogelsberg zusammengestellt, die sie im Rahmen von Interviews (vgl. den Fragenkatalog aus den Interviews im Anhang unter 6.1) zu ihren beruflichen Erfahrungen äußerten:

Gute Schulleiter

- *verfügen über ein hohes Maß an Kommunikationsfähigkeit*
- *nutzen die Potenziale der Kollegen in ihrer Schule*
- *pflegen den Kontakt zu anderen Schulen und Einrichtungen in ihrem regionalen Umfeld*
- *beziehen in wichtige Entscheidungen die am Schulleben Beteiligten mit ein*
- *setzen verlässliche Regeln und Normen durch*
- *haben eine Vision bzw. Philosophie von ihrer Schule und versuchen diese umzusetzen*
- *fördern Ideen und Anregungen, welche die schulische Weiterentwicklung voran bringen*
- *haben einen Blick bzw. ein Gespür dafür, was an der Schule notwendig und zu tun ist*
- *sorgen für Transparenz und erläutern das eigene Handeln*
- *haben gute Kontakte zu Schulträger und Schulverwaltung*
- *entscheiden schnell, eigenverantwortlich, kosten- und ergebnisorientiert*
- *bemühen sich um die eigene Fort- und Weiterbildung*
- *verfügen über Organisationskompetenz und sorgen für verlässliche Abläufe*
- *zeigen ein hohes Maß an Innovationsbereitschaft*
- *orientieren sich in ihrer Führungsrolle an den gemeinsam vereinbarten Zielen*
- *können Aufgaben delegieren*
- *haben eine Vorstellung von „gutem Unterricht" und pädagogische Erfahrung*
- *verfügen über die Fähigkeit zur Selbstreflexion*
- *sind team- und kooperationsfähig*
- *regeln Konflikte sachbezogen und können Prozesse moderieren*
- *…*

Diese Übersicht zum erwünschten und vorbildlichen Schulleitungshandeln ließe sich leicht noch ergänzen, erhebt also keinen Anspruch auf Vollständigkeit, aber da es wohl nur wenige Personen gibt, die all die angesprochenen, zudem noch idealtypischen Kompetenzen und Fähigkeiten besitzen, sollte man sich Folgendes klar machen: *„Es gibt nicht die optimalen Führungseigenschaften oder den besten Führungsstil. Führungsverhalten ist situationsabhängig. Auch für Schulleiter/innen gilt das Prinzip der situativen Führung. Sie müssen mit unterschiedlichen Situationen umgehen und bewältigen diese erfolgreich mit ihren oft eher personenspezifischen als in jedem Fall idealtypischen Verhaltensmöglichkeiten"* (Schulleitung in Hamburg – eine Informationsschrift, 7. Aktualisierte Auflage, Hrsg. Freie und Hansestadt Hamburg, Behörde für Schule und Berufsbildung, Landesinstitut für Lehrerbildung und Schulentwicklung, September 2008, S. 5) oder anders ausgedrückt: Schulleiter sollten die richtigen Dinge richtig tun.

Wenn es für Schulleitung in erster Linie darauf ankommt, in wechselnden Situationen adäquat zu reagieren und zu entscheiden, dann heißt das auch verkürzt: Um in dem Haupttätigkeitsbereich von Schulleitung, das ist die eigene Schule mit ihren verschiedenen Bezugsgruppen, erfolgreich agieren zu können, braucht es neben dem Wissen um die Ziele, die man anstrebt und die man nicht aus den Augen verlieren sollte, vor allem Flexibilität, ein gewisses Maß an Erfahrung, vor allem jedoch kommunikative und soziale Kompetenzen. Denn im schulischen Alltag und bei innerschulischen Veränderungsprozessen kommt es wesentlich darauf an, mit den an den schulischen Entscheidungen beteiligten Gruppen und Personen im Gespräch zu sein. Wenn Kommunikation, der Umgang mit Menschen das A und O des Leitungshandelns in Schulen ist, werden das Lehrerzimmer, die Bücherei oder der Besprechungsraum als Arbeitsplatz unter Umständen für den Schulleiter wichtiger als der eigene Schreibtisch.

Sicht man sich den Arbeitsalltag von Schulleitern genauer an, lässt sich als ein wesentliches Merkmal identifizieren, dass die wenigsten Tätigkeiten im Verlauf eines Schultags von der Schulleitung selbst bestimmt werden. Auch das stellt man sich von außen oft anders vor. Einmal gefasste Pläne werden häufig genug durch andere Ereignisse und Erfordernisse, wie sie in einem Kontext mit Kindern und Jugendlichen, mit anspruchsvoller werdenden Eltern und Lehrern, denen ihre „pädagogische Freiheit" sehr wichtig ist, immer wieder vorkommen können und auch vorkommen werden, ganz schnell über den Haufen geworfen und machen eventuell eine Entscheidung der Schulleitung notwendig, selbst wenn es dabei aus deren Sicht um eher vielleicht unwichtige und nebensächliche Fragen gehen sollte.

Der Vorrang von Problemen, die konkret, manchmal sehr spezifisch, häufig eilig, aber vielleicht auch direkt lösbar sind (jede Schulleitung kann hierzu eine Vielzahl von Beispielen wie Disziplinprobleme, Gebäudemängel, technische Schwierigkeiten, Elternbeschwerden nennen), führt dazu, dass der Arbeitsalltag auf der Schulleitungsebene eben nicht in erster Linie aus der Bewältigung selbst initiierter Aufgaben, sondern eher aus einer Vielzahl von kurzen, häufig gar nicht planbaren Aktivitäten und Kontakten mit unterschiedlichen Bezugspersonen besteht. Aufgrund der vielen Unterbrechungen verläuft dieser Alltag daher diskontinuierlich, sehr oft hektisch und unvorhersehbar. Wichtige Themen werden von Kollegen oft nach einem kurzen Blick durch die meist offene Tür des Chefbüros mit der Frage und dem Hinweis eingeleitet: *„Haben sie mal einen Moment Zeit? Es ist dringend, es geht auch ganz schnell!"*

Abb. 3: Foto: Kipp, Wandbild in einem kanadischen Klassenraum

Es kommt sicherlich häufiger vor, dass der Schulleiter sich auf dem Nachhauseweg fragt: *„Was habe ich heute eigentlich gemacht?"* oder nach der Bewältigung vielfältiger Aufgaben erst mal durchatmen muss. Dies hängt offenbar nicht von der Größe der Systeme ab, im Gegenteil: Befragungen von Schulleitungen in Nordrhein-Westfalen haben ergeben, dass die Ereignisdichte in kleineren Schulen höher ist als in größeren und dass Schulleitungen in großen Systemen mehr Zeit zur Erledigung ihrer Aufgaben und Aktivitäten haben *(vgl. Schulleitung in Hamburg – eine Informationsschrift, a.a.O. S. 11 ff)*, möglicherweise, weil sich dort Zuständigkeiten und Verantwortung auf mehr Schultern verteilen.

Annette Greilich, Leiterin einer Beruflichen Schule:

„Organisieren ist so mein Ding."

„Ich glaube, es ist leichter, als Lehrer Manager zu werden, denn als Manager Lehrer zu lernen"

Schulleitung lässt sich insofern vielleicht ganz treffend als kontaktintensive Überall-Präsenz beschreiben oder auch mit dem angelsächsischen Begriff des „Management by walking", weil durch den Rhythmus des Schulalltags vieles oft nur nebenher oder zwischendurch angestoßen, geklärt oder geregelt werden kann, selbst wenn sich die Schulleitung für wichtige Probleme und Fragen die notwendige Zeit nimmt. Dieser Arbeitsalltag, der von manchen als belastend, von vielen aber auch als abwechslungsreich und interessant empfunden wird, lässt sich kaum vorweg nehmen oder in Kompetenzraster aufgliedern. Auf jeden Fall braucht es Persönlichkeit, Flexibilität, sicherlich ein gewisses Maß an Erfahrungen sowie soziale und kommunikative Kompetenzen, um die mit der Schulleitungsaufgabe verbundenen Stressfaktoren und Belastungen mit Hilfe eines breit gefächerten Handlungsrepertoires für den Umgang mit Gruppen oder Einzelnen, dem „System", aber auch sich selbst zu bewältigen. Es ist nicht einfach, den Erfordernissen der jeweiligen, häufig wechselnden Situationen gerecht zu werden und dann das Richtige richtig tun zu können, situativ oder vielleicht besser: kooperativ zu führen, wie es inzwischen häufig in Untersuchungen zum Schulleitungshandeln propagiert wird.

Dies ist gerade im Umgang mit der wichtigsten Bezugsgruppe in der Schule, den Lehrern mit so manchen Privilegien und einer spezifischen Sicht auf die Schulleitung von großer Bedeutung, denn wenn man vieles nicht anordnen kann, muss man mitnehmen und überzeugen. Das hierzu notwendige Vertrauen entsteht im alltäglichen Umgang miteinander und ist abhängig von dem, was der Chef an verlässlicher Orientierung bieten kann.

Soviel ist klar: Kollegen, die beabsichtigen, sich auf eine Schulleiterstelle zu bewerben, müssen sich bewusst sein, dass damit ein vollständiger beruflicher

Rollenwechsel verbunden ist. Das ist manchmal durchaus erwünscht, manchmal jedoch wird diese Erkenntnis durch das Bild des „Primus inter pares" noch immer erschwert. Schulleitungen haben nicht nur eine völlig andere, sondern auch wesentlich höhere und intensivere Arbeitsbelastung als Lehrer und das nicht nur aufgrund der größeren Verantwortung.

Obwohl Schulleitungen objektiv mehr leisten müssen als die Lehrer ihrer Schule, haben sie allerdings weitaus mehr Handlungsmöglichkeiten als Lehrkräfte und damit eher die Chance zur Kontrolle einer Situation. Schulleitungen können Entscheidungen delegieren, haben Zugriff auf Ressourcen oder die Möglichkeit, Rahmenbedingungen zu verändern und können dadurch Handlungsspielräume nutzen, wenn es um die Bewältigung schwieriger Anforderungssituationen geht. Lehrkräfte können dies oft nicht, erleben eine Situation unter Umständen deshalb als stressig und fühlen sich überfordert. Wenn man über Handlungsoptionen verfügt, empfindet man eine schwierige Frage sehr viel wahrscheinlicher als Herausforderung, die sich mit persönlichen oder den anderen zur Verfügung stehenden Möglichkeiten wohl lösen lässt, ein Gefühl, das Lehrern aus nachvollziehbaren Gründen mitunter fehlen mag.

Unter Umständen ist das wohl ein wichtiger Grund dafür, dass die Arbeitszufriedenheit von Schulleitern höher ist als die ihrer Lehrkräfte oder auch dafür, dass Schulleitungen einen deutlich höheren pädagogischen Optimismus an den Tag legen, wenn es um die Bewältigung z.B. von Schulentwicklungsaufgaben oder anderer Probleme geht *(vgl. Schulleitung in Hamburg – eine Informationsschrift, a.a.O. S. 11 ff)*. Insofern ist es auch nicht überraschend, dass die Burn-Out-Rate für Schulleitungen mit 6% trotz nachweisbar höherer zeitlicher und intensiver Beanspruchung halb so hoch ist wie die von Lehrern *(s.: Bauer, K.O.; Kanders, M.; Burnout und Belastung von Lehrkräften, in: Rolff, H.G. u.a. (Hrsg.), Jahrbuch der Schulentwicklung, Bd. 10 Weinheim Beltz 1998; vgl. hierzu auch: http://lehrerspiegel.files.wordpress.com/2010/04/uhlendorff-schulmanagement-burn-out.pdf)*.

Schulleitungen haben *„eine gute Chance trotz mitunter stürmischem Meer, einigermaßen als Souverän, respektive als Kapitäne ihre Schulschiffe (und sich selber) steuern zu können. Dieses Flow-Gefühl, den Fahrtwind um die Nase, die Kapitänsmütze auf dem Kopf ist eine Gratifikation der besonderen Art"* (Schmitz E.; Hillert A., Schulleitung – ein unmöglicher Beruf?, in: Schulverwaltung NRW, 7-8/2011).

Der Widerspruch zwischen hoher Belastung und Inanspruchnahme auf der einen Seite und den niedrigeren Burn-Out-Werten bei Schulleitern auf der anderen lässt sich wohl am ehesten mit den Handlungsspielräumen und Gestaltungsmöglichkeiten erklären, die den Schulleitungen trotz aller skizzierten Einschränkungen offenbar zur Verfügung stehen und die in Zukunft mit der Entwicklung der „Selbstständigen Schule" womöglich noch größer werden. Wenn ein Instrumentarium von Handlungsoptionen zur Verfügung steht, wird der Agierende ein Problem eher als Herausforderung empfinden denn als Belastung.

Insofern ist es nicht verwunderlich, wenn Schulleiter bei Befragungen zu den angenehmen Seiten ihrer Tätigkeit, zu dem, was ihnen Freude bereitet und sie motiviert, hauptsächlich immer wieder auf vorhandene Gestaltungsmöglichkeiten, auf die Verwirklichung von Vorstellungen und Ideen zusammen mit anderen oder sogar auf ihren stets abwechslungsreichen und dadurch als interessant empfundenen Arbeitsalltag verweisen *(So z.B. in Schulleiter-Statements in: Schulleitung in Hamburg – eine Informationsschrift, a.a.O. S. 16).*

Trotz aller Belastungen und Klagen ist sogar sehr häufig vom „Spaß" die Rede, die dieser „unmögliche Job" ganz offensichtlich dann machen kann, wenn man die neue berufliche Rolle realistisch sieht und sich dazu entschließt, die mit ihr verbundenen Möglichkeiten zur Verwirklichung eigener Ziele und Visionen und auch zur Persönlichkeitsentwicklung zu nutzen. Vielleicht lohnt es sich deshalb ja doch, über einen Wechsel in die Schulleitung nachzudenken – trotz alledem!

1.2 Schulleitung in der Praxis – Möglichkeiten und Grenzen des Berufs in Alltagserfahrungen – Interviews mit Schulleitern unterschiedlicher Schulformen

„Und sie bewegt sich doch!"

Ich bin sehr neugierig auf meine Kollegen. Zwanzig von ihnen haben sich bereit erklärt, mir in einem Interview etwas über ihren Alltag, ihre Erfahrungen, ihr Selbstverständnis, ihre Enttäuschungen und ihre Erfolgserlebnisse zu berichten. Die meisten der zwanzig Frauen und Männer unterschiedlichen Alters, mit durchaus sehr unterschiedlichen Karrierewegen und Berufserfahrungen kenne ich aus der gemeinsamen Arbeit vieler Jahre und aus einer Reihe von

Begegnungen im Rahmen unseres Netzwerkes „Voneinander Lernen", einige sind mir zunächst noch völlig unbekannt, aber dennoch alle ohne weitere Nachfrage sehr schnell bereit, sich von mir interviewen zu lassen, obwohl ihre Belastungen groß und ihre Zeitressourcen klein sind.

Die Kollegin mit der längsten Erfahrung ist seit 28 Jahren Schulleiterin einer Grundschule, ein anderer Kollege arbeitet erst seit einem halben Jahr in einer für ihn neuen Schule als Schulleiter. Die kleinste Schule hat 47 Schüler, die größte 1800. Die Kollegen leiten große berufliche Systeme, kleinere Förder- und Grundschulen, traditionelle Gymnasien, Haupt- und Realschulen und unterschiedlich strukturierte Gesamtschulen in der überschaubaren Universitätsstadt Gießen, den umliegenden kleinen Dörfern und Städten und in der landschaftlich reizvollen, aber strukturschwachen Mittelgebirgslandschaft des Vogelsbergs, in der man weite Wege zurücklegen muss, um in die einzig mögliche Disco, Beratungsstelle oder auch weiterführende Schule zu kommen. Sie arbeiten also unter sehr unterschiedlichen Bedingungen, durch die ihre Arbeit erleichtert oder erschwert werden kann. Was für die eine Schule beispielsweise in der Stadt verhältnismäßig leicht zu realisieren ist, erweist sich für die Dorfschule als kaum zu bewältigende Aufgabe und umgekehrt. So gesehen sind die Teilnehmer meiner Interviewgruppe in gewisser Weise repräsentativ.

Niemand hat die schriftliche Interview-Anfrage abgelehnt. Im Gegenteil: In den Vorgesprächen zur Verabredung von Terminen – die Interviews sollen in den Schulen selbst stattfinden, um auch einen Eindruck von der alltäglichen Arbeitsumgebung zu bekommen – ist bei den allermeisten ein deutliches Interesse spürbar, sich befragen zu lassen und Auskunft über ihre Arbeit zu geben. Das fällt sicherlich leichter, wenn man den Interviewpartner kennt, hat aber wohl auch etwas mit der fehlenden Anerkennung zu tun, die die Arbeit von Schulleitungen manchmal begleitet. Dies ist ein Job, in dem man es nie allen Recht machen kann. Irgendjemand wird immer einen wesentlich besseren Vorschlag für die Regelung dieser oder jener Frage parat haben und dies auch anderen Beteiligten im schulischen Umfeld kundtun.

Mit wenigen Ausnahmen in der eher hektischen Anfangsphase eines Schuljahres werden die Interviewtermine für die Sommerferien vereinbart, für eine Zeit also, in der das vergangene Schuljahr nachbereitet und das neue vorbereitet wird, in der man in Ruhe Bilanz ziehen und neue Ansätze für die oft alten Probleme überlegen und vorbereiten kann. Eine Zeit auch, in welcher der Schulleiter selbstverständlich viele Stunden in seiner Schule verbringt, die sich aber, weil sie einfach mehr Ruhe bietet als der meist hektisch verlaufende Schulalltag, für eine persönliche Bilanz und Reflexion der eigenen beruflichen Rolle besonders gut eignet.

Denn in den Interviews soll es in erster Linie ebenfalls um das Reflektieren und Bilanzieren gehen. Mit welcher Motivation, mit welchen Zielen, in welcher persönlichen und beruflichen Situation hat man sich für eine Bewerbung um eine Stelle als Schulleiter entschlossen? Wie hat man sich auf ein Auswahlverfahren, sofern es eines gegeben hat, vorbereitet? Welche Ansätze waren hilfreich in diesem Zusammenhang und können interessierten jüngeren Kollegen empfohlen werden? Wie hat man ein solches Verfahren erlebt? Mit welchen Überlegungen und Maßnahmen hat man die Einführungsphase als neuer Schulleiter gestaltet? Welche Signale wollte man in Richtung Kollegium und Schulgemeinde aussenden? Welche Erfahrungen hat man in der Schulleitungs-Funktion sammeln können? Wie groß ist die Zufriedenheit mit dem, was man erreicht hat? Welche Aufgaben gilt es noch zu bewältigen? Würde man vor dem Hintergrund der gemachten Erfahrungen noch einmal einen solchen Schritt gehen? Welche Ansätze sollten verfolgt werden, um die aktuelle und langfristige Nachwuchsproblematik in den Griff zu bekommen?

Es geht also nicht um standardisierte, objektivierbare Ankreuzfragen und in Prozenten oder Rängen messbare Ergebnisse. Es geht vielmehr um die subjektiven Erfahrungen einer Reihe von Schulleitern in einer überschaubaren Region, es geht um Gemeinsamkeiten und Unterschiede, die für diejenigen Kollegen interessant und hilfreich sein könnten, die sich für eine Schulleitungsfunktion eignen und/oder interessieren. Und um eines der Ergebnisse vorweg zu nehmen: Es gibt trotz aller Spezifika viel mehr Gemeinsamkeiten als Unterschiede, für mich ein deutliches Indiz dafür, dass es für alle Interessierten informativ und lesenswert sein könnte, die gesammelten Erfahrungen einer wissenschaftlich sicherlich nur begrenzt repräsentativen Gruppe kurz zu skizzieren.

Die Interviews wurden während eines Zeitraums von 6 Wochen während der Sommerferien 2013 und den Anfangswochen des neuen Schuljahres durchgeführt. Sie fanden alle in der Schule und in den Büros meiner Gesprächspartner statt und sie dauerten zwischen einer und drei Stunden.

Manchmal treffe ich den Kollegen alleine in der Schule an, weil noch Dinge nachzubereiten oder auch vorzubereiten sind, ohne dass man Schulleitungsteam, Sekretariat oder andere Mitarbeiter dazu braucht. Ich bekomme so noch einmal anschaulich vor Augen geführt, dass Schulleitung auch Momente von Einsamkeit haben kann. Manchmal finden die Interviews in mit Plastikfolie nur notdürftig abgedichteten Räumen statt, umgeben von Baulärm und sporadischen Aufräumarbeiten. Die Ferien sind in der Schule häufig auch die Zeit, in der dringend notwendige Renovierungsarbeiten und vielleicht auch Umbaumaßnahmen stattfinden. Dann ist es gut, wenn Schulleitung vor Ort ist, auch wenn – und das ist eine weitere Dimension der Schulleitungstätigkeit – sie oft andere, großzügigere Vorstellungen gehabt hätte und sich von den Fachleuten des Schulträgers eine Menge an harten Fakten anhören muss, denen sie oft nur pädagogische Argumente entgegen zu setzen hat. Im Lehrer-Studium erfährt man nichts über Flachdächer, Schadstoffe, die Ausstattung von Großküchen, gar den finanziellen Spielraum von Schulträgern oder das Zustandekommen von Entscheidungen zu Sanierungsmaßnahmen in Schulen. Manchmal ist der Schulleiter aber auch umgeben von den engsten Mitarbeitern – Sekretariat, Schulleitungsteam oder engagierten Kollegen, die die Ferien zur Vorbereitung des neuen Schuljahres nutzen.

Der Umgang mit den unvermeidlichen Störungen, Unterbrechungen und Nachfragen vermittelt dem Besucher einen Eindruck davon, wie Schulleitung im Alltag agiert. Deshalb sind mir die Termine während eines normalen Schultages am liebsten. Hier sieht und erfährt man manchmal mehr als in den Interviews (*„Lassen Sie sich im Sekretariat einen Termin geben!"* – *„Ich denke, wir sind gleich fertig mit dem Gespräch hier. Dann habe ich Zeit für sie!"*), auch wie der Umgang mit Kollegen und Schülern im Alltag aussehen mag!

Wenn man von Watzlawicks bekanntem Axiom ausgeht, dass man nicht nicht kommunizieren kann, dann gilt dies auch für die Büros, in die ich komme. Manche sind eher klein und bescheiden, andere repräsentativ, einige erscheinen wohl aufgeräumt und geschmackvoll eingerichtet, andere sind vollgepackt mit Büchern, Broschüren und Papierstapeln, in einigen dominiert der Schreibtisch, in anderen die Sitzgruppe zur Durchführung von Besprechungen. Manchmal gibt es sogar ein Bonbonglas für Schüler. Auch wenn der Schulleiter nur wenig Einfluss darauf hat, welches Büro ihm zur Verfügung steht, so sagt die konkrete Ausgestaltung, die offene oder geschlossene Tür zum Beispiel, der Blickkontakt ins Sekretariat oder das eine oder andere Poster an der Wand, immer auch etwas über den Benutzer, sein Selbstverständnis und seinen Arbeitsstil aus.

Ich habe den Eindruck, die Kollegen selber sind auch neugierig, wenn ich erscheine. Das ist bei der Begrüßung spürbar, der Bewirtung und vor allem auch an der Zeit, die sie sich für das Interview genommen haben. Schulleiter erfahren im Alltag meist wenig Wertschätzung und Anerkennung, vielleicht erst in den offiziellen Redebeiträgen, wenn sie verabschiedet werden. Sie haben auch wenig Gelegenheit über ihre Arbeit, ihre Vorstellungen und Ideen, ihre Bedenken und Zweifel, ihren Ärger und ihre Enttäuschungen oder den Frust zu sprechen, den man an manchen Tagen deutlich verspüren mag. Meist geschieht dies dann mit dem Partner, der Partnerin zuhause, denn vieles nimmt man doch in sein Privatleben mit, ob man will oder nicht.

Sie haben auch wenig Gelegenheit über ihre Erfolge zu reden oder über das, was sie als solche empfinden. Denn was auch immer der Schulleiter initiiert, veranlasst, voran bringt, entscheidet, in der Schule wird es immer eine andere Meinung, eine andere Vorstellung, andere Wünsche geben, denn Lehrer haben wohl berufsbedingt eine Hang zum Gebrauch des Wörtchens „aber". Dies ist ein Job, in dem man es wohl nie allen recht machen oder *„everybody's darling"* sein kann, wie ein Kollege ganz treffend meint. Also sollte man es gar nicht erst versuchen, sondern sich an dem orientieren, was man selbst als richtig und notwendig erachtet.

Hans Rosenbaum, Leiter einer Grundschule:
„Everybody's darling kann man in dem Job nicht sein!"

Vielleicht gerade deswegen ist es aber doch erwünscht, wenn man die Gelegenheit bekommt, seine Gedanken, seine Vorstellungen, vielleicht auch

Zweifel und Bedenken mit jemanden zu besprechen. Häufig geschieht dies im Schulleitungsteam – Schulleiter sind (oder sollten es zumindest nicht sein) keine Einzelkämpfer –, und man freut sich offenbar doch, wenn jemand kommt und fragt: Warum bist Du eigentlich Schulleiter geworden? Was möchtest Du in deiner Schule erreichen? Was ist Dir gelungen? Woran machst Du das fest?

Das erleichtert die Reflexion der eigenen Rolle, des eigenen Selbstverständnisses und der Ziele, die man hatte oder noch immer hat, ein Prozess, der im Schulalltag manchmal unterzugehen droht. Eine Kollegin verabschiedet mich mit der Rückmeldung und dem Wunsch, unser Gespräch sei für sie richtig gut gewesen und man könne so etwas doch jedes Jahr einmal durchführen.

Offenbar liegt eine Situation vor, von der beide Seiten profitieren: die Kollegen erleben Interesse und auch Anerkennung, weil mir ihre Antworten und Meinungen wichtig sind. Und ich habe Gelegenheit, meine eigenen Erfahrungen vor dem Hintergrund anderer Absichten und Ansätze zu reflektieren, beginne, das eine oder andere neu zu bewerten oder anders zu betrachten. Die Interviews entwickeln sich vor diesem Hintergrund durchgehend zu Gesprächen, sind kein bloßes Frage-Antwort-Spiel. Es geht zwar jedes Mal um die Kernpunkte Motivation, Erfahrungen, Kritik, Ratschläge aus der Praxis, aber oft verlassen wir über Verständnisfragen, Nachhaken und Präzisierungen den immer gleichen Fragenkatalog , gehen Nebenwege, beißen uns an einzelnen Aspekten fest, tauschen persönliche Erlebnisse und Einsichten aus, so dass alle Gespräche sehr unterschiedlich verlaufen, obwohl sie alle dieselben Themen behandeln. Wissenschaftlich mag das nicht sein, aber abseits von den Hochglanzbroschüren und Kompetenzrastern der Führungsakademien erfährt man eine Menge über den Alltag von Schulleitern und das war uns wichtig.

Soweit zu dem Kontext, in dem die Interviews stattfanden, nun zu den Ergebnissen. Und da ist als erstes festzuhalten: den „Königsweg" in die Funktion des Schulleiters gibt es nicht. Kaum jemand der von mir interviewten Kollegen hat den einmal gefassten Karriereschritt „Vom Lehrer zum Schulleiter" exakt geplant, sich in gezielten Fortbildungen auf eine Schulleiter-Stelle vorbereitet und dieses Vorhaben nach einem letztlich erfolgreichen Bewerbungsverfahren dann auch in die Tat umgesetzt – das ist noch eher die Ausnahme.

Wenn die Schulleiter von ihren ursprünglichen Motiven und Überlegungen berichten, hat man oft den Eindruck, als sei „die Stelle" mehr oder weniger auf sie zugekommen oder besser, als hätten sich Stelle und Person gewissermaßen aufeinander zu entwickelt. Dies gilt vor allem für die Erfahreneren unter ihnen. Indem Kollegen über die Lehrer-Rolle hinaus in ihrer Schule andere Aufgaben und damit verbunden auch mehr Verantwortung übernommen haben, entwickeln sich auch ihre Interessen. Sie entdecken Bereiche in der Schule, mit denen sie sich vorher vielleicht kritisch auseinandergesetzt, aber nicht wirklich beschäftigt haben. Vor allem aber entdecken sie neue Facetten in ihrer Persönlichkeit, die ihnen möglicherweise nicht bewusst waren. Sie verändern sich und entwickeln in diesem Kontext auch andere Bedürfnisse, Wünsche und Vorstellungen.

Dies zeigt sich deutlich, wenn man die Antworten der zwanzig Kollegen genauer betrachtet *(Stichwortartig zusammengefasst in Abschnitt 2.3.1)*, wie denn ihre Motivation zur Übernahme meist zuerst einer Funktions- und schließlich einer Schulleiter-Stelle entstanden sei. In den Antworten der Schulleiter treffen situative Faktoren, persönliche Intentionen und Erfahrungen, Kommunikation und Interaktion sowie systemische Aspekte zusammen, während öffentlich oft diskutierte Gesichtspunkte wie Ansehen, Gehalt oder Arbeitszeit – so die Befragten – nur eine untergeordnete Rolle gespielt haben. Es handelt sich also um einen sehr komplexen Entscheidungsprozess, der bei jedem durchaus unterschiedliche Schwerpunkte haben kann.

Was offenbar jedoch von ganz wesentlicher Bedeutung ist, lässt sich mit dem Begriff „Anerkennung" beschreiben. In den allermeisten Fällen ist es so, dass die Kollegen positive Rückmeldungen in ihrem ausgeweiteten Tätigkeitsbereich aus der eigenen Schulgemeinde erhalten oder gar direkt dazu aufgefordert werden, sich auf frei gewordene schulische Funktionsstelle an der eigenen Schule zu bewerben. Auch wenn das nicht ganz uneigennützig ist (schließlich verspricht man sich einen „guten Draht" zum künftigen Schulleitungsmitglied), kann diese Form des Lobes offenbar von ganz wesentlicher Bedeutung sein und sollte bei der „Nachwuchsförderung" in der eigenen Umgebung stärkere Berücksichtigung finden: Positive Rückmeldung tut gut, vermittelt Selbstvertrauen und motiviert.

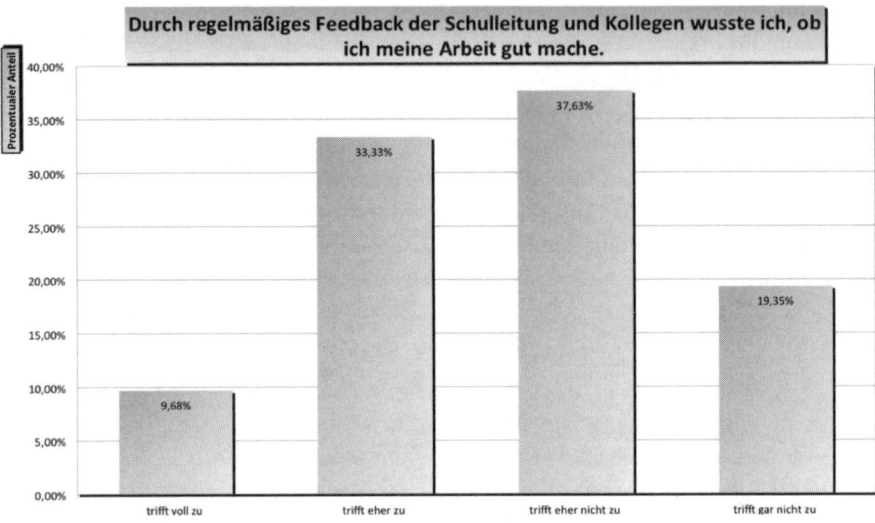

Abb. 4: *Ergebnis einer Befragung unter 100 neu eingestellten Lehrkräften im Rahmen des Comenius Regio Projekts Berufseinstiegshilfen für Lehrerinnen und Lehrer; Website: www.comenius-regio-giessen-granada.com*

Was eher am Rande oder gar keine Erwähnung findet, obwohl dies sicherlich auch Faktoren sind, die bei der Entscheidung für eine Schulleitungsfunktion eine Rolle spielen, sind Besoldung und Versorgung, gesellschaftliches Ansehen und eine bedeutendere Rolle in der Öffentlichkeit. Ebenfalls sind die umstrittene Kategorie „Macht", die „Flucht" aus der Lehrer-Rolle und der Wunsch nach Umgang mit Erwachsenen, die Karriereplanung oder Freiräume, die man nach einigen oder vielen Jahren als Lehrer für sich anstrebt, für die Befragten von geringerer Bedeutung. Ich verzichte darauf, explizit danach zu fragen, weil mir die möglichen Antworten wahrscheinlich nicht weiter helfen.

Jutta Gottwals, Leiterin einer Förderschule:
„Es hat Belastung und Stress, aber es hat auch Befriedigung, denn Du kannst etwas bewegen!"

Insgesamt gibt es in den Aussagen meiner Kollegen ein kompliziertes Geflecht unterschiedlicher Gründe und Motive, sich auf eine Stelle als Schulleiter zu bewerben und die Wege dorthin können ebenfalls sehr verschiedenartig sein. Was man bei Interesse an einer solchen Rolle in der Vorbereitung tun kann oder besser unbedingt tun sollte: das eigene schulische Betätigungsfeld erweitern und möglichst viele Erfahrungen sammeln, die Rückmeldungen aus dem Umfeld wahrnehmen, seine eigene Situation sowie die eigenen Fähigkeiten realistisch einschätzen und für sich selber klären, ob einem die Veränderungen „Spaß" machen. Dieses Wort tauchte zu meiner Überraschung sehr häufig in den Interviews auf.

Sollte der Entschluss zu einer Bewerbung nach einem solchen Klärungs- und Reflexionsprozess feststehen und die angestrebte Stelle ausgeschrieben sein, gibt es vielfältige Möglichkeiten der Vorbereitung auf ein Auswahlverfahren. Da dies in den weiteren Kapiteln des Buches genauer beschrieben wird, kann ich mich an dieser Stelle darauf beschränken, die Tipps meiner Kollegen stichwortartig zusammenzufassen, zumal sie oft auf eine ganz spezifische Situation und Person zugeschnitten sind. Aber das macht sie möglicherweise auch interessant:

Vorschläge und Möglichkeiten zur Vorbereitung auf ein Überprüfungsverfahren:

- *Beruflichen Erfahrungshorizont durch Aktivitäten in schulischen oder verwandten Bereichen erweitern (Leitung von Arbeitsgruppen; Fachbereichsleitung; Mitarbeit in Arbeits- und Steuergruppen; Übernahme von Verantwortungsbereichen wie Verbindungslehrer, Sammlungsleitung, Ganztagsangebot etc.; Personalratstätigkeit; Mentoren-Rolle; Praktikantenbetreuung; Übernahme von Konferenztagesordnungspunkten, Teilnahme an Prüfungen usw.)*
- *Fortbildungen besuchen (z.B. Vorbereitungsseminare für Leitungsfunktionen) und entsprechendes Portfolio erweitern*
- *Nach der Publikation einer interessanten Funktionsstelle*
  - *Ausschreibungstext analysieren/Stellenprofil klären*
  - *Selbstklärung hinsichtlich der angestrebten neuen beruflichen Rolle (Warum will ich das eigentlich? Welche Erwartungen sind mit der Stelle verbunden? Kann ich diese erfüllen? Was sollten die ersten Schritte sein? Was steht in der Schule an? Was möchte ich den Kollegen mitteilen?)*

- ○ *Klärung der eigenen Stärken und Schwächen (Potenzialanalyse)*
- ○ *Klärung der familiären Situation (Zeit- und Belastungsaspekt)*
- *Bewerbungsunterlagen sorgfältig zusammenstellen*
- *Eigene Unterrichtsstunde vorbereiten; Würdigungsbericht und Beurteilung durch den Schulleiter*
- *Ablauf des Verfahrens klären*
- *Informationen über die Schule bzw. Stelle sammeln*
  - ○ *Internetrecherche (Homepage, Seiten des Ministeriums, der Bildungsserver, Zeitungsartikel usw.)*
  - ○ *Referenzrahmen der Schulinspektion als wichtiger Bezugspunkt für Qualitätsentwicklung und -sicherung*
  - ○ *Schulprogramm; Inspektionsbericht; Schulprofil; evtl. auch Geschäftsverteilungsplan der Schule und/oder Schulsituationsbericht*
  - ○ *Presseberichte über die Schule*
  - ○ *Gespräche mit kompetenten Fachleuten (z.B. der eigenen oder anderer Schulen)*
  - ○ *Eltern, Schülerschaft, Einzugsgebiet, Kooperationspartner, Anmeldungen, Abschlüsse Förderkonzepte usw.*
  - ○ *Evtl. Besuch von schulischen Veranstaltungen*
- *Situation der Schule verstehen und analysieren*
- *Visionen/Vorstellungen entwickeln: Wie stelle ich mir die Schule vor, die ich in meiner neuen Funktion mitgestaltet habe? Wie will ich Gestaltungs- und Veränderungsprozesse angehen?*
- *Gesetzliche Vorgaben und Bestimmungen studieren*
  - ○ *Literaturempfehlungen beachten*
  - ○ *Zentrale Textstellen heraussuchen*
  - ○ *Notizen anfertigen*

- *Konkrete Übungen zur Vorbereitung mit befreundeten Kollegen/Coaching*
  - ○ *Unterrichtsbeobachtung und -analyse*
  - ○ *Vorstellungen von gutem Unterricht*
  - ○ *Beratungsgespräche mit anschl. Feedback*
  - ○ *Präsentation eines Themas*

- *Supervision und Selbstreflexion, Vorbereitende Gespräche in der Schule/der Schulverwaltung mit*
  - *dem Schulpersonalrat*
  - *dem Schulleiter/den Schulleitungsmitgliedern*
  - *der Frauenbeauftragten*
  - *dem zuständigen Schulaufsichtsbeamten/Dezernenten*

Es ist an anderer Stelle bereits darauf hingewiesen worden, dass der Schritt vom Lehrer zum Schulleiter mit einem vollständigen beruflichen Rollenwechsel verbunden ist. Aus dem Pädagogen wird der Schulmanager mit pädagogischem Background, der nicht länger Gruppen von Kindern und Jugendlichen steuern soll , sondern vielmehr die Verantwortung für ein System namens Schule oder zumindest einen Teilbereich übernommen hat und sich nun mit unterschiedlichen Rollen-Erwartungen und Wünschen konfrontiert sieht, die zudem anfangs vielleicht noch unbestimmt und diffus sind.

Vor Antritt der neuen Stelle sollte man sich klar machen, dass man in einem zunächst vielleicht unübersichtlichen Feld verschiedener Ansprüche von Seiten des Kollegiums, der Schülerschaft, der Eltern oder auch der Bildungsverwaltung landen kann, von denen alle Beteiligten überzeugt sind, dass sie berechtigt und/oder vorrangig zu behandeln seien. Hinzu kommen die Ansprüche, die man an sich selber hat. Viele Kollegen erleben daher beim Eintritt in ihr neues Amt angesichts dieser Rollendiffusion durchaus Gefühle von Überlastung und viele betonen, dass es Jahre dauert, bis man tatsächlich in diese Rolle hineinwächst, sie mit allen Implikationen ausfüllt, so ganz allmählich Schulleiter geworden ist und den Kollegen die Orientierung geben kann, die es zur Schulentwicklung braucht.

Ganz wesentlich für die Gestaltung der Anfangsphase als neuer Schulleiter ist wohl, ob man dies in der eigenen oder in einer fremden Schule wird. In der eigenen Schule geht man sehr oft gewissermaßen von einem „Heimspiel" aus und glaubt, über eine Art „Hausmacht" zu verfügen. Schließlich besitzt man informelle Kenntnisse und wichtiges Hintergrundwissen zum Kollegium, zu Eltern- und Schülerschaft oder dem Schulleitungsteam, ist eventuell gar zur Bewerbung aufgefordert worden. Man glaubt also zu wissen, wie die Schule

„tickt", wo und bei wem man wie bei der Lösung von aktuellen Problemen ansetzen muss. Doch mit dem Wechsel in die Rolle des „Chefs" verändern sich Beziehungen und Interaktion. Aus der Kommunikation auf Augenhöhe ist eine zwischen Partnern mit unterschiedlichen Positionen geworden.

Die Lehrkräfte sehen sich dem neuen Schulleiter gegenüber in einer letztlich untergeordneten Rolle und stellen einzeln oder als Gruppe Ansprüche an den neuen „Chef", die sie selber für mehr oder weniger berechtigt halten, die dieser aber nicht erfüllen kann oder auch will, weil einmal mehr Einzelinteressen als Gesamtinteresse der Schule ausgegeben werden oder sich die Vorschläge schlicht und einfach nicht realisieren lassen. Manchmal unterliegen Teile des Kollegiums auch der Illusion, dass der ehemalige hoch angesehene Kollege als nunmehr formal bestätigte Führungskraft vieles sehr einfach regeln und „in Ordnung bringen" könne. Solche Veränderungen in den vorher vielleicht sehr guten kollegialen Beziehungen können zu Enttäuschungen auf allen Seiten führen oder auch zu dem bereits erwähnten Gefühl von Einsamkeit beitragen.

Antje Mühlhans, Leiterin eines Gymnasiums:
„Jede große Pause bin ich im Lehrerzimmer!"

Verfügt man als „Neuer" an einer anderen Schule zunächst über keinerlei Erfahrungen mit den dort herrschenden informellen Strukturen, mit internen Rollenverteilungen, Gewohnheiten und Ritualen, braucht es eine gewisse Zeit, bis es einem endlich gelingen mag herauszufinden, wer im Kollegium, den verschiedenen Konferenzen oder dem Elternbeirat welche Ansprüche und Wünsche anmeldet, welche sich sinnvoll berücksichtigen ließen und welche man besser zurückweisen sollte. Der Rollenwechsel vom Lehrer zum Schulleiter vollzieht sich im Umgang mit solchen zunächst unbekannten Dominanzansprüchen sicherlich langsamer, gleichzeitig wird man jedoch an der neuen Schule vorrangig in der Schulleiter-Funktion wahrgenommen. Mag man sich zwar zunächst in der neuen Rolle wie in der neuen Schule ein wenig fremd vorkommen, in den

Augen der anderen kommt man gewissermaßen als „fertiger", offiziell bestellter Schulleiter an die Schule, von dem sich schließlich ein ganz bestimmtes Führungsveralten erwarten lässt. Hier besteht die Gefahr, dass es zu Konkurrenzverhalten kommt, dass der neue Schulleiter in alle möglichen Fettnäpfchen tritt oder dass man Insider-Kenntnisse dazu verwendet, ihm irgendwelche Steine in den Weg zu legen. Der Schulleiter muss sich erst einmal umfassend bewähren, bevor er schließlich als Leiter akzeptiert wird.

Vor dem Hintergrund dieser Problemlagen, aber auch angesichts der mit der Schulleitungsaufgabe verbunden Rollenvielfalt und -„diffusion", an der wohl auch kein überlegt formuliertes Anforderungsprofil und kein noch so gut ausgearbeiteter schulinterner Geschäftsverteilungsplan etwas zu ändern vermag, ist es von großem Interesse nach den Überlegungen zu fragen, mit denen die Kollegen die Einführungsphase in ihr neues Amt gestaltet haben. Denn dies gibt in gewisser Weise Auskunft darüber, wie man seine neue berufliche Rolle gestalten will bzw. wie man als Schulleiter gesehen und wahrgenommen werden möchte. Selbst die sehr erfahrenen Kollegen können sich in unseren Gesprächen noch sehr gut an diese offensichtlich prägende Zeit erinnern (Bei Lehrern sprach man früher gern und wohl auch aus guten Gründen vom „Praxisschock" der Anfangszeit, in der man noch auf dem Weg ist, „seine" Rolle mit der einen oder anderen eher ungeliebten Begleiterscheinung erst zu finden).

Überlegungen und Vorschläge zur Gestaltung der Einführungsphase:

- *Stellenbesetzung aus dem Kollegium/in der eigenen Schule*
  - *Vorteile*
    - *Man kennt Stärken und Schwächen der Schule bzw. des Kollegiums besser*
    - *Ansatzpunkte für Veränderungen sind schneller klar*
  - *Nachteile*
    - *Interner Rollenwechsel notwendig/Abschied von der Kollegenrolle*
    - *„Bleibt die Person, wie sie vorher war?"*
    - *„In welchem Verhältnis steht er als Schulleiter zu uns?"*
    - *Veränderungen innerhalb eines Jahres sinnvoll*

- *Stellenbesetzung von außen/in einer fremden Schule*
  - *Vorteile*

- *Erst einmal schauen und zuhören können*
- *Neue Beziehungen entwickeln*
- *Ist einfacher, weil offener*
  ○ *Nachteile*
    - *Gesamtes Umfeld (auch Schulträger, Schulaufsicht, Politik usw.) zunächst unbekannt*
    - *Verständnis des Systems notwendig*

- *Zeit zum Verständnis des Systems/der Personen notwendig; Signale an das System „Schule"/Maßnahmen und Hinweise*
  ○ *allgemein*
    - *„Kommunikation ist das A und O!"*
    - *Eigene Ideen und Vorschläge darstellen*
    - *Schulentwicklung als gemeinsamen Prozess verstehen*
    - *Klarheit über Abläufe herstellen*
    - *Mitentscheidungsmöglichkeiten deutlich machen und nutzen*
    - *Handlungsabläufe kennen lernen, dann über Alternativen nachdenken*
    - *Konflikte in respektvoller Weise klären*
    - *Botschaften: „Eure Befindlichkeit ist mir wichtig!"*
    - *Konflikte austragen, wenn dies notwendig ist*
    - *Sachebene und Beziehungsebene auseinander halten*
    - *sichtbar und ansprechbar sein/„Wer etwas will, muss Zuständigen erreichen können!"*
    - *Nicht der Schulleiter, sondern die schulischen Gremien entscheiden*
    - *Vor- und Nachteile darstellen und eigene Position klären*
    - *„Führungsstil: Emotionalität und Sachlichkeit!"*
    - *Zielgerichtetes Feedback geben*
    - *„Jeder weiß, warum er das macht!"*
    - *Rituale nutzen*
    - *Schule lässt sich nicht demokratisch leiten/Demokratie hat in der Schule ihre Grenzen*
    - *Entscheidungen in letzter Instanz unumgänglich*

  ○ *in Richtung Schulleitungsteam („Kernzelle")*
    - *Regelmäßige Treffen/Feste Regeln (Zeit, Protokoll, Themenfindung und -vereinbarung)*

- *Themenvorschläge aufnehmen/Offenheit*
- *Gemeinsame Fortbildungen/Supervisionen und/oder Klausurtagungen*
- *Gemeinsam erarbeiteter Geschäftsverteilungsplan*
- *Jahresplan als Leitfaden zur Qualitätsentwicklung*
- *Gemeinsame Bestandsaufnahme: Wo sind denn unsere Baustellen?*
- *Probleme intern diskutieren und klären*
- *Gemeinsame Haltung entwickeln/einheitliches Auftreten nach außen*
- *Zusätzliche Führungsebene unterhalb des Leitungsteams einbeziehen*
- *Betonung des Teamgedankens/„Teamarbeit kann ich nicht erwarten, wenn ich sie nicht selbst praktiziere!"/Entlastung*

○ *in Richtung Kollegium*
- *Anwesenheit im Lehrer-/Teamzimmer*
- *Informelle und allgemeine Gespräche*
- *Offene Tür/Ansprechbarkeit/„Ampelmännchen"-Signal*
- *Konferenzen besuchen/Nicht in jede Konferenz gehen, um den Eindruck von Kontrolle zu vermeiden*
- *Klare Strukturen für Konferenzen (Dauer, Tagesordnungspunkte, Themensetzung, Verteilung auf mehrere, verlässliche Regeln usw.)*
- *Präsenz zeigen (z.B. Anwesenheitszeiten früh/spät)*
- *Rollenklarheit („Nettsein ist keine Lösung!")*
- *Ideen und Vorschläge aus dem Kollegium aufgreifen*
- *Pädagogische Tage zur Schulentwicklung*
- *Klarheit über Zielrichtung herstellen und kommunizieren/Transparenz*
- *In kleineren Systemen evtl. wichtiger als in großen: Befindlichkeiten einzelner ernst nehmen*
- *Fragebogen zum Schulleitungs-Handeln in Gesamtkonferenz*
- *Terminvereinbarungen/Feste Sprechzeiten am Nachmittag/Jahresgespräche*
- *Maßnahmen begründen/Offener Umgang miteinander*
- *Wechselnde Teams bilden*
- *Einführung von Dienstbesprechungen als Steuerungsinstrument*

○ *in Richtung Mitarbeiter*
- *Besondere Treffen mit schulischer Verwaltung (Sekretariat, Hausmeister usw.) organisieren*
- *Rahmenbedingungen klären*

- *Meinungen und Vorschläge einholen*
- *Verbesserungsvorschläge für schulinterne Abläufe einbeziehen*
- *Lob und Anerkennung aussprechen*
- *Wichtigkeit berücksichtigen/Wertschätzung (z.b. Sekretariat)*
  - *in Richtung Schulgemeinde*
    - *Feste Sprechzeiten für Schüler einrichten*
    - *Offene und formale Kontaktmöglichkeiten schaffen und nutzen (Mittagspause, feste Termine, offenes Ohr usw.)*
    - *Kontakte nach außen entwickeln und pflegen*
    - *Kontakte zur Elternschaft strukturieren und intensivieren (Anrufe, zusätzliche Treffen, Informationsweitergabe)*
    - *...*

Indem der neue Schulleiter in der Anfangsphase dieses oder jenes beibehält oder auch bewusst verändert, in der Art und Weise, wie er mit Kollegen und Mitarbeitern agiert, wie er Eltern und Schülern begegnet, ob er begründet oder anordnet, sich Zeit nimmt und zuhört, was er für wichtig erklärt, wie er Anregungen aufnimmt und verarbeitet, ob er lobt und bestärkt, wo er sich in welchen Zeiten bewegt und aufhält – all dies, sein Kommunikations- oder auch Führungsverhalten, aber auch der Rahmen, den er seiner Arbeit gibt, lässt erkennen, welche Ziele und Absichten er verfolgt, wie und mit welchen Mitstreitern er sie erreichen will. Auch dies wird von meinen Kollegen sehr deutlich angesprochen, sie sind sich aber auch der damit verbundenen Probleme bewusst:

- *Ziele/Absichten*
  - *Jedem Lehrer seinen Raum schaffen, um sich selber zu entwickeln, ohne jedoch dabei Teambildung und Kooperation zu vernachlässigen*
  - *Im Schulleitungsteam so effektiv arbeiten, dass Lehrer sich keine Gedanken um Unterricht zu machen brauchen*
  - *Gute Arbeitsbedingungen für alle schaffen*
  - *Den Kollegen Handlungsspielräume ermöglichen*
  - *Vertrauen schaffen durch Kommunikation (Grundkompetenz für Schulleitung)*
  - *Kollegium langfristig mitnehmen/Wir-Gefühl stärken*
  - *Nicht als Besserwisser auftreten*

- *Schule als gemeinsame Entwicklungsebene sehen*
- *Beziehungen entwickeln und pflegen*
- *Schulleitung als Basis von Veränderungen und Klärungen verstehen*
- *Überzeugungsarbeit leisten*
- *Ausloten von Möglichkeiten, um selbst behutsam Akzente zu setzen*
- *Keine fertigen Konzepte vorgeben*
- *Unterrichtsqualität durch verlässliche Strukturen/Organisation weiter verbessern*
- *Selbstverständnis: „Ich habe zwar mehr Macht, aber eigentlich nehme ich nur eine andere Rolle wahr!"*
- *Teamplayer mit herausgehobener, besonderer Rolle*
- *...*

- *Probleme/Klärungsbedarf*
  - *Vision/Ziele entwickeln; Orientierung bieten*
  - *Evtl. Überforderung in Bereichen, von denen man zunächst keine Ahnung hat*
  - *Unterschiedliche Projektionen/Vorstellungen/Erwartungen anderer*
  - *Abhängigkeit von Schulleitung/„Königsrolle"*
  - *Eindruck der ständigen Verfügbarkeit vermeiden*
  - *Schulleiter-Rolle trotz vieler Informationsdefizite bewusst annehmen*
  - *Verhalten von der Rolle her bestimmen lassen*
  - *Zulassen, dass Probleme von mehreren Seiten wahrgenommen werden*
  - *Grundschule: Ständigen Rollenwechsel Lehrer – Leitung bewältigen*
  - *Notwendigkeit, Konflikt und Beziehung zu trennen*
  - *„Meistens liegt die Lösung des Problems in den Personen selbst!"*
  - *Erste Schritte zur Veränderung gemeinsam überlegen*
  - *Allmähliches Hineinwachsen in die Leitungsrolle („Drei Jahre Steine fressen!")*
  - *„Tägliche Herausforderung ist das eigentlich Spannende!"*
  - *Ständiger Veränderungsbedarf*
  - *Nicht Modelle anderer Schulleiter kopieren*
  - *Schwächen in kleineren Systemen schwerwiegender als in großen!/Systemgröße als wichtigen Faktor verstehen*
  - *...*

Die mit der Schulleitung verbundenen Belastungen und Chancen zeigen sich auch in den Stichworten und metaphorischen Umschreibungen, mit denen die von mir befragten Kollegen ihre Erfahrungen mit der Rolle der Schulleiterin bzw. des Schulleiters selber charakterisieren und welche Gemeinsamkeiten es jenseits der Dauer ihrer Tätigkeit, der unterschiedlichen Schulformen, ihrer konkreten Ausgestaltung und dem persönlichen Werdegang in dem Kontext „Manager als Schulleiter" gibt:

Stichworte zur Rolle des Schulleiters:

- *metaphorisch:*
  Initiator; Packesel; Ermöglicher; Idealist; Ratgeber; Vordenker; Teamplayer; Vorgesetzter; Chef; Mädchen für alles; Konfliktmanager; Blitzableiter; Primus inter pares; Mannschaftskapitän; Handlanger; Mutter der Kompanie; Regisseur ...

- *In Stichworten:*
  - *muss Pädagoge sein, weil es um Lehrer und Schüler geht*
  - *Pädagoge mit Unterrichtserfahrung, um Probleme verorten zu können*
  - *Manager-Funktion zunehmend wichtiger, aber zweitrangig*
  - *Beides, Manager und Pädagoge, weil der Manager die Basis für die Arbeit des Pädagogen schafft und sonst evtl. Kluft zu Kollegium entsteht*
  - *leichter als Lehrer Manager, denn als Manager Lehrer zu werden*
  - *Definition von Manager über Wortbedeutung: sich um sein Haus kümmern, d.h. „um das Haus, aber auch um die Sklaven" bzw. die Menschen*
  - *braucht Vision/Philosophie, weil dies notwendige Basis für gute Arbeit ist*
  - *Delegieren können*
  - *Zutrauen in Lehrer haben/„Teachers are my heroes!"*
  - *Moderator von Prozessen und Pädagoge, dem bewusst ist, wofür System eigentlich da ist*
  - *Abfedern von negativen Forderungen oder Entwicklungen*
  - *Veränderung und Bewahrung*
  - *Schulleiter sitzt immer zwischen allen Stühlen*
  - *Anregungen aus Kollegium aufnehmen und in bestimmte Richtung lenken*
  - *Muss wissen, wie man mit Macht umgeht*
  - *letzte Entscheidungsinstanz in der Schule*

- *Interesse an Organisation und Interesse an Menschen*
- *Es braucht Zeit, in die Rolle hinein zu wachsen*
- *Persönliche Beziehungen zu Kollegium verändern sich*
- *Umgang mit Störungen als sehr wichtigen Teil des Arbeitsalltags, als normal ansehen*

Interessant ist zweifellos auch, worauf die befragten Kollegen die Nachwuchs-problematik in der Schulleitungsaufgabe zurückführen, nämlich auf

- *Wachsende Aufgabenstellungen von außen*
- *Deputat und Bezahlung stehen in keinem Verhältnis zu erwarteten Leistung*
- *Bezahlung, fehlende Entlastung und ständiger Rollenwechsel im Grundschulbereich*
- *das typische Lehrerbewusstsein von Freizeit und Ferien*
- *die fehlende Bereitschaft, Verantwortung zu übernehmen; Sicherheitsbedürfnis*
- *die Wahrnehmung der Belastungen (zeitlich, emotional), die mit Schulleitungsfunktion verbunden sind*
- *keine Äquivalent durch Bezahlung*
- *Lehrer scheuen Veränderungen*
- *Schwierigkeit, Veränderung in Schule zu bringen*
- *Bereitschaft zur Mehrarbeit bei Lehrern oft nicht vorhanden*
- *Veränderte Life-Work-Balance der jüngeren Generation, Generation „Why?"*
- *Wachsende Arbeitsbelastung in den letzten Jahren*

und welche Gegenmaßnahmen und Aktivitäten man sich vorstellen kann:

- *Anregungen und Vorschläge*
  - *Menschen mit Ideen an der Schule unterstützen*
  - *Kollegen ermutigen*
  - *Leistung und Engagement von Lehrern anerkennen und würdigen*
  - *Signale an junge Kollegen, sollten in Schulleitung mitarbeiten*
  - *mit vorhandenem Potenzial arbeiten*
  - *starke und eigenständige Persönlichkeiten gefragt*
  - *die Organisation von Schule sollte Freiräume für Kreativität schaffen*
  - *Entwicklung gelingt nur auf der Basis einer guten, effektiven Organisation*
  - *Entlastung durch Verwaltungsfachkräfte sinnvoll*

○ *Emotionalität berücksichtigen*
○ *Mit dem zur Verfügung stehenden Deputat lässt sich Schule nur verwalten, nicht gestalten*

Zieht man abschließend Bilanz und fasst die wesentlichen Ergebnisse der wie gesagt nicht repräsentativen, aber gleichwohl unserer Auffassung nach aussagekräftigen Interviews mit 20 Schulleitern einer mittelgroßen hessischen Bildungsregion zusammen, kann man einerseits konstatieren, dass die bundesweit nahezu einheitlichen Klagen über die unzureichende Ausstattung des Schulleiter-Postens sicherlich berechtigt sind. Auch meine Kollegen sind unzufrieden mit den bereits im Einleitungstext genannten Faktoren: Zusätzliche Belastungen, Besoldung und Regelung der Arbeitszeit, fügen aber noch den einen oder anderen Gesichtspunkt hinzu:

Unzufriedenheit mit folgenden Gesichtspunkten:

- *Mehrarbeit durch Nebensächliches und zunehmende Bürokratisierung*
- *Besoldung der Mehrarbeit des Schulleiters nicht angemessen*
- *den wenigen Deputats-Stunden*
- *Unterrichtsverpflichtung für Schulleiter*
- *zu knappe zeitliche Ressourcen für Schul- und Unterrichtsentwicklung*
- *der Haltung mancher Lehrer (Berufsbeamtentum nicht zwingend erforderlich)*
- *dem langsamen Tempo von Veränderungen*
- *dem „Alleinsein"*
- *schulischer Tagesablauf manchmal zu abwechslungsreich*
- *der geringen Anerkennung für Schulleitungen*
- *fehlendem Feedback und Anerkennung von oben, Wertschätzungsdefizit*
- *der fehlenden Unterstützung durch entsprechende „Systeme"*
- *unsinniger Verwaltungsarbeit*
- *psychischer Belastung, man nimmt vieles mit nach Hause*
- *zunehmender Schreibarbeit bzw. Bürokratie*
- *den in einzelnen Bereichen geringer werdenden Handlungsspielräumen*
- *...*

Das ist sicherlich nicht überraschend, im Gegenteil: Schulleiter haben gelernt, auf hohem Niveau zu klagen, immer mit dem Ziel, das Bestmögliche für die eigene Schule zu erreichen, Gestaltungsspielräume zu erweitern und die Arbeitsbedingungen von Lehrern und Schülern zu verbessern. Die Ressourcen im Bildungsbereich sind nach wie vor knapp. Wenn man auf eine besonders dramatische Situation verweisen kann, ist die Chance wahrscheinlich größer, eine zusätzliche Ressource zu bekommen, obwohl einem die im Einzelfall sogar zustehen könnte. Beispiele hierzu gibt es viele, man muss nur die Schulleiter fragen.

Deshalb überraschen eher Aussagen von langjährig tätigen Kollegen wie etwa: *„Schulleiter ist ein Beruf, der ein hohes Maß an Zufriedenheit schaffen kann"* oder *„Für mich war das Erlebnis, dass Kinder auch durch mich etwas lernen, unglaublich schön"*! oder *„Ich würde es ganz bestimmt noch mal so machen!"*

Die von mir interviewten Schulleiter zeigen sich in unseren Gesprächen trotz diverser Einschränkungen weitgehend zufrieden mit den Ergebnissen ihrer Arbeit und sprechen dabei folgende Punkte an:

Zufriedenheit mit folgenden Gesichtspunkten:

- *der positiven Entwicklung ihrer Schule (Parameter: Zahl der Abschlüsse und Anmeldungen, Vergleich mit „Leuchtturm"-Schulen, Ergebnisse der Schulinspektion, kulturelle Aktivitäten, Schulprogramm, Umgestaltung des Schulgebäudes, positive Wahrnehmung von außen, Motivation des Kollegiums, Gestaltung des Schullebens, neue pädagogische Elemente, Wettbewerbserfolge)*
- *der gemeinsamen Weiterentwicklung der Schule mit den Menschen vor Ort*
- *der positiven Weiterentwicklung der Schule im Miteinander („Vieles bewegen können"!)*
- *Veränderungen sind möglich, langer Atem*
- *der Entwicklung eines neuen Leitbildes*
- *der Förderung und Begleitung von jungen Menschen in der ganzen Breite von Begabung*
- *dem beruflichen Rollenwechsel, Privileg*
- *dem interessanten, abwechslungsreichen, nicht planbaren Job*
- *der Entwicklung der Schule zu einer guten Schule*
- *der Unterstützung durch Schulträger und Schulverwaltung*
- *der Möglichkeit, „ein Stück Welt zu verbessern"*
- *dem pulsierenden Leben an der Schule*

- *der Abwechslung*
- *diversen organisatorischen Verbesserungen (Stundenpläne, Haushalt etc.)*
- *der Schaffung einer unterstützenden Struktur für den Unterricht*
- *dem Spaß, den der Job macht*
- *den immensen Möglichkeiten des Gestaltens*
- *Gestaltungsmöglichkeiten größer als Kollegen oft vermuten*
- *der Möglichkeit, Zeitressourcen auch selbst zu bestimmen*
- *dem Spaß, den die Arbeit macht*
- *den persönlichen Entfaltungsmöglichkeiten*
- *vielen kleinen Rückmeldungen unterschiedlichster Art*
- *...*

In den Statements dominieren die offenbar doch in der Schule vorhandenen Gestaltungsmöglichkeiten, die man erfolgreich zur Veränderung der eigenen Schule nutzen konnte, die mit den feststellbaren Verbesserungen einhergehenden Erfolgserlebnisse, die Erfahrung, dass im Miteinander Veränderungen möglich sind und wiederum sehr eng damit verbunden, ein gewisser Stolz auf das Erreichte. Die Schule bewegt sich also doch, langsam zwar, aber doch feststellbar und der Schulleiter hat an verantwortlicher Stelle mit seinen Fähigkeiten wesentlich dazu beitragen können. Vorausgesetzt natürlich, dass er die vorhandenen Spielräume wahrnimmt und sie auch bewusst im Interesse der eigenen Schule nutzt, ohne dass er vielleicht in jedem Fall erst die Zustimmung der Schulaufsicht erbeten hat. Nicht umsonst haben sogenannte Leuchtturm-Schulen einen Schulleiter, der gelernt und vorgemacht hat, Verordnungen und Bestimmungen so zu interpretieren, dass möglichst viel Gutes für die Schüler dabei herauskommt und der weiß, in welchen Fällen er das Schulamt anrufen muss.

Setzt man also voraus, dass sich der (Schul-)Berg doch von Jahr zu Jahr verändern lässt und dadurch die Arbeit leichter wird, dann kann man sich den Schulleiter in Anlehnung an den berühmten Schluss-Satz des „Mythos vom Sysyphos" von Albert Camus (*A. Camus, Der Mythos vom Sysyphos. Ein Versuch über das Absurde, Hamburg 1992, S. 101*) „*als einen glücklichen Menschen vorstellen*", auch wenn er jedes (Schul-)Jahr für die nächste Schüler-Generation wieder den Stein den Berg hinauf rollen muss.

Jutta Gottwals, Leiterin einer Förderschule:
„Mit viel Kraft und Energie können wir Schule verändern und verbessern!"

Vielleicht gehört die eine Lehrerin oder der andere Lehrer zu den durchaus vorhandenen „Führungs-Talenten", die von den befragten hessischen Schulleitern mit folgenden Begriffen kurz beschrieben werden: *„Guter Pädagoge, engagiert, fleißig, zuverlässig, teamorientiert, hat Freude und Interesse an der Schulentwicklung und –organisation, übernimmt Verantwortung, wird in der Schule akzeptiert, beweist Standfestigkeit, ist gut organisiert, kann strukturiert arbeiten, macht seine Arbeit gern".* Dann lohnt es sich vielleicht trotz aller Kritikpunkte und Bedenken, über einen Wechsel in den Bereich der Schulleitung nachzudenken. Wie die zitierten Statements zeigen, kann sich das offenbar lohnen und möglicherweise eine interessante, ansprechende und verantwortungsvolle berufliche Perspektive sein, die mit einem hohen Maß an Arbeitszufriedenheit einher geht. Oder um eine Kollegin zu zitieren, die bereits über einige Erfahrung verfügt: *„Mit Schule hat man das pulsierende Leben, auch unendlich viel an Abwechslung! Ich finde, so was ist toll!"* Recht hat sie!

1.3 Anregungen aus der Praxis zur allgemeinen Vorbereitung auf Schulleitungsfunktionen

Sofern man Interesse an Schulleitungsaufgaben hat, die notwendigen persönlichen Voraussetzungen mitbringt und sich für den damit verbundenen beruflichen Rollenwechsel vorbereiten möchte, sollte man die Möglichkeiten nutzen, die in einer Schule vorhanden sind, um Erfahrungen zu sammeln, sich auszuprobieren und festzustellen, ob Schulleitung tatsächlich eine berufliche Alternative für einen selber in naher oder fernerer Zukunft sein könnte.

In den Schulleiterinterviews wurden von den Praktikern hierzu folgende Vorschläge gemacht, auf die in den folgenden Kapiteln noch weiter eingegangen wird:

- *Mitarbeit im Personalrat*
- *Übernahme einer Fachbereichsleitungsfunktion*
- *Leitung von Klassen- oder Jahrgangsteams*
- *Verbindungslehrer-Tätigkeit*
- *Leitung von Teilkonferenzen und Arbeitsgruppen*
- *Mitarbeit in schulischen Steuergruppen*
- *Mitarbeit bei schulinternen Curricula*
- *Mitarbeit bei der Fortschreibung des Schulprogramms*
- *Leitung von schulinternen Sammlungen*
- *Tätigkeit als Mentor*
- *Betreuung schulinterner oder beruflicher Praktika*
- *Vorbereitung und Durchführung schulischer Veranstaltungen*
- *Übernahme von Aufgaben in der Aus- und Fortbildung*
- *Entwicklung pädagogischer und fachlicher Konzepte*
- *Mitarbeit in der Schulkonferenz*
- *Übernahme von Assistenzaufgaben im Leitungsteam*
- *Koordinationsaufgaben im Schulverbund*
- *Mitwirkung bei Veranstaltungen zur Außendarstellung der Schule*
- *Abordnungstätigkeiten in der Bildungsverwaltung*
- *Besuch von Fortbildungsveranstaltungen*
- *Anlage eines Fortbildungsportfolios*
- *Übernahme besonderer Aufgaben in der Schule*
- *Bewerbungsverfahren zum Kennenlernen*
- *…*

Diese Liste kann nicht vollständig sein, ist vor allem von der jeweiligen Schulform bzw. der Situation der einzelnen Schule abhängig und lässt sich von daher selbstverständlich weiter ergänzen oder auch kürzen.

Unabhängig davon gibt es jederzeit die Möglichkeit auf die zahlreichen, z.T. umfangreicheren Weiterbildungs-Angebote zurückzugreifen, die es inzwischen sowohl auf regionaler als auch überregionaler Ebene zur Vorbereitung auf die

Übernahme einer Schulleitungs-Funktion oder im Vorfeld eines möglichen Bewerbungsverfahrens gibt. Dies ist unbedingt zu empfehlen und kommt sicherlich darüber hinaus dem eigenen Fortbildungs-Portfolio zugute.

Aus dem Schulleiteralltag: Der Handtuchtausch (Kerstin Gromes)

„Die Woche fliegt vorbei im Rausch – am Freitag da ist Handtuchtausch!"

Schon seit einer Reihe von Jahren war es gängige Praxis, dass Herr Meisenbach, der Hausmeister der Schule, alle Handtücher, die in den Klassen und Fachräumen hingen, regelmäßig einsammelte, in der schuleigenen (!) Waschmaschine wusch und frisch gewaschen wieder an die Haken hängte. Über Handtücher mussten sich also weder Schüler noch Lehrer oder Schulleitung irgendwelche Gedanken machen.

Dies änderte sich schlagartig, als Herr Meisenbach den Schulleiter darüber informierte, dass es ab sofort aus hygienischen Gründen keine Handtücher mehr in der Schule geben dürfe und man auf Papier zum Händetrocknen umsteigen müsse. Die dafür nötigen Handtuchpapierhalter seien schon vom Schulverwaltungsamt geliefert worden und er würde diese in den nächsten Tagen aufhängen. Das hörte sich vernünftig und nachvollziehbar an und fand die volle Zustimmung des Schulleiters.

Als Frau Taler eine Woche später in das Schulleiterbüro kam und nachfragte, woran sich ihre Schüler denn nach dem Waschen die Hände abtrocknen sollten, reagierte dieser verwundert und berichtete vom neuen Handtuchpapier. In ihrer Klasse gäbe es weder Halterungen noch Papier und das alte Handtuch sei auch weg, antwortete Frau Taler leicht verärgert. Der darauffolgende Gang des Schulleiters zu Herrn Meisenbach brachte Aufklärung: Ja, die Halterungen und das Handtuchpapier seien ja nur für die Toilettenanlagen, die Waschräume in der Turnhalle und den Werkraum vorgesehen. In den Klassenräumen würde es diese nicht geben.

Wozu man dann in allen 16 Klassenräumen Waschbecken hätte, konnte er nicht abschließend beantworten.

Der Schulleiter griff zum Telefon, um beim Schulverwaltungsamt nachzufragen, was es mit den fehlenden Handtuchhaltern auf sich habe. Dort erklärte man ihm, dass Herr Meisenbach ganz richtig berichtet hätte und dass für den normalen Klassenraum keine Halterungen und Papiere geplant seien. Die Schule könne diese gerne aus ihrem Haushalt selbst anschaffen, dann müsste man aber auch das wöchentlich benötigte Nachfüllpapier aus dem Verwaltungshaushalt finanzieren.

In Anbetracht von 250 Kindern und 20 Erwachsenen, die täglich in den Klassenräumen gemeinsam frühstückten, malten, bastelten und kleine Experimente durchführten, sich laufende Nasen putzten und verschüttetes Wasser aufwischten würde dies ein sicherlich kleiner Betrag, der da auf das Schulkonto zukäme, dessen war der Schulleiter sich sicher.

Ein Blick des Schulleiters zu Herrn Meisenbach veranlasste diesen zur deutlichen Erklärung, er würde auf keinen Fall mehr Handtücher waschen, denn bis jetzt habe er bisher einen Festpreis pro Handtuch bekommen und umsonst würde er sicher nicht mehrmals wöchentlich durch alle Klassen gehen, Handtücher einsammeln, waschen, aufhängen, falten und wieder in die Räume bringen! (Herr Meisenbach war mathematisch und betriebswirtschaftlich begabt und interessiert und definitiv kein geeigneter Mitarbeiter für den Non-Profit-Bereich.) Auch der Vorschlag, man könne in einem kleinen Seitenraum der Lehrergarderobe einen Wäschekorb aufstellen und die Kollegen richteten einen Handtuchdienst ein, so dass für ihn nur noch das Waschen anfiele, wurde abschlägig beschieden.

Es begann eine kurze Zeit, in der zumindest der Schulleiter für seinen Klassenraum die Handtücher selbst mit nach Hause zum Waschen nahm. Ein Modell, das viele Kollegen ebenfalls aufgriffen.

Doch ein Zufall brachte Veränderung: Herr Meisenbach (wie bereits erwähnt betriebswirtschaftlichem Gedankengut sehr verpflichtet) sprach den Schulleiter eines Nachmittags an, er habe noch einmal über die Sache mit den Handtüchern nachgedacht.

Seine eigene Waschmaschine sei letzte Woche kaputt gegangen (Herr Meisenbach wohnte in einer Hausmeisterwohnung nahe dem Schulgelände.) und wenn man noch wolle, könnte er ja die Handtücher wieder waschen, wenn er im Gegenzug die schuleigene Waschmaschine (die nun unbenutzt im Schulkeller stand) für seine private Wäsche nutzen dürfe. Der Schulleiter stimmte dem Angebot zu, behielt aber den genauen Inhalt dieses Abkommens für sich. Er informierte die Kollegen, dass

Herr Meisenbach nun doch wieder Handtücher wasche, ein Wäschekorb in der Garderobe stünde und jeder seine schmutzigen Handtücher von nun an dort einwerfen solle und möglichst täglich ein frisches Exemplar mit in die Klasse nehmen müsse. Die gewaschenen Handtücher lagen ebenfalls in diesem Garderobenraum, so dass der Aufwand ein kleiner war. Alle waren wieder glücklich und zufrieden!

Dieses Modell führte man über zwei Jahre durch, bis Herr Meisenbach in den Ruhestand ging und der Nachfolger auch ohne Privatwäsche diese wichtige Aufgabe übernahm.

2. Vor der Bewerbung

Heinz Kipp

2.1 Qualifikation vor Bewerbung – Der Weg zum Schulleiter in Nordrhein-Westfalen

In Nordrhein-Westfalen ist aufgrund neuer Bestimmungen eine Bewerbung um eine Schulleiterstelle nur noch dann möglich, wenn die Interessenten vorher eine verpflichtende Qualifizierung absolviert haben, in der den künftigen Bewerbern im Verlauf von insgesamt 104 Fortbildungsstunden Grundkenntnisse in den Bereichen Kommunikation und Kooperation, Personalmanagement und -entwicklung, Qualitätsentwicklung von Schule und Unterricht sowie Bearbeitung von Rechtsfragen im Schulalltag vermittelt werden.

Daran anschließend findet ein nach Assessment-Center-Prinzipien strukturiertes Eignungsfeststellungsverfahren statt, das in eine dienstliche Beurteilung mündet. Erst nach positivem Abschluss dieses Verfahrens ist eine Bewerbung um eine Schulleiterstelle zulässig (vgl. hierzu auch: Veith, R.; Qualifizierung und Eignungsfeststellung für Schulleiter – Ein Überblick über den Weg zum Schulleiter in Nordrhein-Westfalen, in: SchVw 1/2014).

In Hessen wird zurzeit geprüft, ob ein vergleichbares Verfahren eingeführt werden soll.

2.2 Informationen für die eigene Entscheidung zusammentragen

Die Bewerbung um eine Funktionsstelle im Schulbereich ist zugleich immer auch eine Entscheidung darüber, ob man eine andere Laufbahn in einem zwar vertrauten Umfeld, aber mit vielen neuen und anspruchsvollen Aufgaben einschlagen und nicht nur mehr als Lehrender tätig sein will. Um eine solche Entscheidung qualifiziert treffen zu können, ist es wichtig, über die unterschiedlichen Möglichkeiten, die sich in diesen Bereichen bieten, informiert zu sein und zudem die eigenen Potenziale gut und richtig einschätzen zu können. In den folgenden Teilen haben wir daher alle Informationen zusammengestellt, die jeder interessierte Bewerber nach unserer Auffassung im Blick haben sollte.

2.2.1 Übersicht und Beschreibung schulischer Funktionsstellen

Jede Schule hat einen **Schulleiter**, der die Gesamtverantwortung für die Schule, für deren Qualitätssicherung und -entwicklung trägt. Dies wird in den Schulgesetzen der Länder in unterschiedlicher Weise zum Ausdruck gebracht.

So heißt es zum Beispiel in der Dienstordnung für Lehrer an allen öffentlichen Schulen im Lande Schleswig Holstein *(http://www.schulrecht-sh.de/texte/l/lehrerdienstordnung.htm)*:

„§ 3 Schulleiter

(1) Der Schulleiter ist der Leiter der gesamten pädagogischen Arbeit der Schule. Er wirkt vor allem durch das Beispiel seiner eigenen Arbeit.

(2) Der Schulleiter trägt die Verantwortung für die gesamte Arbeit und die Verwaltung der Schule unter Beachtung der gesetzlichen Vorschriften, der Anweisungen der Schulaufsichtsbehörde und der Beschlüsse der Lehrerkonferenz."

In diesen beiden Absätzen lassen sich das Anspruchsniveau und die Vielgestaltigkeit der Schulleitungsaufgabe erahnen. In der nachfolgenden Tabelle hat Wolfgang Bott beispielhaft eine Übersicht über die Zuständigkeiten eines hessischen Schulleiters nach Schulgesetz und Dienstordnung (HSchG/DO) zusammengestellt:

1.	§ 87 Abs. 2 HSchG	Die Durchführung regelmäßiger Dienstbesprechungen zur Koordination der Arbeit der Schulleitung
2.	§ 87 Abs. 2 HSchG	Zusammenwirken von Schulleitung und Konferenzen zur Erfüllung des Bildungs- und Erziehungsauftrags
3.	§ 88 Abs. 1 HSchG	Wahrnehmung der Funktion des Dienstvorgesetzten
4.	§ 16 Nr. 1 DO	Entgegennahme eines Entlassungsantrags
5.	§ 16 Nr. 2 DO	Erklärung über die Dienstunfähigkeit eines Beamten
6.	§ 16 Nr. 3 DO	Abnahme des Diensteids
7.	§ 16 Nr. 4 DO	Herausgabe von Schriftstücken nach Beendigung des Dienstes

8.	§ 16 Nr. 5 DO	Untersagung einer Nebentätigkeit
9.	§ 16 Nr. 6/7 DO	Genehmigung des Fernbleibens vom Dienst oder Erteilung von Dienstbefreiung
10.	§ 16 Nr. 8 DO	Erteilung von Dienstzeugnissen
11.	§ 16 Nr. 9 DO	Meldung von Unfallfürsorgeansprüchen
12.	§ 16 Nr. 10 DO	Ermahnungen pp., Entscheidung über Dienstaufsichtsbeschwerden
13.	§ 88 Abs. 2 Nr. 1 HSchG	Sorge für Entwicklung, Fortschreibung und Umsetzung des Schulprogramms
14.	§ 88 Abs. 2 Nr. 2 HSchG § 17 Abs. 3 DO	Aufstellung der Unterrichts-, Stunden-, Aufsichts- und Vertretungspläne
15.	§ 88 Abs. 2 Nr. 3 HSchG § 18 Abs. 1 Satz 1 DO	Einholung von Informationen über die pädagogische Arbeit der Schule durch Durchführung von Unterrichtsbesuchen einschließlich deren Besprechung mit den Lehrkräften
16.	§ 88 Abs. 2 Nr. 4 HSchG § 17 Abs. 1 Satz 2 DO	Sorge für die Zusammenarbeit der Lehrkräfte und Förderung aller Maßnahmen zur Gewinnung von Einblicken in die Gesamtarbeit der Schule für die Lehrkräfte
17.	§ 88 Abs. 2 Nr. 5 HSchG § 17 Abs. 2 DO	Förderung und Unterstützung der Fortbildung der Lehrkräfte
18.	§ 88 Abs. 2 Nr. 6 HSchG § 19 Abs. 4 DO	Pflege der Zusammenarbeit mit Eltern- und Schülervertretung
19.	§ 88 Abs. 2 Nr. 7 HSchG § 19 Abs. 5 Satz 1 DO	Förderung der Zusammenarbeit mit anderen Schulen und Öffnung der Schule
20.	§ 88 Abs. 2 Nr. 8 HSchG § 19 Abs. 5 Satz 2 DO	Zusammenarbeit mit anderen Bildungs- und Jugendhilfeeinrichtungen etc.
21.	§ 88 Abs. 3 Nr. 1 HSchG	Schüleraufnahme
22.	§ 88 Abs. 3 Nr. 2 HSchG § 19 Abs. 1 DO	Überwachung der Schulpflicht
23.	§ 88 Abs. 3 Nr. 3 HSchG	Aufrechterhaltung der Ordnung in der Schule
24.	§ 88 Abs. 3 Nr. 4 HSchG § 16 Abs. 3 DO	Vertretung der Schule in der Öffentlichkeit (einschließlich Presse)
25.	§ 88 Abs. 3 Nr. 5 HSchG	Aufstellung eines Haushaltsplans
26.	§ 88 Abs. 3 Nr. 6 HSchG	Rechtsgeschäftliche Vertretung der Schule

27.	§ 16 Abs. 4 DO	Verantwortung für Schulveranstaltungen
28.	§ 17 Abs. 1 Satz 1 DO	Einbringung neuer Erkenntnisse und Ergebnisse der Fach- und Erziehungswissenschaften auch für die Entwicklung des Schulprogramms
29.	§ 17 Abs. 5 DO	Übertragung besonderer Aufgaben auf einzelne Lehrkräfte
30.	§ 18 Abs. 1 Satz 2 DO	Gewinnung des Überblicks über die Arbeit in den einzelnen Klassen durch Einsicht in angeordnete schriftliche Leistungsnachweise
31.	§ 18 Abs. 2 DO	Einführung neuer und Verabschiedung ausscheidender Kollegen
32.	§ 19 Abs. 2 DO	Beachtung der Schulordnung und Schulgesundheitspflege
33.	§ 19 Abs. 3 DO	Beurlaubung von Schülern
34.	§ 20 Abs. 1 DO	Aufsicht über das Schulgebäude und die sonstigen Anlagen und Verwaltung der Haushaltsmittel des Schulträgers
35.	§ 20 Abs. 2 DO	Wahrnehmung des Hausrechts
36.	§ 20 Abs. 3 DO	Zusammenarbeit mit dem Schulträger
37.	§ 20 Abs. 4 DO	Führung der Schulakten und des Dienstsiegels
38.	§ 22 DO	Regelmäßige Durchführung von Sprechstunden
39.	§ 23 Abs. 1 DO	Berichte über alle wesentlichen Vorkommnisse an die Schulaufsichtsbehörde
40.	§ 24 Abs. 1 DO	Regelmäßige Anwesenheit während der Unterrichtszeit

© Bott 2014

Der Schulleiter kann aber auch Teile seiner Aufgaben und Pflichten an das Leitungsteam der Schule bzw. im Kollegium delegieren, ohne dadurch aus seiner Gesamtverantwortung entlassen zu werden. Hierzu gibt es je nach Bundesland unterschiedliche Rechtsgrundlagen. Die Verteilung der Aufgaben ist in der Regel in einem schulinternen Aufgaben- oder Geschäftsverteilungsplan festzuhalten. Dieser regelt für die mit der Aufgabenwahrnehmung beauftragten Mitglieder der Schulleitung (oder Kollegen) verbindlich die Zuständigkeiten in der Schule und wird in der Schulgemeinde kommuniziert.

Karl-Heinz Bremer, Leiter einer Beruflichen Schule:
„Teamarbeit kann ich von anderen nicht erwarten,
wenn ich es nicht selbst in der Schulleitung mache."

Zur prozentualen Verteilung der Schulleitungsaufgaben im Schulleitungsteam hat der Rechnungshof Baden Württemberg 2003 eine Untersuchung an 533 Schulen durchgeführt. Das auf der Internetseite veröffentlichte Ergebnis zeigt deutliche Unterschiede in der Aufgabenverteilung je nach Größe und Schulform des jeweiligen Systems.

Verteilung der Schulleitungsaufgaben in Prozent

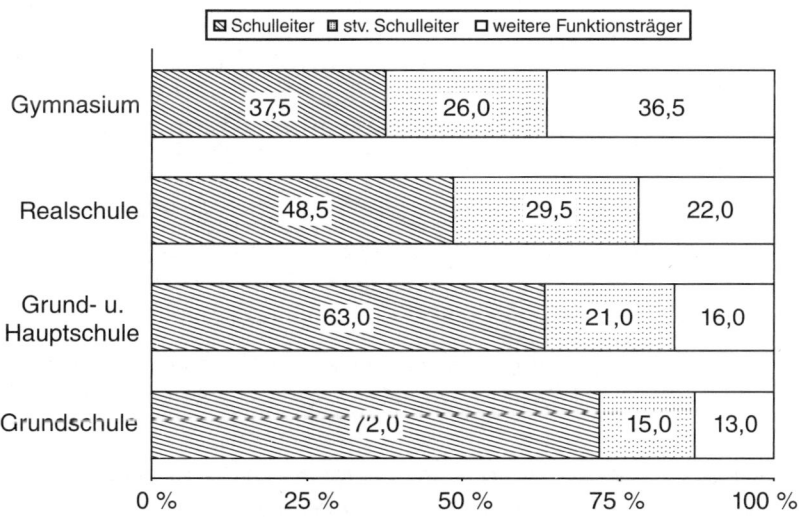

Abb. 1: Verteilung der Schulleitungsaufgaben

Quelle: Rechnungshof Baden Württemberg (http://www.rechnungshof.baden-wuerttemberg.de/de/ veroeffentlichungen/denkschriften/31760/31877.html)

Neben dem Schulleiter gibt es in den einzelnen Bundesländern unterschiedliche Personen, die dem Schulleiter bei seiner Leitungsaufgabe in der Schule zur Seite stehen. In der Regel wird die Gruppe dieser Funktionsträger als Schulleitung oder erweiterte Schulleitung bezeichnet. Im Folgenden werden einige dieser Stellen kurz vorgestellt und die mit der Funktion verbundenen Aufgaben beschrieben. Hierzu gehören:

Der Stellvertretende Schulleiter:
Normalerweise vertritt der Stellvertretende Schulleiter den Leiter einer Schule, falls dieser (z.B. bei Krankheit) nicht zur Verfügung steht. In Absprache mit dem Schulleiter und wie im Geschäftsverteilungsplan festgelegt, nimmt er darüber hinaus dauerhaft und selbständig bestimmte Verwaltungs- und Organisationsaufgaben zur Sicherstellung des Schulbetriebs wahr. Hierbei kann es sich um die Gestaltung der Stundenverteilung, die Erstellung der Stunden- und Klassenpläne sowie des Vertretungsplans handeln. Es können aber auch – je nach Ausstattung der Schulleitung mit Personal – weitere Aufgaben übernommen werden. Eine differenzierte Beschreibung der Funktion findet sich beispielsweise in der Dienstordnung für Lehrkräfte in Rheinland-Pfalz:

„3. Ständiger Vertreter des Schulleiters

3.1 Bei Verhinderung des Schulleiters hat sein ständiger Vertreter die gleichen Recht und Pflichten wie der Schulleiter.

3.2 Zu den gemäß Nr.2.11 zu übertragenden Aufgaben des ständigen Vertreters des Schulleiters sollen gehören:

3.2.1 Er übernimmt verantwortlich einen pädagogischen Bereich mit allen damit verbundenen Rechten und Pflichten,

3.2.1.1 er unterstützt die Lehrer in pädagogischen Angelegenheiten und wirkt auf die Erörterung fachdidaktischer und fachmethodischer Fragen in den Fachkonferenzen

3.2.1.2 er achtet auf die Durchführung der Lehrpläne und wirkt bei der Weiterentwicklung bestehender Pläne sowie bei der Erarbeitung neuer Lehrpläne mit;

3.2.1.3 er fördert die Vereinheitlichung der Bewertungsmaßstäbe, insbesondere in Parallelklassen und koordiniert die Anforderungen und Leistungsbewertungen;

3.2.1.4 er übernimmt Aufgaben innerhalb der Orientierungsstufe der Sekundarstufe 1 (Leitung der stufenbezogenen Elternversammlungen, Einrichtungen und Beobachtung des Ergänzungsunterrichts, Zusammenarbeit mit den Schulen des Einzugsbereichs der Orientierungsstufe);

3.2.1.5 er ermöglicht und beobachtet die Erprobung neuer Unterrichtsmethoden;

3.2.1.6 er sorgt in bestimmten Unterrichtsbereichen im Auftrag des Schulleiters für das Erfüllen des Lehrplanes;

3.2.1.7 er führt im Auftrag des Schulleiters in Einzelfällen Unterrichtsbesuche durch. Nr.2.4.2 gilt sinngemäß;

3.2.1.8 er nimmt Einblick in Klassenarbeiten/Kursarbeiten (vgl. insbesondere Nr.7.8) und führt im Falle von Meinungsverschiedenheiten. die mit den Beteiligten nicht geklärt werden können, die Entscheidung der Fachkonferenz herbei; das Recht des Schulleiters gem. Nr.2.4.5 bleibt unberührt;

3.2.1.9 er fördert in den ihm übertragenen Fächern/Unterrichtsbereichen die Fortbildung der Kollegen;

3.2.1.10 er berät Lehrer im Beamtenverhältnis auf Probe und im Angestelltenverhältnis während der Probezeit bei ihrer Unterrichtstätigkeit und berichtet dem Schulleiter über deren Tätigkeit.

3.2.2 Er übernimmt verantwortlich einen Verwaltungsbereich mit allen damit verbundenen Rechten und Pflichten;

3.2.2.1 er verwaltet die der Schule zugewiesenen Haushaltsmittel nach den Bestimmungen des Haushaltsrechts (Landeshaushaltsordnung und Gemeindehaushaltsverordnung) und den vom Schulträger und der Schulbehörde erteilten Weisungen unter Berücksichtigung entsprechender Vorschläge der Gesamtkonferenz. Der ständige Vertreter darf die Schule nur im Rahmen der ihr zugewiesenen Haushaltsmittel verpflichten. Er ist verantwortlich, daß die Verwaltungseinnahmen richtig und rechtzeitig erhoben und keine Maßnahmen getroffen werden, die zu nicht notwendigen Ausgaben führen; darüber hinaus stellt er im Rahmen der ihm übertragenen Befugnisse die sachliche Richtigkeit von Rechnungen fest, führt die Haushaltsüberwachungsliste und verwaltet einen Dauervorschuss;

3.2.2.2 er verwaltet das Schulvermögen;

3.2.2.3 er erstellt den Stundenplan und die Raumpläne;

3.2.2.4 er gibt Anordnung bei Ausfall einzelner Unterrichtsstunden;

3.2.2.5 er regelt Vertretungen und Aufsichten;

3.2.2.6 er unterstützt und berät die Lehrer in Verwaltungsangelegenheiten;

3.2.2.7 er unterzeichnet Schulbescheinigungen.

3.3 der ständige Vertreter des Schulleiters ist in seiner Tätigkeit dem Schulleiter verantwortlich und hat die Pflicht, diesem zu berichten. Er zeichnet „i. V." (in Vertretung). Innerhalb seiner Zuständigkeit ist er weisungsbefugt.

3.4 Im Übrigen übernimmt er Aufgaben gemäß Abschnitt 5 dieser Ordnung und unterstützt Lehrer mit besonderen Aufgaben."

(Ziffer 3 der Dienstordnung für Lehrkräfte in Rheinland-Pfalz i.d.F.v. 13.5.1986 (ABl. S. 340))

Der Leiter einer Stufe/eines Zweiges:
Stufen- oder Zweigleiter gibt es an verbundenen Schulen oder Schulen, in denen verschiedene Schulformen in einem System zusammengefasst sind wie zum Beispiel Schulformbezogene (Kooperative) oder Integrierte Gesamtschulen. Die Verantwortlichen für einzelne Zweige gehören dort zur engeren Schulleitung. Die organisatorische und pädagogische Leitung einer Stufe oder eines Zweiges und alle damit im Zusammenhang stehenden Verwaltungsaufgaben gehören zum Aufgabenspektrum der sogenannten Stufen- bzw. Zweigleitungen. Das sind vor allem die Organisation der Klassenbildung, die Leitung von Zeugniskonferenzen, die Mitarbeit bei Unterrichtsverteilung und -organisation, die Durchführung von Informationsabenden und Klassenkonferenzen, die Beratung und Information von Eltern, die Vorbereitung und Durchführung von Abschlussprüfungen und Betriebspraktika und bei Bedarf andere Aufgaben, die sich unter Umständen auf die Schule als Ganzes beziehen können.

Der Abteilungsleiter:
Abteilungsleiterstellen gibt es je nach Bundesland in Gymnasien und beruflichen Systemen. Der Leiter einer Abteilung (z.B. der Berufsfachschule, des Beruflichen Gymnasiums oder der Sekundarstufe II) unterstützt den Schulleiter in allen fachlichen, pädagogischen und schulorganisatorischen Belangen seiner Abteilung. Zu seinen Aufgaben gehören insbesondere die Koordinierung der Maßnahmen zur Umsetzung der Lehrpläne in die unterrichtliche Praxis,

die Koordinierung des Unterrichts in der Abteilung, die Koordinierung der Leistungsbewertung einschließlich der Vorbereitung von klassen- und kursübergreifenden Leistungskontrollen, die regelmäßige Betreuung der Lehrer im Probeverhältnis (Vorbereitungsdienst, Bewährungszeit etc.) sowie die Teilnahme an Sitzungen bzw. die Leitung von Konferenzen.

Funktionsstelleninhaber mit besonderen Aufgaben

Bei diesen Aufgabenbereichen im Rahmen von Schulleitung handelt es sich in der Regel um Rektoren-, Konrektoren-, Oberstudienrats- oder Direktorenstellen, die mit der Wahrnehmung besonderer Aufgaben, die zum Beispiel mit der Leitung eines Fachbereichs, eines Aufgabenfeldes in der Sekundarstufe II etc. verbunden sind. Je nach Bundesland und Aufgabe gehören die Inhaber der Funktionsstelle zur engeren oder erweiterten Schulleitung bzw. nehmen lediglich die ihnen übertragenen Funktionen für einen bestimmten Zeitraum z.B. ein Schuljahr wahr.

2.2.2 Informationsgespräche

Wenn Sie zum ersten Mal beabsichtigen, sich um eine für Sie interessante schulische Funktionsstelle zu bewerben, ist es in den meisten Fällen nicht ausreichend, sich nur mit Hilfe der einschlägigen Literatur und Internetrecherchen auf die anstehende Entscheidung vorzubereiten. Sie werden sich gewiss mit Menschen austauschen, die Ihnen nahe stehen: Partnern, Freunden, Kollegen.

Ausgesprochen hilfreich für Ihre Entscheidungsfindung sind Kontakte zu Menschen, die vergleichbare Funktionen innehaben. Kontaktieren Sie den Schulleiter, den Stellvertreter, Zweigleiter oder Stufenleiter einer benachbarten Schule und lassen Sie sich aus erster Hand den Aufgabenbereich, seine Chancen und Möglichkeiten, aber auch seine Problemfelder, Herausforderungen und Lösungsansätze vorstellen.

Barbara Dorstewitz, Leiterin einer Grundschule:
„Was Du auf jeden Fall spürst: Du wirst einsamer!"

Erst die Summe der gesammelten Informationen und Eindrücke und der Abgleich mit Ihren eigenen Interessen und Möglichkeiten bietet Ihnen die Chance, eine gute Entscheidung zu treffen.

Im Vorfeld einer solchen Entscheidung ist es besonders wichtig, das Gespräch mit dem eigenen Schulleiter zu suchen, denn er spielt eine ganz entscheidende Rolle bei der Personalentwicklung seiner Schule. Ihm muss es ein Anliegen sein, die in seiner Schule vorhandenen Potenziale zu erkennen und diese auch in angemessener Weise zu fördern.

2.2.3 Besuch einer möglichen Zielschule

Für den Besuch einer Schule, an der Sie sich für die Besetzung einer Funktionsstelle interessieren, gibt es mehrere mögliche Vorgehensweisen.

Sie können einerseits anonym bleiben, sich die Schule gewissermaßen ganz unverbindlich ansehen und dabei auch mit Lehrkräften, Eltern und Schülern ins Gespräch kommen, wenn Sie die Tage der offenen Tür, Schulfeste, Informationsabende und ähnliche Veranstaltungen hierzu nutzen.

Sie können aber auch dem Schulleiter oder einem anderen Verantwortlichen in der Schulleitung das Signal geben, dass Sie sich mit dem Gedanken einer Bewerbung tragen und die Schule gern einmal näher kennen lernen möchten. Diese Variante will aber gut vorbereitet sein, denn damit eröffnen Sie nicht nur sich selbst eine einseitige Informationsmöglichkeit, sondern bieten auch den schulischen Verantwortungsträgern (Schulleitung oder z.B. auch der Personalvertretung) die Möglichkeit, einiges über Sie in Erfahrung zu bringen. Es kommt also sehr darauf an, dass Sie vorher Informationen einholen und sich bei Ihrem Besuch bemühen, einen guten Eindruck zu hinterlassen.

Beide Wege sind grundsätzlich gangbar, können eventuell sogar miteinander kombiniert werden.

2.2.4 Literaturempfehlungen zur Vorbereitung

Literatur zu Schulleitungsfragen gibt es in großer Fülle. Wir haben daher im Folgenden nur einige Werke zusammengestellt, die uns für einen Einstieg in die Thematik gut geeignet scheinen. Über die Internetsuchmaschinen und die Angebote der einschlägigen Verlage lässt sich diese Liste leicht erweitern.

Karl-Heinz Bremer, Leiter einer Beruflichen Schule:
*„Ich habe mir das Buch ‚Heute Kollege, morgen Chef'
gekauft, es aber nie gelesen. Mir war klar, dass ich nicht das
Modell eines anderen Schulleiters kopieren kann, dazu bin
ich zu sehr, wie ich bin."*

- **Führung, Steuerung, Management,** Hans-Günther Rolff (Hrsg.), Klett 2010, 200 S.
- **Professionswissen Schulleitung,** Herbert Buchen und Hans-Günter Rolff (Hrsg.), Beltz 2009, 1408 S.
- **Praxishandbuch Führungskräfteentwicklung in der Schule,** Roland Gibitz, Heiner Roediger (Hrsg.), Luchterhand 2005, 238 S.
- **PraxisWissen SchulLeitung,** Adolf Bartz u.a. (Hrsg.), Wolters Kluwer 2006 (Loseblattsammlung)
- **Handbuch Führungskräfteentwicklung,** Stephan G. Huber (Hrsg.), Wolters Kluwer 2011, 470 S.
- **Schulrecht,** Hermann Avenarius und Hans-Peter Füssel (Hrsg.), Carl Link 2010, 788 S.
- **Grundkurs Schulrecht IX: Stellenbesetzung im Schulbereich -Leitfaden mit Beispielsfällen und Praxishilfen,** Wolfgang Bott, Carl Link 2012, 105 S.
- **SchulRecht für schulische Führungskräfte,** Günther Hoegg, Beltz Verlag 2011, 230 S.
- **Stressmanagement für Lehrerinnen und Lehrer: Ein Trainingsbuch mit Kopiervorlagen,** Rudolf Kretschmann (Hg.), Beltz, 4. neu gestaltete Aufl. 2012, S. 144
- **Selbst-Coaching für Schulleiterinnen und Schulleiter,** Reinhold Miller, Beltz, 3. neu ausgestaltete Aufl. 2010, S. 256
- **Teamarbeit, Teamentwicklung, Teamberatung: ein Praxisbuch für die Arbeit in und mit Teams,** Manfred Gellert und Claus Nowak, Limmer 2010 (4. Auflage), S. 420

2.3 Persönliche Eignung und Interesse

2.3.1 Motivation

In den Interviews, die bereits in Abschnitt 1.2 dargestellt wurden, haben sich die befragten Schulleiter auch zu ihren persönlichen Motiven für die Bewerbung auf eine Schulleiter-Stelle und die für ihre Entscheidung maßgeblichen Überlegungen und Gesichtspunkte ausführlich geäußert.

Hans Rosenbaum, Leiter einer Grundschule:

„Ich finde nach wie vor, dass es sich lohnt, sich auf eine Leitungsfunktion zu bewerben!"

In der folgenden stichwortartigen Zusammenfassung werden die Antworten zum Bereich „Motivation" dokumentiert. Die Zusammenstellung zeigt trotz ihrer Kürze die Vielfalt der Situationen, Gegebenheiten und Aspekte, aus denen für die späteren Schulleiter ein Anreiz für eine Bewerbung um diese spezielle schulische Funktionsstelle entstanden ist. So sind persönliche Aspekte, eine familiäre Umbruchsituation, Erfahrungen mit dem Lehreralltag ebenso von Bedeutung wie das Interesse an zentralen organisatorischen oder pädagogischen Fragen und natürlich der Wunsch nach Veränderungen in der Schule. Auch die wichtige Erfahrung, dass man positive Rückmeldungen zum eigenen Handeln und zur Interpretation der eigenen Rolle in der Schule erhält und Kollegen jemandem bestätigen, dass sie einem eine ganze Menge zutrauen, ist offenbar von großer Bedeutung für die letztendliche Entscheidung zur Bewerbung, aber die ist immer auch eine sehr individuelle Angelegenheit.

Von den interviewten Schulleitern wurden u.a. folgende Bereiche angesprochen und genannt:

Persönliche Aspekte

* *Veränderungen in der familiären Situation/Klärungsprozess wichtig*
* *Wunsch nach einer Veränderung der beruflichen Rolle aufgrund diverser Erfahrungen*

- *Beruflich etwas anderes mit höheren Ansprüchen und Herausforderungen machen wollen*
- *Teilweiser oder vollständiger beruflicher Rollenwechsel intendiert*
- *Interesse an schulischen Abläufen*
- *Freude am Organisieren*
- *Bereitschaft mehr Verantwortung zu übernehmen*
- *„Unterforderung" in der Lehrerrolle/„Innere Kündigung"/Belastung durch Wiederholungen*

Interaktion/Kommunikation
- *Breiteres Erfahrungsspektrum*
- *Anerkennung/Rückmeldung durch andere*
- *Konkrete Ansprache von anderen*
- *Allmähliches Hineinwachsen in andere Rolle*
- *Wachsendes Interesse an Teilaspekten: Umgang mit Menschen, Organisieren usw.*

Organisatorische Aspekte
- *Situation der Schule*
- *Systemfragen*
- *Identifikation mit dem System*
- *Aktuelle Stellensituation*
- *Handlungsbedarf geben*
- *Umbruchsituation*
- *Unzufriedenheit und Kritik*

Optimierung organisatorischer Abläufe
- *Erfahrungen mit Negativ- oder Positivbeispielen*
- *Verbesserung schulischer Abläufe als Bedingung für gelingenden und erfolgreichen Unterricht*
- *Rahmenbedingungen für ein sinnvolles Miteinander verbessern*
- *Visionen/Ziele/Ideen: z.B. Schule für alle Kinder gestalten; langes gemeinsames Lernen ermöglichen; Leistungen optimieren; bessere Alternativen entwickeln; Wertevermittlung und –orientierung bieten; Schule als Lebenswelt gestalten usw.*

Interessant erscheint auch, dass von den Schulleitern in den Interviews die im Folgenden aufgelisteten Punkte nicht oder bestenfalls am Rande angesprochen wurden. Es mag sein, dass man über die Themen nicht sprechen wollte, ist es doch in Deutschland nicht unbedingt üblich, offen über Gehaltsfragen oder einen Zuwachs an persönlicher Macht als Motivation zu sprechen. Mit Blick auf die Vielzahl der persönlichen und inhaltlichen Motive, die genannt wurden, scheinen diese Fragen möglicherweise bei den Befragten aber eine eher marginale Rolle gespielt zu haben.

Nicht oder nur am Rande angesprochene Aspekte:
- *Besoldung und Versorgung*
- *Machtgewinn*
- *Ansehen, Einfluss, gesellschaftliche Anerkennung, wichtigere Rolle in der Öffentlichkeit*
- *Umsetzung der eigenen Karriereplanung*
- *„Flucht" aus der Lehrerrolle, Umgang mit Erwachsenen statt Kindern*
- *Freiräume für sich finden*

Re: Wie wird man Schulleiter?
Hallo Johanna!

Obwohl es mehr Gehalt gibt, ich kenne keine (Gymnasial)Lehrer, die sich um das Amt des Schulleiters reißen.
Im Gegenteil.

Es ist ein Managementposten, auf den kein Studium vorbereitet.

Auf der einen Seite muss er (wohl oder übel) die Strategie der Bezirksregierung bzw. Vorgesetzten „verkaufen", sich auf der anderen Seite mit unzufriedenen Eltern und/oder Kollegen auseinandersetzen.

Achja, Unterricht muss er auch noch erteilen....falls er rechtzeitig dazu kommt. Falls er mal wieder verspätet eintrifft, wird er von den Eltern langgemacht.

Und - ganz ehrlich - mich macht Deine Frage ein wenig stutzig. Du bist noch im Studium, hast also bisher vermutlich eher wenig längerfristige Einblicke in den Aufgabenbereich eines Schulleiters gehabt.

Was erscheint Dir daran so attraktiv, dass Du dieses Ziel hast? Wobei ich es grundsätzlich klasse finde, wenn man schon frühzeitig ein Ziel im Blick hat.

Ich, als Mutter eines Gymnasiasten, würde mir offen gestanden wünschen, dass Lehramtsstudenten als oberste Priorität die verständliche Vermittlung des Lernstoffes in einer guten und vertrauensvollen Atmosphäre haben und dieses Vorhaben mit in ihr oft schwieriges Arbeitsleben hineinnehmen.
Das glückt erfreulicherweise häufig bei den Junglehrern und einigen alten Hasen.

Wenn Du dann fest im Sattel sitzt UND engagiert bist UND belastbar, keine großen Ansprüche an Deine Freizeit stellst, dann steht einer Bewerbung nichts mehr im Weg.

Angelika

P.S. Um jetzt der Diskussion vorzubeugen „Lehrer haben monatelang Ferien und viel Freizeit", das mag z.T. zutreffen, aber sicher nicht auf z.B. den Leiter eines Gymnasiums.

(Auszug aus einem Internetblog, Quelle: http://www.wer-weiss-was.de/studium-schule/wie-wird-man-schulleiter)

2.3.2 Potenzialanalyse (Christina Keßler)

Eine Potenzialanalyse lässt sich am besten mit einem Assessment – Center vergleichen, denn die Teilnehmer durchlaufen genau wie dort an zwei oder drei Tagen hintereinander mehrere Stationen mit verschiedenen Aufgaben. Der Unterschied zum Assessment-Center liegt nun darin, dass die Teilnehmer sich hier nicht um eine spezielle Stelle bewerben und am Ende eine Person ausgesucht, also eine Entscheidung getroffen wird, sondern dass die Teilnehmer an der Potenzialanalyse am Ende des Analyseprozesses ein genaueres Bild der eigenen Stärken und Schwächen bzw. ihres persönlichen Potenzials gewinnen. Die Potenzialanalyse dient also nicht der Personalauswahl wie das Assessment-Center, sondern sie dient vielmehr der Personalentwicklung.

Dr. Carsten Scherließ, Leiter eines Gymnasiums:
„Um mit Lehrerinnen und Lehrern zu arbeiten, die sehr selbstständig agieren können, braucht man großes Fingerspitzengefühl!"

Wenn Lehrkräfte überlegen, ob sie für eine Führungsposition im Schulleitungsbereich die notwendigen Fähigkeiten und Kompetenzen mitbringen, kann ihnen eine Potenzialanalyse wichtige Erkenntnisse vermitteln. Im Verlauf des Analyseprozesses müssen die Teilnehmer sich nämlich mit verschiedenen Aufgaben auseinandersetzen, in denen alle Aspekte eines notwendigen und hilfreichen Verhaltensrepertoires angesprochen werden, die für die Übernahme einer Führungsposition von Bedeutung sind. Die meist sehr komplexen Aufgaben sind so aufgebaut und ausgewählt, dass die Beobachter, aber auch die Teilnehmer selbst, einen relativ präzisen Eindruck von ihren bereits vorhandenen Potenzialen, natürlich auch Defiziten in Bezug auf ihr mögliches Führungsverhalten gewinnen können. Da sie zum Teil in diesem Buch näher erläutert werden bzw. das Internet jede Menge Informationen zu diesem Ansatz bietet, kann hier auf eine detailliertere Beschreibung einzelner Teile oder des gesamten Verfahrens verzichtet werden.

Ihrer jeweiligen Ziel- bzw. Schwerpunktsetzung entsprechend ist jede Potenzialanalyse ein wenig anders aufgebaut und organisiert. Gemeinsam ist allen jedoch, dass über einen Zeitraum von zwei bis drei Tagen hinweg verschiedene, für die Bewältigung von Führungsaufgaben möglicherweise wichtige Aufgaben (z.B. eine Selbstpräsentation, die Bearbeitung eines Postkorbes, die Leitung einer Gruppe oder auch das Führen eines Konfliktgesprächs) absolviert werden müssen.

In der Regel wird nach der gemeinsamen Begrüßung in der Gesamtgruppe zunächst der geplante Ablauf der Potenzialanalyse kurz vorgestellt. Zur Durchführung der sich anschließenden Übungen werden dann meist kleinere Untergruppen gebildet, die entweder während der gesamten Potenzialanalyse konstant bleiben oder von Aufgabe zu Aufgabe verändert werden, so dass die Teilnehmer es immer wieder mit neuen Personen und Rollen zu tun bekommen.

Entsprechend der Teilnehmerzahl gibt es eine bestimmte Anzahl von Beobachtern. Je nach Organisation sieht jeder Beobachter jeden Teilnehmer in den verschiedenen Aufgaben. Dadurch ist gewährleistet, dass abhängig von der konkreten Organisation jeder Beobachter jeden Teilnehmer in den verschiedenen Aufgaben und vorgegebenen Situationen sehen kann. Bei jeder Aufgabe werden bestimmte Aspekte beobachtet, wie zum Beispiel das Kommunikations- und Führungsverhalten oder der Umgang mit zeitlichen Ressourcen. Die Eindrücke werden auf den Beobachtungsbögen festgehalten und dienen als Grundlage für das gemeinsame Abschlussgespräch. Dadurch entsteht am Ende ein aus vielen Mosaiksteinen bzw. Wahrnehmungen zusammengesetztes Gesamtbild der einzelnen Teilnehmer. Dies ist für die Teilnehmer sehr wertvoll, da die Beobachtungen nicht nur von einer Person stammen, sondern von mehreren, deren Wahrnehmungen zudem variieren.

In manchen Potenzialanalysen kommt noch die direkte und unmittelbare Rückmeldung hinzu. Nach jeder Aufgabe gibt es eine Feedbackrunde von den Teilnehmern, die nicht aktiv in der Aufgabe selbst mitgewirkt haben. Durch die direkte, zeitnahe Rückmeldung der anderen Teilnehmer erhält jeder ein direktes Feedback und kann sehen, wie er gerade wahrgenommen wurde und ob der eigene Eindruck mit der geschilderten Fremdwahrnehmung übereinstimmt, denn die Teilnehmer werden immer wieder auch zur Selbstreflexion aufgefordert und können so darstellen, wie sie sich selbst wahrgenommen haben. Durch den auf diese Weise möglich gewordenen Abgleich von Selbst- und Fremdwahrnehmung ist es dann eher möglich, die eigenen Stärken und Schwächen, das vorhandene oder noch zu erwerbende persönliche Führungs- potenzial realistisch einzuschätzen.

Am Ende der Potenzialanalyse steht ein ausführliches Einzelgespräch, in dem man über Stärken und Entwicklungsbedarfe informiert werden soll. Dieses Abschlussgespräch wird je nach Bedarf und Absprachen unterschiedlich struk- turiert. Zum Teil erhalten die Teilnehmer ein ausführliches Feedback von den Beobachtern, die sie durch das Verfahren begleitet haben, eventuell wird sogar eine Zukunftsempfehlung abgegeben. Manchmal strukturieren aber auch die Teilnehmer das Gespräch selber und überlegen sich, welche Gesichtspunkte sie gerne ansprechen möchten, welche Erkenntnisse ihnen wichtig waren, was sie selbst überrascht hat oder zu welchen der Aufgaben, die sie im Rahmen der Analyse bewältigen mussten, sie eine Rückmeldung von den Beobachtern wünschen. Auf jeden Fall sollte dieses Abschlussgespräch, das zwischen 30 und 60 Minuten dauern kann, unterstützend und hilfreich sein, da es im schuli- schen Alltag kaum Zeit und Gelegenheit gibt, in einem geschützten Rahmen solche Gespräche zu führen, die einem detailliert Rückmeldung über die eige- nen Stärken und Schwächen, aber auch über Entwicklungsmöglichkeiten und berufliche Perspektiven vermitteln können.

Zur Vorbereitung auf das beschriebene Verfahren sollten sich die Interessenten klar machen, dass es in erster Linie darum geht, den Beobachtern in der Po- tenzialanalyse ein möglichst umfassendes Bild von den jeweiligen Teilnehmern und ihren Potenzialen zu ermöglichen. Auf dieser Basis lässt sich abschätzen, ob jemand mit seinen aktuellen Stärken und Möglichkeiten für eine Leitungs- position geeignet ist. Insofern sollte es im Interesse der Teilnehmer liegen, ein realistisches Bild von sich selbst abzugeben. Daher ist es durchaus angebracht, sich auf einzelne Aufgaben wie zum Beispiel die Selbstpräsentation gezielt vor- zubereiten, aber natürlich auch sich auf andere Aufgaben einfach einzulassen und sich so zu geben, wie man im Alltag auch agieren und reagieren würde, oder besser: einfach man selbst zu sein.

Am schwierigsten wird es für die Teilnehmer wohl dann, wenn Sie überlegen, was die Beobachter jetzt sehen wollen, welches Verhalten in ihren Augen er- wünscht ist und worauf diese wohl besonders achten. Solche Überlegungen können dazu führen, dass mancher Aspirant in seinem Verhalten eher gehemmt und unsicher wird, daher nicht mehr natürlich agiert und so seine Stärken gar nicht zeigen kann. Es ist auf jeden Fall besser, authentisch zu bleiben und so zu handeln und sich so zu präsentieren, wie es der eigenen Persönlichkeit entspricht. Denn in einer Potenzialanalyse hat jeder Teilnehmer die Chance, eine Rückmeldung darüber zu erhalten, wie er im Alltag auf andere Menschen wirkt und das deckt sich nicht immer mit der eigenen Selbstwahrnehmung. Eine solche Rückmeldung ist daher sehr wertvoll, denn auf einer solchen Grundlage lässt sich besser entscheiden, ob man manche Dinge verändern sollte, an welchen Aspekten man arbeiten müsste und welche beruflichen Perspektiven man möglicherweise hat. Solche Erkenntnisse und Einsichten bleiben denen verwehrt, die nicht authentisch auftreten.

Es ist sicherlich sinnvoll, die Einladung und eventuell beigefügtes Informationsmaterial genau zu lesen. Das hilft bei der gezielten Vorbereitung auf einzelne Aufgaben und kann zudem ein wenig mehr Sicherheit vermitteln. Falls man eine Selbstpräsentation vorbereiten soll, ist es notwendig, sich darüber im Klaren zu sein, in welcher Form man sich vorstellen oder präsentieren möchte, welche sowohl beruflichen als auch persönlichen Informationen man berücksichtigt und welche Relevanz diese Angaben für die berufliche Position haben, die eventuell bereits in naher Zukunft oder perspektivisch angestrebt wird. Zu dieser Form der Selbstdarstellung gehört selbstverständlich auch eine angemessene Kleidung, die zur Persönlichkeit des Teilnehmers passt und das müssen nicht immer Schlips und Kragen oder der graue Hosenanzug sein.

Es wurde bereits darauf hingewiesen, dass die Teilnehmer durch die Potenzialanalyse einiges über sich selbst und ihre Wirkung auf andere erfahren. Meist sind die Tage relativ dicht organisiert und zwischen den Aufgaben werden nur wenige Pausen eingeplant, so dass durch den entstehenden Zeitdruck die Teilnehmer an sich selbst intensiver erleben können, wie es sich beispielsweise anfühlt, vor fremden Menschen ohne längere Vorbereitung zu sprechen, mit plötzlich auftauchenden Problemen umzugehen oder wichtige Entscheidungen zu treffen, also unter Zeitdruck zu arbeiten. Wie kommt man damit klar? Welche Kompensationsstrategien setzt man ein, um mit der Situation umzugehen? Liegt einem so etwas? Wie viel Stress entsteht und welche Auswirkungen hat er?

Darüber hinaus findet natürlich auch ein direkter Vergleich mit den anderen Teilnehmern statt, so dass man relativ gut einschätzen kann, über welche Potenziale man im Vergleich mit anderen verfügt, was man bereits schon gut beherrscht und in welchen Bereichen man sich noch weiterentwickeln müsste. Indem man die verschiedenen Vorgehensweisen, Arten und Strategien der anderen Teilnehmer beobachten und reflektieren und sich andererseits selbst in den Aufgaben erleben und sehen kann, lernt man nicht nur eine Menge über sich selbst, sondern sieht auch, welche Vorgehensweisen zu welchen Reaktionen führen und wie erfolgreich oder auch ineffektiv sie waren. Durch das anschließende Feedback und die kritische Selbstreflexion können sich die Teilnehmer daher persönlich weiterentwickeln.

Es kann also durchaus lohnend sein, sich in den verschiedenen Aufgaben zu erproben und zu erleben. Es gibt selten Möglichkeiten, sich in einem geschützten Rahmen auszuprobieren und sein Verhalten sowie die Wirkungen von unterschiedlichen Perspektiven aus zu reflektieren. In der Potenzialanalyse aber wird genau dies gewährleistet und ermöglicht: Die Erfahrung, wie ein eventueller Rollenwechsel in eine Führungsposition für einen selber sein könnte und wie man mit den vielfältigen Anforderungen in einer solchen Position klarkommt. Dieser Blick in die verschiedenen Dimensionen einer möglichen späteren Führungsaufgabe vermittelt einen Eindruck, ob die Inhalte und Tätigkeitsbereiche für einen interessant sind und ob man sie gut bewältigen könnte. Natürlich erhalten die Teilnehmer im direkten Vergleich durch die Beobachtung der anderen Teilnehmer auch Einblicke in unterschiedliche Vorgehensweisen, Strategien und Möglichkeiten der Interaktion. Dies können wertvolle Tipps sein, um das eigene Handeln zu reflektieren und zu optimieren.

Aus den Ergebnissen der Potenzialanalyse können unterschiedliche Schlüsse gezogen werden. Wichtig dabei ist zunächst, dass die Teilnehmer sich klar machen, dass die Ergebnisse und Eindrucke nur wahrend der Tage der Potenzialanalyse entstanden sind. Nur die Teilnehmenden selbst können für sich entscheiden, ob Sie während des Analyseverfahrens authentisch und im Einklang mit sich selbst agiert haben und ob die Rückmeldungen von daher auch auf den beruflichen Alltag angewendet werden können oder ob die Umstände dieses Prozesses oder andere Aspekte dazu geführt haben, dass sie selbst sich möglicherweise ganz anders verhalten haben als sonst.

Falls das Erstere zutrifft, können die Teilnehmer mit Hilfe der Rückmeldungen der anderen Teilnehmer, den Informationen aus dem Rückmeldegespräch von den Beobachtern und dem Abgleich mit Ihren eigenen Erfahrungen und Eindrücken in einem Selbstreflexionsprozess wertvolle Erkenntnisse über die eigenen Möglichkeiten gewinnen. Denn man hat direkt erlebt, wie man sich in einer bestimmten Situation fühlt, wie man sich vielleicht unter einem gewissen Druck verhalten hat, wie andere auf einen reagieren und wie neutrale Beobachter das gezeigte Verhalten wahrnehmen und einschätzen. Dadurch hat der Teilnehmer nun eine pointierte Rückmeldung und eine Einschätzung anderer zu Defiziten, Stärken und Entwicklungspotenzialen und kann somit ein Stück weit fundierter beurteilen, ob die beruflichen Pläne passend sind, welche Fortbildungen man möglicherweise in Zukunft belegen, welche Erfahrungen weiter helfen könnten oder ob man eventuell die beruflichen Pläne noch einmal überdenken und sich anders orientieren sollte. Aus den Rückmeldungen im Rahmen der Potenzialanalyse lassen sich also durchaus für einen selbst die nächsten Entwicklungsschritte ableiten.

Häufig wird an Potenzialanalysen kritisiert, dass sie lediglich künstliche Situationen und Aufgaben zu bieten hätten und man im Alltag ganz anders reagieren würde. Vielleicht trifft dies für die eine oder andere Aufgabenstellung und den einen oder anderen Teilnehmer zu, aber wie entsprechende Erfahrungen zeigen, ist es in der Regel so, dass sich das Verhalten in den gestellten Aufgaben sehr wohl auf den Alltag übertragen lässt und daher zuverlässige Schlussfolgerungen auf das Alltagsverhalten möglich sind.

2.3.3 Teilnahme an einem Mentoring Projekt (Christina Keßler)

In einem Mentoring-Projekt werden über einen vorher festgelegten Zeitraum, in der Regel ist das ein Schuljahr, zwei Personen in einem Tandem zusammengeführt. Dieses Tandem besteht aus einem Mentee – der Person, die überlegt vielleicht einmal eine Führungsposition zu übernehmen – und einem Mentor – einer Person, die bereits Erfahrungen in einer Führungsposition machen konnte. Wenn dieses Projekt beispielsweise in einem Schulamt organisiert wird, melden sich die Mentees dort an und Planung und Organisation des Projekts werden von den zuständigen Mitarbeitern des Schulamts übernommen.

Meist findet zu Beginn eine Auftaktveranstaltung statt, in welcher der geplante Verlauf geklärt wird und in der den Mentees die für das Mentoring-Projekt zur Verfügung stehenden Mentoren vorgestellt werden. Dies können Schulleiter, stellvertretende Schulleiter, Abteilungsleiter etc. sein. In einem ersten Schritt haben Mentoren und Mentees Zeit, sich kennenzulernen und sich z.B. über die Schulform, Führungsposition, Ziele im Mentoringprozess und andere Aspekte zu unterhalten. Dieser strukturierte Austausch soll vor allem dazu dienen, geeignete Tandempartner zusammenzubringen, von denen zu erwarten ist, dass sie offen und vertrauensvoll miteinander arbeiten können. Dieses Tandem arbeitet dann über ein Jahr zusammen und organisiert in der Regel selbstständig und unabhängig von den anderen die Häufigkeit ihrer Treffen, deren Inhalte und auch Rahmen und Form der Besuche.

Silvia Christen, Leiterin einer Förderschule:

„Kommunikation ist das A und O!"

„Kooperation und Teamarbeit machen mir Spaß!"

Allgemeines Ziel eines solchen Austauschprojektes ist es, Lehrkräfte dazu zu motivieren, eine Führungsaufgabe zu übernehmen und sich mit verschiedenen Leitungsaufgaben näher auseinanderzusetzen bzw. sie überhaupt erst einmal unter realistischen Bedingungen und in der Praxis kennen zu lernen. Außerdem können sich die Mentees durch die Begegnungen mit einem Mentor über den Rollenwechsel bewusst werden und dabei mit einem Praktiker über mögliche Schwierigkeiten und Praxiserfahrungen sprechen.

Häufig gibt es neben der Auftaktveranstaltung noch ein Zwischenbilanz-Treffen und einen Abschlusstermin. Diese Treffen in der Gesamtgruppe geben dem einjährigen Projekt einen Rahmen. Alle Teilnehmer können sich untereinander über die neu erworbenen Eindrücke und Erfahrung austauschen und eventuell gute Ideen oder erfolgversprechende Vorgehensweisen dann auch für das eigene Tandem übernehmen.

Durch die Teilnahme an einem Mentoringprojekt erhalten Lehrkräfte die Möglichkeit, kontinuierlich vertiefte Einblicke in eine andere Schule und die Anforderungen an eine bestimmte Führungsposition zu erhalten. Durch den direkten Austausch mit einer Führungsperson über ein ganzes Jahr hinweg können intensive Kontakte, Gespräche und langfristig auch kleine Netzwerke entstehen, nicht nur zum eigenen Mentor, sondern auch zu anderen Kollegen an anderen Schulen mit vielleicht sogar unterschiedlichen Zuständigkeiten und Verantwortungsbereichen. Durch das Kennenlernen variierender Erfahrungen und unterschiedlicher Herangehensweisen in anderen Schulen, den Vergleich mehrerer Lösungsansätze, den Umgang mit aktuellen Themen und Problemen hat der Mentee die Gelegenheit, verschiedene Sichtweisen von Schulen zu erleben und eventuell auch einen Perspektivenwechsel vorzunehmen. Der Austausch und die Erfahrungen regen zur Selbstreflexion auf beiden Seiten an, sowohl beim Mentee als auch beim Mentor. Die Möglichkeiten des Austausches und die gewählten Inhalte sind so vielfältig wie der Schulalltag und können zum Beispiel folgende Inhalte und Verabredungen beinhalten:

- Besuche am Vormittag im Schulalltag
- Teilnahme an Eltern und Schülergesprächen
- Teilnahme an Gesprächen mit Kollegen
- Einblicke in die Bearbeitung des Posteingangs
- Mitgehen, um die Tagesstruktur kennen zu lernen
- Teilnahme an Schulleitungssitzung
- Einblicke in die Stundenplanerstellung
- Gespräche über Schulentwicklung
- Gegenseitige Besuche an den Schulen
- Austausch über Wunsch nach Veränderung
- Bewerbung lesen und Feedback geben
- Besprechung von organisatorischen Fragen
- Einblicke in die Organisation (z.B. der Sekundarstufe II oder der Abläufe im Abitur)
- Bewerbungsmöglichkeiten und Verfahren
- Mentor besucht Mentee an seiner Schule und schaut sich Unterricht des Mentees an
- Austausch über Unterrichtsentwicklung

- Verwaltungsfragen: Stellenzuweisung, datengestützte Programme der Personalverwaltung (z.B. SAP), Prognosesysteme
- Budgetierung, Finanzen
- Einblicke in die Lehrer- und Schülerdateien (z.B. LUSD Hessen) sowie die Erstellung des Vertretungsplans
- Gespräch zu Rollenwechsel und Rollenfindung
- Austausch zum Umgang mit Konfliktsituationen
- Austausch zum Umgang mit schwierige Gesprächssituationen
- Teilnahme an Konferenzen

Im Mentoringprojekt steht der Mentee im Mittelpunkt, obwohl es sich um eine wechselseitige Austausch-Beziehung handelt und auch der Mentor sehr wohl von der Kommunikation des Tandems und dem damit eng verbundenen Reflexionsprozess profitieren kann. Der Mentee sollte sich zu Beginn über seine Ziele und seine Rolle klar werden und mit diesen Überlegungen in das erste Gespräch mit dem Mentor gehen. Während der Gespräche, aber natürlich auch während des gesamten Mentoringprozesses, sollte der Mentee die Bereitschaft mitbringen, zuzuhören, neue Dinge auszuprobieren und die neuen Erfahrungen zu reflektieren. Daher ist es wichtig, dass der Mentee selbstkritisch bleibt und auch bereit ist, Unterstützung und Hilfestellungen anzunehmen. Wichtig ist von beiden Seiten vor allem die Bereitschaft, konstruktive und offene Gespräche zu führen.

2.3.4 Übernahme von Aufgabenbereichen außerhalb von Funktionsstellen

Im System Schule gibt es eine Vielzahl von Aufgaben, die außerhalb einer Funktionsstelle durch Delegation auf Lehrkräfte übertragen werden und gute Möglichkeiten bieten, sich zu erproben, das persönliche Portfolio zu erweitern und umfangreiche Erfahrungen zu sammeln. Hierzu gehören unter andrem die Leitung von Sammlungen (Naturwissenschaften/Musik/Arbeitslehre etc.), die Leitung von Fachschaften, die Lehrmittelverwaltung, die Betreuung der Schülerbücherei und vieles mehr.

Aber auch die Wahrnehmung der Interessen von Kollegen durch eine Tätigkeit im Personalrat, als Frauenbeauftragte oder Schwerbehindertenvertretung bringt Erfahrungen sowohl in organisatorischen Zusammenhängen als auch in unterschiedlichen Konfliktfeldern des täglichen Miteinanders. So sind die Interessensvertretungen in eine Vielzahl von Aufgaben eingebunden. Das Sächsische Personalvertretungsgesetz (SächsPersVG) formuliert hierzu beispielsweise in den §§ 71 bis 87 zu den Aufgaben, Pflichten und Rechten des Personalrates:

- *„Maßnahmen zu beantragen, die den innerdienstlichen, sozialen oder persönlichen Belangen der Beschäftigen dienen;*
- *darüber zu wachen, dass die zugunsten der Beschäftigten geltenden Gesetze, Verordnungen, Tarifverträge, Dienstvereinbarungen und Verwaltungsordnungen durchgeführt werden;*
- *Anregungen und Beschwerden von Beschäftigten entgegenzunehmen, und falls sie berechtigt erscheinen, durch Verhandlungen mit dem Leiter der Dienststelle auf ihre Erledigung hinzuwirken;*
- *im Zusammenwirken mit der Schwerbehindertenvertretung, der Jugendvertretung, der Gleichstellungsbeauftragten und der Vertretung der ausländischen Beschäftigten zur Förderung gerade dieser Gruppen beizutragen. "*

2.3.5 Möglichkeiten des Job Shadowing

Unter einem Job Shadowing (auch Work Shadowing) versteht man die Beobachtung und Begleitung einer Person bei der Ausübung seiner beruflichen Tätigkeit über einen verabredeten Zeitraum, zum Beispiel einen Tag lang, eine ganze Woche oder auch in kurzen Abschnitten über mehrere Wochen verteilt. Im Gegensatz zu einem Praktikum arbeitet der Beobachter hierbei aber nicht selbst mit, er begleitet den Besuchten lediglich wie ein Schatten. Der Teilnehmer lernt auf diese Weise das jeweilige Berufsbild, die damit verbundenen beruflichen Anforderungen sowie das Berufsfeld und die Institution (z.B. die Schule) in ihrer alltäglichen Praxis kennen und hat darüber hinaus Gelegenheit, sich mit einem Partner, der über vielleicht ganz andere Erfahrungen und Perspektiven verfügt, über das Gesehene auszutauschen.

Job Shadowing bietet insofern eine Möglichkeit, sich frühzeitig über die Rollenanforderungen, die mit einer angestrebten Funktion verbunden sind, über Perspektiven und potentielle Tätigkeitsschwerpunkte zu informieren. Es eröffnet darüber hinaus weitere Möglichkeiten, Kontakte zu knüpfen und mit Menschen über deren Berufs- und Karrierewege sowie ihre beruflichen Erfahrungen zu sprechen.

Auf diesem Weg kann man ein realistisches Bild für die eigene berufliche Zukunft entwickeln und die weiteren Schritte besser planen und vorbereiten.

Es ist sinnvoll, schon frühzeitig mit einem Schulleiter oder Inhaber einer anderen schulischen Funktion ein solches Job Shadowing-Projekt unter Festlegung des zeitlichen und organisatorischen Rahmens zu verabreden. Das Job Shadowing wird in der Regel aus folgenden Phasen bestehen:

1. dem Kennenlerngespräch mit Verabredung des gemeinsamen Rahmens,
2. der Durchführung des Job Shadowing-Verfahrens,
3. der gemeinsamen Aussprache über die gemachten Beobachtungen und die dabei gewonnene Erfahrungen und Einsichten.

Im internationalen schulischen Rahmen gibt es zudem die Möglichkeit, ein Job Shadowing-Vorhaben im Rahmen von Programmen durchzuführen, wie sie zum Beispiel von der Europäischen Union unter „Erasmus plus" (oder vorher unter „Comenius") angeboten wurden und nach wie vor angeboten werden.

Die beiden Herausgeber dieses Buches haben zur Methode des Job Shadowing auf internationaler Ebene einen Artikel im Newsletter des Pädagogischen Austauschdienstes PAD veröffentlicht. Der Artikel wird im Folgenden im Wortlaut abgedruckt:

PAD aktuell Nr. 3 Oktober 2011, S. 10 und 11:

„Job Shadowing in North Lanarkshire

Im Februar 2011 schaute eine Gruppe von Schulleitern der Region Gießen-Vogelsberg (Hessen) ihren Kollegen in Schottland über die Schultern. Jetzt hoffen sie auf einen Gegenbesuch, um die neuen Kontakte zu vertiefen.

„Ich habe den Eindruck, mir hat der schottische Kollege mehr Details über seine Schule offenbart und mehr aus dem Nähkästchen geplaudert, als er das bei jemandem aus seinem näheren Umfeld getan hätte." Die Aussage findet bei den anderen Vortragenden auf dem Podium ungeteilt kopfnickende Bestätigung. Sechs Schulleiterinnen und Schulleiter des hessischen Schulamtsbezirkes Gießen-Vogelsberg berichten im Rahmen eines Begleitseminars zu einem Comenius Regio-Projekt der ersten Generation über ihre Erfahrungen bei einem gemeinsamen Besuch in sechs verschiedenen Schulen der schottischen Region North Lanarkshire.

Wo es am Vormittag noch um die vom Deutschen Institut für internationale pädagogische Forschung präsentierten Ergebnisse am Ende eines intensiven zweijährigen Austauschs zum Thema „Qualitätsentwicklung im Bereich des Fremdsprachenlernens" ging, stehen in der nachmittäglichen Runde im April 2011 ganz andere Themen im Vordergrund. Es geht um „Inklusion", „Lehrerbildung", „Budgetverwaltung", „Selbstständigkeit" und andere Fragen, mit denen sich hessische Schulen in naher Zukunft nach Ankündigung des Kultusministeriums auseinandersetzen müssen. Vor allem aber geht es darum, wie Schulleiterinnen und Schulleiter in einem ganz anders strukturierten europäischen Bildungssystem mit den praktischen Fragen des schulischen Alltags zurechtkommen. Und da gibt es dank der Möglichkeiten des Job Shadowing-Programms ganz offensichtlich eine Menge hilfreicher Anregungen für die Leitung und Organisation der eigenen Schule, zumal diese Arbeit vor dem Hintergrund der Beobachtungen in Schottland nach Aussagen der Beteiligten wohl intensiver und differenzierter wahrgenommen wird.

Doch zunächst zur Vorgeschichte. In der Zeit zwischen Sommer 2009 sowie Juni 2011 wurde vom Staatlichen Schulamt Gießen-Vogelsberg (Hessen) gemeinsam mit dem North Lanarkshire Council (Schottland) ein Comenius Regio Projekt zum Fremdsprachenlernen durchgeführt. Neben jeweils einer Partnerschule in beiden Regionen waren das Goethe-Institut in Glasgow und das Deutsche Institut für internationale pädagogische Forschung (DIPF) in Frankfurt daran beteiligt. Im Verlauf des zweijährigen Projektes wurden über das eigentliche Thema hinaus vielfältige Ideen entwickelt, vorhandene bzw. neu geknüpfte Kontakte und positive Erfahrungen noch intensiver zu nutzen und über das Projektende hinaus verfügbar zu machen. Vor allem diverse Erfahrungsberichte zu diesem Projekt auf Veranstaltungen des regionalen Bildungsnetzwerkes „Voneinander Lernen", in dem auf Initiative des zuständigen Schulamtes Schulen, Schulverwaltungen und Lehrerbildungseinrichtungen der Region Gießen-Vogelsberg seit einigen Jahren kollegial zusammenarbeiten (www.voneinander-lernen.de), mündeten in den vor allem aus Schulleitungskreisen geäußerten Wunsch, im europäischen Ausland ähnliche Erfahrungen sammeln zu können.

Über das Netzwerk

Das Netzwerk »Voneinander Ler- nen« geht auf eine Initiative des Staatlichen Schulamtes Gießen zurück. In ihm arbeiten Schulen, Schulverwaltung und Lehrerbil- dungseinrichtungen der Region Gießen-Vogelsberg seit einigen Jahren kollegial zusammenar- beiten. Weitere Informationen sind auf der Website unter www. voneinander-lernen.de erhältlich.

Das Netzwerk „Voneinander Lernen"
hat unter anderem die Funktion, sol-
che Vorschläge von unten aufzugrei-
fen und so wurde in einer erste Brain-
Storming Runde im Staatlichen
Schulamt die Idee entwickelt, die
Möglichkeiten des aus EU-Mitteln
(Comenius) finanzierten Job Shado-
wing-Programm zu nutzen, dabei al-
lerdings die individuellen Anträge so
zu koordinieren, dass eine Gruppe
von Schulleitungsmitgliedern gemein-
sam nach Schottland fahren sollte.

Hintergrund dieses Wunsches war die
weit verbreitete Erfahrung, dass indi-
viduelle Maßnahmen oft nicht die wünschenswerte und angestrebte Nachhaltig-
keit haben.

Während es auf hessischer Seite relativ einfach war, eine Gruppe von Schulleitungs-
mitgliedern unterschiedlicher Funktion aus Schulen unterschiedlicher Größe und
Schulform zusammenzustellen und ihre Bedenken hinsichtlich fehlender Fremd-
sprachenkenntnisse oder möglicher Anforderungen zu zerstreuen, gestaltete sich
die Suche nach möglichen Partnerschulen in Schottland ein wenig schwieriger.

Für die deutschen Teilnehmerinnen und Teilnehmer war die Chance, eine Wo-
che lang einem schottischen Kollegen über die Schulter schauen zu können und
auf diesem Weg Anregungen für die Entwicklung der eigenen Schule in Richtung
Selbstständigkeit zu erhalten, sehr motivierend. Die Koordination durch das
Staatliche Schulamt bei inhaltlichen, formalen und organisatorischen Fragen, vor
allem jedoch die von Anfang an gegebene Gruppen-Situation wurde als wichtige
Hilfe und Unterstützung empfunden.

Auf schottischer Seite galt es zunächst Bedenken zu zerstreuen und die im Rah-
men der Treffen des parallel laufenden Comenius Regio-Projektes möglichen direk-
ten persönlichen Kontakte dafür zu nutzen, offene Fragen zu klären. So gelang es
schließlich auch dem Council in North Lanarkshire mit Hilfe der Kurzbeschreibung

der hessischen Schulen sechs aufnahmebereite Schulen in der Region zu finden und deren Einladungen zu koordinieren. Die den Einladungsschreiben beigefügten zeitgleichen Programme berücksichtigten die individuellen Wünsche und Interessen der Eingeladenen, so dass auf dieser Basis sechs Einzelanträge in enger Abstimmung und mit Unterstützung des Staatlichen Schulamtes auf den Weg gebracht und schließlich alle vom PAD genehmigt wurden.

Das Staatliche Schulamt organisierte während der Wartezeit nicht nur die gemeinsame Reise und die Unterbringung in einem zentral gelegenen Hotel, sondern vermittelte den Teilnehmern und Teilnehmerinnen in einer vorbereitenden Veranstaltung auch wichtige Basis-Informationen zum schottischen Schulsystem, dem Curriculum for Excellence, der Rolle der Schulleitung, dem Council und der Schulinspektion, so dass die Gruppe gut informiert und mit vielen Fragen im Februar 2011 die Reise nach North Lanarkshire antreten konnte.

Die Gießener Schulleitungsmitglieder, die aus zwei großen Gesamtschulen, einer Haupt-und Realschule, einem traditionellen Gymnasien, einer Förderschule sowie einer beruflichen Schule kamen, absolvierten an ihrer jeweiligen Gastschule individuell gestaltete Programme und hatten die Möglichkeit, eigene Beobachtungsschwerpunkte zu setzen. Die gemeinsame Unterbringung im Hotel bot jedoch die Möglichkeit zu einem intensiven abendlichen Austausch über die Beobachtungen, die man beim Blick über die Schultern des schottischen Kollegen tagsüber machen konnte. Von allen Mitgliedern der Besuchergruppe wurde besonders dieser gemeinsame Austausch als besonders intensiv und hilfreich geschildert. So konnten zum Beispiel Unklarheiten aufgegriffen und geklärt, notwendig erscheinende Nachfragen abgesprochen, individuelle Beobachtungen thematisiert und die Praxis in den eigenen Schulen vor einem neuen gemeinsamen Erfahrungshintergrund diskutiert werden.

Ein weiterer Effekt war, dass die sechs Kolleginnen und Kollegen, die vorher bedingt durch ihre unterschiedlichen Schulen und Funktionen kaum etwas miteinander zu tun hatten, als Gruppe zusammenwuchsen, die weiterhin Kontakt hält.

Nach Abschluss des Besuchs fand ein Auswertungstreffen im Staatlichen Schulamt statt, auf dem von den Mitgliedern der Reisegruppe neben sehr unterschiedlichen persönlichen Eindrücken insbesondere die Vorteile der Gruppensituation in den Mittelpunkt gestellt wurden. Inzwischen wurden die Ergebnisse des Besuchs und die Erfahrungen mit dem schottischen Schulsystem auch in einem Gesprächsforum des Netzwerks „Voneinander Lernen" sowie auf dem beschriebenen Comenius Regio Workshop dargestellt. Immerhin gab es einen engen Zusammenhang zwischen beiden Projekten. Ohne das Comenius Regio Projekt hätte es wohl kein Job Shadowing gegeben.

Offenbar sind auch die schottischen Schulleiter nicht unbeeindruckt von ihren deutschen Kollegen geblieben. Während die ersten Gespräche im Vorfeld wenig Bereitschaft der schottischen Schulleiter zeigten, selbst im Rahmen des Job Shadowings in die Region Gießen-Vogelsberg zu fahren, führten die persönlichen Kontakte während der Besuchswoche offenbar zu einem Umdenken. Immerhin fünf schottische Kollegen planen einen Gegenbesuch und wollen ebenfalls als Gruppe kommen.

Die Begeisterung und Zufriedenheit mit einem gelungenen Austausch-Projekt, die in den Berichten aller Beteiligten immer wieder spürbar war, brachten es mit sich, dass es im Schulamtsbezirk Gießen-Vogelsberg inzwischen ein großes Interesse an ähnlichen Vorhaben und erste Pläne zu einer Fortführung gibt. Dazu sollen Möglichkeiten genutzt werden, die in den Angeboten des Pädagogischen Austauschdienstes enthalten sind, und soweit dies machbar ist, neue Formen und veränderte Rahmenbedingungen ins Auge gefasst werden, die den konkreten Bedürfnissen der Teilnehmer entgegen kommen."

Der hier ausführlich dokumentierte Ansatz lässt sich unter Umständen mit gewissen Einschränkungen auch auf lokaler oder regionaler Ebene realisieren.

2.4 Das Fortbildungsportfolio

In einem Fortbildungsportfolio werden die von einer Lehrkraft im Laufe der Jahre besuchten Fort- und Weiterbildungsveranstaltungen dokumentiert. Eine solche Sammlung von Fortbildungsnachweisen kann und sollte als sogenanntes Qualifizierungs- und Entwicklungsportfolio und damit als Instrument zielgerichteter persönlicher Qualifizierung bzw. Professionalisierung im Lehrerberuf verstanden und genutzt werden.

Zur Fortbildung sind alle Lehrkräfte per jeweiligem Schulgesetz oder auch Verordnung verpflichtet. Das Hamburgische Schulgesetz legt beispielsweise für alle Lehrkräfte fest: *„Lehrerinnen und Lehrer sind verpflichtet, sich zur Erhaltung und* *weiteren Entwicklung ihrer Unterrichts- und Erziehungsfähigkeit in der unterrichtsfreien Zeit fortzubilden und dies nachzuweisen. Die Fortbildung wird durch entsprechende Angebote der zuständigen Behörde, die die Qualität von Unterricht und Erziehung sichern, unterstützt." (§ 88 Abs. 4 HmbSG)*

Behörde für Schule und Berufsbildung

Fortbildungsportfolio **Dokumentation der berufsbezogenen Qualifizierungen**

Name, Vorname: Schuljahr:

lfd. Nr.	Titel / Art der Veranstaltung (Teilnahmebescheinigungen liegen an)	Veranstalter	Datum	Umfang in Zeitstunden

Abb. 2: Vorlage des Landesinstituts für Lehrerbildung und Schulentwicklung Hamburg für die Gestaltung eines Fortbildungsportfolios

Auch die Pflicht zur Führung eines Portfolios ist nicht einheitlich geregelt. So ist dies in einigen Bundesländern freigestellt oder empfohlen, in anderen Ländern wird eine Verpflichtung über das jeweilige Schulgesetz bzw. die entsprechenden Verordnungen ausgesprochen. Die Verordnung zur Umsetzung des Hessischen Lehrerbildungsgesetzes (HLbG-UVO) vom 16. März 2005 regelt das Procedere zum Führen eines Qualifizierungsportfolios. In §54 der Verordnung heißt es dazu:

„Alle Lehrkräfte sind verpflichtet, ein Qualifizierungsportfolio nach Abs. 2 zu führen und fortlaufend zu aktualisieren. Lehrkräfte, die zum Zeitpunkt 1. August 2005 noch kein Qualifizierungsportfolio besitzen, haben ein solches anzulegen und zu führen. Ausgenommen hiervon sind Lehrkräfte, die zum Stichtag das sechzigste Lebensjahr bereits vollendet haben. Das Portfolio wird der Schulleitung in Mitarbeitergesprächen und bei Bewerbungsverfahren der auswählenden Dienststelle vorgelegt und ist damit eine Grundlage für Laufbahnberatung und systematische Personalentwicklung. Das Portfolio ist für jede Lehrkraft ein Nachweis über zusätzlich erworbene Kompetenzen und kann bei der beruflichen Weiterentwicklung und z.B. bei einer Bewerbung von Bedeutung sein. Mit der Führung des Portfolios wird die Erfüllung der Fortbildungsverpflichtung nachgewiesen."

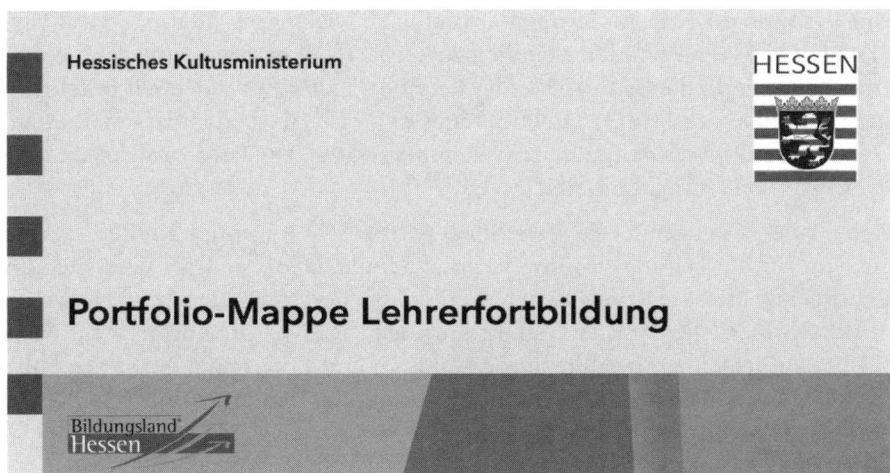

Hessisches Kultusministerium

HESSEN

Portfolio-Mappe Lehrerfortbildung

Abb. 3: Cover der hessischen Portfolio Mappe

In das verpflichtende Fortbildungsportfolio tragen die Lehrkräfte alle Fortbildungsaktivitäten ein, an denen sie teilnehmen und fügen die Nachweise darüber bei. Die Dokumentation enthält auch Angaben über den zeitlichen Umfang der jeweiligen Fortbildungsmaßnahme. Die Lehrkraft legt das Fortbildungsportfolio mit den Teilnahmebescheinigungen in der Regel spätestens zum Ende des Schuljahres der Schulleitung vor. Diese ist gehalten, die ordnungsgemäße Führung des Fortbildungsportfolios zu prüfen und die Erfüllung der Fortbildungsverpflichtung zu bestätigen.

Das Fortbildungsportfolio fungiert also einerseits als Grundlage für die Dokumentation der eigenen Fortbildungsaktivitäten, dient andererseits aber auch der Fortbildungsplanung der Schule und der damit angestrebten Personalentwicklung und kann nicht zuletzt bei einer Bewerbung eine sehr wichtige Rolle spielen, dokumentiert es doch, wann und in welchen Bereichen sich eine Lehrkraft zusätzliche Kenntnisse erworben und fortgebildet hat.

2.5 Vereinbarkeit von Familie und Beruf (Kerstin Gromes)

Noch immer stellt die Karriereplanung für Lehrer im Zusammenhang mit ihrer familiären Situation (vor allem, wenn Kinder zu berücksichtigen sind) eine besondere Herausforderung dar und nach wie vor wird dieser Spagat von Frauen und Männern unterschiedlich gemeistert. Die eigene berufliche Weiterentwicklung und die Bedürfnisse der Familie zu aller Zufriedenheit miteinander in Einklang zu bringen, stellt oft eine so große Hürde dar, dass man unter Umständen die eigene berufliche Weiterentwicklung zunächst zurückstellt und Prioritäten im familiären Bereich setzt.

Dabei ist eine Lehrkraft, die selbst jüngere bzw. schulpflichtige Kinder hat, ein Gewinn für die Leitungsposition in einer Schule. Denn sie trägt dazu bei, die Elternperspektive im Schulgeschehen stärker zu berücksichtigen und kann sich in die Schülersicht dank eigener Erfahrungen leichter hineinversetzen. Man verfügt zusätzlich zur beruflichen Ausbildung und Praxis über einen persönlichen Erfahrungsschatz, der sich sehr positiv auf das Leitungshandeln in Schule auswirken kann.

Die Übernahme einer Funktionsstelle bringt nicht nur eine veränderte berufliche Situation mit sich. Die Veränderung wirkt in jedem Fall auch in den Familienalltag hinein. Daher ist es sinnvoll, im Vorfeld Erwartungen, äußere Umstände und persönliche Ziele abzuklären.

Hans Rosenbaum, Leiter einer Grundschule:
„Der Rollenwechsel macht etwas ganz Besonders mit einem."

Ich empfehle dem Leser, sich bei der Lektüre des folgenden Abschnittes mit den dicker gedruckten Aussagen auseinanderzusetzen, wenn Sie ein oder mehrere Kinder haben und überlegen, eine Schulleitungstätigkeit zu übernehmen. Dabei ist es nicht relevant, ob Sie männlich oder weiblich sind, denn eigene Kinder bestimmen Ihren Tagesablauf mit und sind ein entscheidender Bestandteil in Ihrem Leben, obwohl in unserer Gesellschaft die beruflichen Rahmenbedingungen für Frauen noch immer deutlich ungünstiger sind als die von Männern und der jeweils zuständige Gesetzgeber deshalb besondere Fördermöglichkeiten für Frauen vorsieht. Hierauf wird in Abschnitt 2.6 aber gesondert eingegangen.

1. Grundsätzlich möchte ich mit voller Stelle arbeiten und sehe eine Schulleitungstätigkeit als Vollzeittätigkeit an.

Selbstverständlich ist es rechtlich möglich, eine Schulleitungstätigkeit auch in Teilzeit auszuüben. Hier sollte man folgende Faktoren bedenken: Möchte ich vorübergehend z.b. für ein Jahr Teilzeit arbeiten, über mehrere Jahre oder dauerhaft?

Möchte ich meine Arbeitszeit deutlich spürbar oder nur wenige Stunden reduzieren?

Bin ich trotz reduzierter Arbeitszeit bereit, Konferenzen, Gremiensitzungen, Dienstgespräche, Treffen mit Kooperationspartnern u.a. angemessen wahrzunehmen bzw. durchzuführen oder soll meine Teilzeit eine „echte" Teilzeit sein?

Interessiere ich mich für eine Schulleiterstelle, für eine Stellvertreterstelle, für eine Abteilungsleitung?

Bitte bedenken Sie, dass die Erfahrung zeigt, dass eine hohe Präsenz und Gesprächsbereitschaft von Schulleitern und Funktionsstelleninhabern sehr wichtige Voraussetzungen für die Entwicklung einer guten Atmosphäre in der Schule und die Arbeit in der Schulgemeinde sind.

Aus persönlicher Erfahrung kann ich eine Teilzeittätigkeit über ein Jahr hinaus für Schulleiter nicht empfehlen.

Eine Schulleitungstätigkeit schafft aber im Tagesablauf teilweise kleine Freiräume, die sich für die Vereinbarkeit von Familie und Beruf recht gut nutzen lassen.

Wenn eine Vermischung privater und beruflicher Zeiten Sie allerdings stark stört und Sie eine ganz deutliche Abgrenzung für sich als wichtig ansehen, ist ein häufiger Wechsel zwischen privaten und beruflichen Elementen während des Tagesablaufs nur bedingt zu empfehlen.

2. Mein Partner unterstützt meine Karrierepläne und wir sehen die Versorgung der Kinder als gemeinsame Aufgabe.

Dies wären die optimalen Voraussetzungen für den Start in eine Schulleitungsfunktion. Wichtig ist, dass man sehr realistisch überlegt, welche Erwartungen man an sich und den Partner hat bzw. haben kann und dies auch miteinander bespricht. Welche unveränderbaren Rahmenbedingungen setzt der Beruf des Partners und welche neuen Rahmenbedingungen könnte die eigene berufliche Veränderung mit sich bringen? Findet man dafür Lösungen und ist man bereit, auch den einen oder anderen Kompromiss einzugehen? Es geht natürlich auch im Alleingang, aber dies verlangt ein noch höheres Maß an Organisationsgeschick in der Steuerung des Familienalltags.

In einer Schulleitungsfunktion haben Sie es mit einer stark veränderten beruflichen Rolle zu tun. Als Lehrkraft sind sie Teil des Kollegiums und haben die Möglichkeit, sich auf Augenhöhe auszutauschen. Sie sind eingebunden in ein meist freundliches, kollegiales System, in dem sie auch einmal laut jammern oder schimpfen können und in schwierigen Situationen unterstützt werden.

Als Schulleiter ist dieser interkollegiale Austausch nur noch begrenzt möglich. Der enge und freundschaftliche Kontakt zu Kollegen verändert sich und beschränkt sich plötzlich auf wenige Personen. Sie werden als Schulleiter immer auch als Vorgesetzter wahrgenommen und werden diese Rolle bewusst oder unbewusst schon nach kurzer Zeit spürbar einnehmen. Sie verlieren ihre frühere Bezugsgruppe bzw. bauen an der neuen Schule nichts Vergleichbares auf. Im Idealfall gelingt es vielleicht noch im Schulleitungsteam. In dieser Situation ist es wichtig, zunächst im privaten Bereich einen Partner und/oder enge Freunde zu haben, die für Gespräche Zeit haben und emotionale und ganz aktive Rückendeckung geben.

3. Mein Partner hat früh morgens, am Nachmittag oder abends häufig oder manchmal Zeit, die Kinderbetreuung zu übernehmen.

Idealerweise können Sie in Ihrer Familie die Kinderbetreuung auf sich und Ihren Partner verteilen und es gibt z.B. die Möglichkeit, sich morgens früh auf den Weg zu machen, ohne vorher regelmäßig Kinder in die Kita oder zur Tagesmutter bringen zu müssen. Sollte dies jedoch Ihre Aufgabe sein, bedenken Sie, dass Ihre Kinder und Sie sehr früh starten müssen, damit Sie rechtzeitig in der Schule sind. An manchen Schulen lassen sich im Leitungsteam Regelungen finden, damit ein späteres Eintreffen an einigen Tagen grundsätzlich möglich ist, doch dies kann nicht an allen Schulen vorausgesetzt werden. In der Leitungsfunktion sind Sie zugleich auch Vorbild für ihre Kollegen. Die

Rahmenbedingungen, die Sie für sich selbst schaffen, sollten anderen Kollegen ebenfalls offenstehen.

In der Schulleitungsfunktion ergeben sich an manchen Tagen Arbeitszeiten, die außerhalb des klassischen 8 bis 16 Uhr-Musters liegen. Da die meisten öffentlichen Einrichtungen wie Kindergarten und Schule über diese Zeiten hinaus nur ganz selten eine Betreuung anbieten und Sie Fahrtzeiten etc. noch dazurechnen müssen, ist es hier sicherlich hilfreich, das Kind bei dem Partner gut aufgehoben zu wissen und sich nicht für alle manchmal unvorhersehbaren Extrazeiten um eine individuelle Lösung kümmern zu müssen.

Aus Erfahrung sollte man im Durchschnitt pro Woche mit mindestens einem Termin außerhalb der klassischen Arbeitszeit rechnen.

Sicher können auch Großeltern, Tagesmütter oder andere verlässliche Menschen die Betreuung zu diesen Zeiten übernehmen. Wichtig ist eine zuverlässige Lösung, damit nicht jeder neue Termin Sie zu aufwändigen neuen Betreuungslösungen zwingt, die mit zusätzlichem organisatorischem Aufwand verbunden sind.

4. Ich habe Eltern/Schwiegereltern/andere Personen, die sich gerne und flexibel um meine Kinder kümmern (z.B. bei Abendterminen, Konferenzen, bei Ausnahmen auch im Krankheitsfall)

Wenn Sie keinen Partner haben oder ihr Partner zeitlich nicht flexibel ist, sollten Sie im Vorfeld der Übernahme einer Leitungsfunktion überlegen, wer verlässlich Ihr Kind betreuen kann, wenn Sie abends, am Wochenende oder am späten Nachmittag schulische Termine haben. Da man, zumindest am Anfang, in der Leitungsfunktion nicht erheblich mehr verdient, müssen Kosten für zusätzliche Kinderbetreuungszeiten bedacht werden, sollten keine Freunde oder Familienmitglieder zur Verfügung stehen.

Schulische Termine zu ungewöhnlichen Zeiten kommen nicht ständig und in der Regel nicht spontan vor, es gibt aber Phasen im Schuljahr, in denen sie gehäuft auftreten.

Gut geplante Regelungen erleichtern hier die Organisation Ihres beruflichen und privaten Alltags.

Selbstverständlich haben Sie in einer Leitungsfunktion dieselben Rechte hinsichtlich der Betreuung des eigenen Kindes im Krankheitsfall wie alle Lehrkräfte. Eine verlässliche Person, die am zweiten oder dritten Krankheitstag einspringt, damit Sie wieder in „Ihre" Schule können, ist dennoch sinnvoll. Denn anders als bei Ihrem Unterricht, den eine Vertretungslehrkraft übernehmen kann, bleibt Ihre Leitungsarbeit in der Regel unerledigt, wenn Sie nicht da sind. Zumindest ist es wesentlich schwieriger, einen Schulleiter zu vertreten.

5. Ich habe eine verlässliche Basisbetreuung für mein Kind (Großeltern, Tagesmutter, Ganztagsplatz in der Kindertagesstätte, Hortplatz u.a.)

Neben individuellen Lösungen für Zeiten außerhalb der klassischen Arbeitszeit sollten Sie eine absolut zuverlässige Ganztagsbetreuung für Ihr Kind haben, so dass Sie beruhigt in der Schule sein können. Eine Betreuung, die schon um 13 oder 14 Uhr endet, ist ausdrücklich nicht zu empfehlen.

6. Ich muss mich nur im Ausnahmefall um ein Mittagessen für meine Kinder kümmern.

Selbst bei einer reduzierten Stelle, wird es Ihnen nur selten möglich sein, mit Ihrem eigenen Kind zu Mittag zu essen.

Verlegen Sie daher die Haupt-Familien-Mahlzeit besser auf den Abend.

7. Mein Kind erledigt seine Hausaufgaben in der Regel mit nur wenig oder gar keiner Unterstützung von mir.

Sollten Sie den Anspruch haben, die Hausaufgaben Ihres eigenen Kindes täglich mit zu betreuen und zu begleiten, bedenken Sie, dass in einer Leitungsfunktion der Anteil an Vor- und Nachbereitungsarbeit von Unterricht kleiner wird und der an Konferenzen, Sitzungen, Treffen und Gesprächsterminen größer. Ihre Arbeitszeit im häuslichen Arbeitszimmer verringert sich und die Zeit für Austausch, Vernetzung und für die Repräsentation der Schule vergrößert sich. Eine kontinuierliche Unterstützung des eigenen Kindes bei dessen Hausaufgaben ist daher kaum möglich.

8. Ich kann es gut regeln, morgens verlässlich deutlich vor Beginn der 1. Stunde in der Schule zu sein.

(Absprachen sind in einigen Schulleitungsteams gut möglich, sollten aber im Vorfeld nicht grundsätzlich vorausgesetzt werden).

Wie bereits unter Punkt 3. angesprochen, ist dies ein wichtiger Teil im Tagesablauf, der bedacht werden sollte. Vor allem als Schulleitung oder Stellvertretung ist es gut, deutlich vor Unterrichtsbeginn in der Schule zu sein, da Vertretungssituationen geklärt, kurzfristige Absprachen mit Kollegen getätigt werden wollen und Schüler oder Eltern mit aktuellen Anliegen auf Sie einstürmen. Es muss geklärt sein, wer aus dem Leitungsteam in dieser Zeit vor Unterrichtsbeginn als Ansprechpartner zur Verfügung steht.

9. Nach Unterrichtsschluss muss ich nicht sofort nach Hause, sondern bin zeitlich bis in den Nachmittag hinein flexibel.

Viele kleine Fragen und Probleme tauchen im Laufe des Schulvormittags auf. Sie kurz zu klären, Kollegen zuzuhören, Organisatorisches zu besprechen und auf aktuelle Probleme einzugehen, lässt sich nicht nur zwischen Tür und Angel in der Pause tun. An vielen Schulen gibt es zudem ein Ganztagsprogramm, das Anwesenheit von Schulleitungsmitgliedern verlangt. Im Unterschied zu einer Lehrkraft benötigen Sie in der Leitungsfunktion viel mehr kleine und große Zeitfenster, um mit möglichst allen Personen, die in der Schule oder für die Schule arbeiten, regelmäßig oder anlassbezogen zu sprechen.

10. Eine geringe Anzahl an Wochenendterminen kann ich problemlos wahrnehmen.

Zusätzlich zum eigenen Schulfest oder Weihnachtskonzert werden Sie als Schulleiter oder Schulleitungsmitglied auch zu Feiern, Verabschiedungen und Aufführungen an Nachbarschulen und kooperierenden Institutionen wie Kindergärten, Sportvereinen, der Kirchengemeinde, dem Stadtteilverein u.a. eingeladen. Man muss nicht jede Einladung annehmen, doch die Vernetzung und Zusammenarbeit mit anderen Schulen und Organisationen ist ein wichtiger Bestandteil des Schullebens. Gegenseitige Wertschätzung und ein vertrauensvolles Miteinander sind wichtig für Ihre erfolgreiche schulische Arbeit.

Im Leitungsteam sollte daher besprochen werden, welche Termine man wahrnimmt und wer dies tut. Mit fünf bis acht Terminen an Wochenenden sollten Sie rechnen.

Annette Greilich, Leiterin einer Beruflichen Schule:

„Veränderung geht mir immer noch nicht schnell genug!"

11. Ich habe nur wenige regelmäßige, verpflichtende private Termine (Hobby, Verein etc.), die mich zusätzlich fordern.

Sicherlich gibt es Menschen, die so gut organisiert sind, dass sie neben Schulleitung und Familie noch den Vorsitz im Sportverein und die Leitung der Theatergruppe der Gemeinde bewältigen können. Empfehlen kann man diese Mehrfachbelastung aber nur, wenn sie einen Ausgleich zum Schulleiteralltag darstellt und nicht als zusätzlicher Stressfaktor empfunden wird. Eine Schulleitungstätigkeit lässt sich nur selten in regelmäßige gleichbleibende und verlässliche Arbeitszeiten einpassen. Es gibt Leitungsaufgaben und Situationen, an denen Sie auch noch abends oder am Wochenende gefordert sind. Sie benötigen daher flexible Zeiten zum Entspannen und Abschalten. Versuchen Sie, Ihre Freizeit zeitlich nicht zu sehr zu verplanen, damit sie Raum für sich haben. Durch die Hobbys und Aktivitäten Ihres Kindes entstehen zusätzliche zeitlich vorgegebene Verpflichtungen, die ja auch noch in Ihren Alltag integriert werden müssen.

Ein zweiter Gesichtspunkt ist Ihre veränderte Rolle in der Schule: Der Anteil, den Sie mit Kommunikation verbringen, ist in einer Schulleitungsposition noch höher als im Rahmen einer normalen Lehrertätigkeit. Sie werden viele auch schwierige, möglicherweise sehr emotionale Gespräche zu führen haben oder Konferenzen und Sitzungen leiten, statt lediglich daran teilzunehmen. Versuchen Sie, Freizeitaktivitäten zu finden, die für Sie bei der Bewältigung bzw. im Vorfeld oder Nachgang zu diesen anspruchsvollen kommunikativen Aufgaben und Gesprächen eine echte Entspannung bzw. Kompensation bedeuten.

2

12. Ich sehe meinen Beruf als umfassende Tätigkeit an und bin nicht gestresst, wenn Eltern, Kollegen oder Vertreter schulischer Kooperationspartner mich nachmittags oder abends kontaktieren oder mich, wenn ich privat unterwegs bin, hinsichtlich schulischer Dinge ansprechen.

In der Leitungsfunktion sind Sie plötzlich nicht mehr nur in der Beziehung zu Ihren Schülern ein gefragter Ansprechpartner, sondern weit darüber hinaus. Kollegen, der Personalrat, der Elternbeirat der Schule, Anwohner in der Nachbarschaft der Schule, der Pfarrer, die Kindergartenleiterin, der Vorsitzende des Reitvereins, Vertreter der Gemeinde, der Hausmeister, das Reinigungspersonal, die Sekretärin, das Jugendamt, der Ausländerbeirat, die Polizei, die Presse, der Bürgermeister, Schulleitungskollegen und andere haben Fragen und Anliegen, die teilweise zu ungewöhnlichen Zeiten vorgebracht werden. War es Ihnen als Klassenlehrer schon unangenehm beim Einkaufsbummel zum nächsten Elternabend befragt zu werden, so potenziert sich dieses in der Leitungsfunktion. Je näher am Wohnort Sie Ihren Dienst versehen, umso intensiver wird dies stattfinden. Sicher gibt es auch hierbei Möglichkeiten, damit professionell umzugehen, indem man beispielsweise auf feste Sprechzeiten verweist, gezielt Termine vergibt und sich freundlich, aber bestimmt abgrenzt, wenn solche Wünsche Überhand nehmen. Völlig verhindern lässt es sich aber nicht. Wenn Sie Ihr Familienleben und Ihre schulische Tätigkeit sehr deutlich trennen möchten, sollten Sie sich nur auf Leitungsfunktionen bewerben, die in einer größeren Entfernung zu Ihrem Wohnort ausgeübt werden. Ansonsten müssen Sie damit rechnen, dass Sie auch in ihrer außerdienstlichen Zeit (z.B. beim Einkaufen) und im Freizeitbereich fast ständig zu schulischen Anliegen angesprochen werden. Ein gedankliches Abschalten vom Arbeitsfeld Schule ist da so gut wie nicht möglich.

13. Ich komme in Zeiten mit hoher Arbeits- bzw. Termindichte (z.B. vor den Ferien, vor Festen, vor Zeugnissen) gut mit relativ wenigen kleinen Pausen und privaten Erholungszeiten klar.

Wie bereits beschrieben, ergibt sich im Schulleitungsalltag keine gleichmäßige und gut auf die Wochentage aufgeteilte Arbeitszeit. Es gibt Tage, die wie geplant ablaufen, aber ebenso viele, die durch unvorhergesehene Ereignisse, Konflikte oder notwendige Gespräche längere Anwesenheit in der Schule erfordern, als dies eigentlich am Morgen geplant war. Zudem gibt es Phasen im Schuljahr, in denen sich Termine für Feste, Veranstaltungen, Konferenzen und Sitzungen häufen. Im Gegensatz dazu sind die Arbeitsphasen in den Ferien meist gut planbar und deutlich eingrenzbar. In den arbeitsintensiven Abschnitten, in denen Sie sicher deutlich mehr als die übliche Arbeitszeit benötigen, hat vielleicht auch Ihr Kind besonders viele Termine (z.B. vor den Weihnachts- oder Sommerferien). Versuchen Sie für diese Stressphasen Entlastung einzuplanen, u.a. durch zusätzliche Kinderbetreuung oder eine Haushaltshilfe, und überlegen Sie mit ihrem Partner im Vorfeld wie der Familienalltag in dieser Zeit organisiert werden kann, ohne dass die Belastung zu groß wird.

Sollten Sie einen festen Tagesablauf mit relativ gleichbleibenden Zeiten für Arbeit, Essen, Ausruhen für sich selbst für unverzichtbar halten, kann die Übernahme einer Schulleitungsfunktion nicht empfohlen werden.

14. Ich würde von mir sagen, dass ich sehr gut organisieren und gut delegieren kann.

Ein aktives Familienleben zu führen, engagiert eine Schulleitungsfunktion wahrzunehmen und Zeit für sich selbst einzubauen, ist eine komplexe Herausforderung. Sie sollten im Vorfeld schon überlegen, welche Elemente für Sie absolut wichtig sind und welche Bereiche man auch abgeben kann. Sie können mit hoher Wahrscheinlichkeit nicht an allen schulischen und außerschulischen Terminen bzw. Terminen in der Kita Ihres Kindes selbst teilnehmen. Sie benötigen ein gut funktionierendes Netzwerk für Abhol- und Bringdienste, freie Tage in der Kita oder der Schule ihres Kindes, Routinearztbesuche usw. Sicher war dies auch schon in der Lehrerrolle nicht viel anders, doch in der Leitungsfunktion sind Sie Vorbild und setzen Maßstäbe für die Kollegen. Eine Konferenz als Lehrer früher zu verlassen, weil das Kind zum Kieferorthopäden muss, ist sicher kein großes Problem, doch für einen Schulleiter ist dies nicht möglich.

Dafür bekommen Sie eventuell andere Gestaltungsspielräume. Wenn Ihre familiäre Zeit für das gemeinsame Abendessen um 18:30 Uhr ist, dann versuchen sie, die Elternabende und Elternbeiratssitzungen an Ihrer Schule nicht auf 19 Uhr, sondern erst auf 20 Uhr zu terminieren.

Wichtig ist, dass Sie sowohl zuhause, als auch in der Schule, Aufgaben abgeben, auch wenn Sie wissen, dass Sie diese vielleicht kompetenter als jemand anders erledigen könnten.

Arbeitsergebnisse akzeptieren zu können, die nicht so wie gewünscht oder eventuell auch einmal etwas schlechter erledigt worden sind, ist sehr wichtig, wenn Sie mit Freude ihre Elternrolle und die Leitungsfunktion ausfüllen wollen.

15. Ich strebe eine Leitungsfunktion an der Schule an, an der mein Kind Schüler ist.

Was sich für einige vielleicht praktisch anhört, ist dennoch absolut nicht zu empfehlen. Es ist wichtig für ihre Professionalität in der Leitungsfunktion, dass Sie Ihre Rolle als Elternteil und als Vorgesetzter in der Schule nicht vermischen. Wie wollen Sie z.B. mit einer Kollegin, über die sich andere Eltern beschwert haben, ein konstruktives und sachliches Gespräch führen, wenn diese die Sportlehrerin Ihres Kindes ist und Sie sich im letzten Halbjahr schon darüber geärgert haben, dass Ihr Kind eine Drei in Sport hat, obwohl es Ihrer Meinung nach eine Zwei verdient hätte. Wie verhalten Sie sich in Zeugniskonferenzen, wie gestalten Sie Ihre Mitwirkung bei Elternabenden und Klassenfesten, wie ist Ihr Austausch mit dem Klassenelternbeirat, der Klassenlehrerin, den anderen Eltern und Schülern in der Klasse? Mitschüler, die Ihr Kind zuhause besuchen, treffen damit auch immer Sie als Schulleitung oder Mitglied der Schulleitung. Freundschaften und Austausch mit anderen Eltern aus der Klasse Ihres Kindes bekommen eine andere, zusätzliche Ebene und einen anderen Charakter. Schränken Sie diese wichtige Möglichkeit des Erfahrungsaustausches mit anderen Eltern auf Augenhöhe nicht dadurch ein, dass Sie an dieser Schule auch gleichzeitig eine Leitungsfunktion innehaben.

Der zweite wichtige Grund, der gegen eine Leitungstätigkeit in der Schule der eigenen Kinder spricht, ist folgender:

Auch Ihr Kind braucht eine eigene Schulerfahrung ohne Anwesenheit von Eltern. Es ist wichtig für die Entwicklung Ihres Kindes zu erfahren, dass es alleine im System Schule zurechtkommt, ohne dass die Eltern als eine Art Absicherung im Hintergrund verfügbar sind.

Zur Autorin:

Die Autorin war Konrektorin an einer Grundschule mit 280 Schülern, als ihre Tochter zur Welt kam, und übernahm die Leitung der drei bis vierzügigen Grundschule als ihre Tochter vier Jahre und ihr Sohn 15 Monate alt waren. Nach sieben Jahren als Schulleiterin wechselte sie den Bereich Schulaufsicht.

2.6 Förderung von Frauen im Schulbereich (Kerstin Gromes)

Die Schulbehörden der Bundesländer haben ein hohes Interesse daran, dass mehr Frauen als bisher schulische Führungsfunktionen übernehmen, da sie dort – gemessen an ihrem Gesamtanteil in den entsprechenden Schulformen – nach wie vor unterrepräsentiert sind. Dies gilt vor allem im Bereich der großen Systeme wie Gymnasien, Gesamtschulen und Berufliche Schulen. In der Regel gibt es in den Bundesländern Maßnahmenkataloge zur Förderung von Frauen, um die Benachteiligung von Frauen, die etwa durch die Übernahme von Familienpflichten bei der Kindererziehung und bei der Pflege von Angehörigen entstehen, abbauen zu helfen sowie zur Beseitigung der Unterrepräsentanz von Frauen in Funktionsstellen beizutragen. Eine Übersicht über die Gleichstellungsgesetze der Bundesländer findet sich im Anhang.

Die Behörde für Bildung und Sport der freien Hansestadt Hamburg hat im September 2006 in einer Informationsschrift formuliert:

„Eine weitere Erhöhung des Frauenanteils auf schulischen Leitungsstellen wird angestrebt. Zur Verwirklichung dieses Ziels gibt es mehrere Aktivitäten:

- *Mit der Möglichkeit, geteilte Schulleitungen einzurichten und die Schulleitung in Teilzeit wahrzunehmen, wird die Beteiligung von Frauen an Leitungsfunktionen erleichtert.*
- *In den unterschiedlichen Arbeitshilfen für Schulleitungen zur Personalentwicklung, beispielsweise im Leitfaden „Führungspotenziale in der Schule erkennen und fördern" wird der Aspekt der Frauenförderung berücksichtigt.*
- *Grundsätzlich werden alle Maßnahmen und Aktivitäten der Personalentwicklung schon in der Planungsphase auch mit den Gremien der Frauenförderung erörtert, ihre Anregungen werden soweit wie möglich mitberücksichtigt."* *(Schulleitung in Hamburg – eine Informationsschrift; Herausgegeben von der Behörde für Bildung und Sport, Hamburg, September 2006, Seite 22)*

2

Wegen der grundsätzlichen Unterrepräsentanz von Frauen in Funktionsstellen des hessischen Schuldienstes werden in diesem Bundesland weibliche Lehrkräfte jeweils besonders aufgefordert, sich um die Besetzung ausgeschriebener Funktionsstellen zu bewerben. Bei den ausgeschriebenen Funktionsstellen besteht unter Beachtung des § 8 des Hessischen Beamtengesetzes eine Verpflichtung zur Erhöhung des Frauenanteils aufgrund der jeweiligen Frauenförderpläne.

Auch wenn in den meisten Bundesländern Funktionsstellen grundsätzlich teilbar sind und die entsprechenden Aufgaben von mehreren Personen wahrgenommen werden können, müssen Sie davon ausgehen, dass der tatsächliche zeitliche Anteil, den Sie zur Ausübung dieser Funktion benötigen, deutlich über das hinausgeht, was vereinbart und meist auch angegeben ist.

2.7 Persönliche Entscheidungsfindung

Die beiden vorangehenden Abschnitte haben bereits eine ganze Reihe von Fragen aufgeworfen und Informationen gegeben, die man bei einer Entscheidung für eine Bewerbung mit Blick auf seine private und familiäre Situation beachten sollte.

In den Schulleiter-Interviews ist deutlich geworden, dass es so etwas wie einen „Königsweg" nicht gibt, sondern eine Vielzahl von Gegebenheiten, Aspekten und Überlegungen bei einer solchen Entscheidung eine Rolle spielen. Die Entscheidung kommt vielleicht sogar aufgrund besonderer Umstände auf einen potentiellen Bewerber zu, ohne dass er direkt darauf hin gearbeitet hätte. Insofern ist es auch kaum möglich, jemandem zu sagen, unter welchen Bedingungen und Prämissen er sich für die Bewerbung um eine Schulleiter-Funktion entscheiden sollte.

Im Folgenden sollen daher nur wenige ergänzende Hinweise gegeben werden.

Alle Informationen und Ratschläge in diesem Buch, aber auch in anderen Veröffentlichungen, können noch so wohlmeinend, motivierend oder auch kritisch reflektierend mit der Frage einer möglichen Bewerbung auf eine Funktionsstelle umgehen, die eigene Entscheidung nehmen sie Ihnen nicht ab. Die müssen Sie schon selber treffen, auch wenn Sie sich intensiv mit Freunden, Vertrauten und Angehörigen beraten haben.

Sammeln Sie im Verlauf Ihres Entscheidungsprozesses alle auf Ihre persönlichen Lebensumstände bezogenen Argumente für und wider eine Bewerbung. Bedenken Sie, dass jede Entscheidung sowohl positive als auch negative Konsequenzen für Sie haben kann.

Wägen Sie ab: Wie verändert sich Ihr Leben, wenn Sie sich für den Rollenwechsel entscheiden? Was passiert, wenn Sie sich nicht bewerben sollten?

Dr. Carsten Scherließ, Leiter eines Gymnasiums: *„Man braucht Zeit, die Schulleiter-Rolle auszufüllen und darf nie denken, man sei irgendwann fertig!"*

Fragen Sie sich, was wäre, wenn sich Ihre Entscheidung letztlich als falsch herausstellen würde? Gäbe es Alternativen?

Mancher Schulleiter hat am Ende dieses komplexen Prozesses eine sehr ehrliche Liste mit Argumenten für und wider die Übernahme der Schulleiter-Position zusammengestellt und sehr gute Erfahrungen damit gemacht, aber das muss bei Ihnen nicht so sein.

Aber wenn Sie sich entschieden haben, stellen Sie die getroffene Entscheidung nicht ständig wieder in Frage.

2.8 Mit der Übernahme der Funktion verbundener Rollenwechsel

Junge Menschen, die ein Lehrerstudium beginnen, wollen vor allem unterrichten und ihre pädagogischen Vorstellungen verwirklichen, sehen ihre persönliche Zukunft daher zunächst vorwiegend im Lehrerdasein. Die wenigsten haben am Ende ihrer Ausbildung und zu Beginn ihrer beruflichen Tätigkeit eine Vorstellung davon, dass sich ihnen die Chance auf eine schulische Karriere bieten könnte, obwohl es durchaus Möglichkeiten hierzu in der Aus- und Fortbildung oder im Verwaltungsbereich gibt. Der Gedanke, gar einmal Schulleiter werden zu können, liegt in meist sehr weiter Ferne, zumal kein Lehramtsstudium und keine Ausbildung im Vorbereitungsdienst ihre Absolventen auf die mit dieser Rolle verbundenen vielfältigen Aufgaben vorbereitet. Das Interesse an der Übernahme einer schulischen Funktion entwickelt sich daher in den meisten Fällen erst langsam und allmählich im Alltag, im Erleben von Schulorganisation und im kollegialen Miteinander an der Einsatzschule und im Zusammenhang mit den Veränderungen, die man selbst dabei durchläuft.

Ist man als Lehrender noch Kollege und/oder gar Freund, so verändert sich mit der Übernahme einer übergeordneten Funktion die eigene Stellung im Kollegium spürbar. Man wechselt in die Schulleitung – und plötzlich ist alles anders. Je mehr mit diesem Rollenwechsel auch die Übernahme von Personalverantwortung verbunden ist, desto stärker ist die Veränderung spürbar und erlebbar. Man entwickelt sich vom Lehrer, der vorrangig seine Klasse und sich selbst im Blick hat, zur Führungskraft, deren Aufgabenfeld stets das komplexe Gesamtgefüge der Schule umfasst, deren Interessen man berücksichtigen und vertreten muss. Stehen dann weniger die Menschen als vielmehr das System im Vordergrund, kann es auch einsamer um einen werden.

Der Fachbereichsleiter, der nur wenig in die engere Schulleitung eingebunden ist und sich im Wesentlichen mit Fragen der Organisation und inhaltlichen Ausgestaltung seines Fachbereichs befasst, wird im Kollegenkreis anders wahrgenommen als beispielsweise der Stellvertretende Schulleiter, der über Einsatzpläne, Vertretungspläne und damit über die ganz wichtigen Arbeitsbedingungen für jeden einzelnen mit zu entscheiden hat. Je stärker die neue Funktion der engeren Schulleitung angehört, desto mehr befindet man sich für die Menschen im Umfeld in einer Sonderrolle, ist nicht mehr Gleicher, sondern in einer deutlich wahrnehmbaren Vorgesetztenrolle.

Dies selbst zu akzeptieren und auch zu leben, fällt meist leichter, wenn man die neue Funktion an einer anderen Schule übernimmt. Die erforderliche Rollenklarheit ist in diesem Fall für das Kollegium sofort gegeben, man muss sie nicht erst schaffen. Sie kommen in der neuen Schule und im Bewusstsein des Kollegiums und der Mitarbeiter bereits als (fertiger) Schulleiter an. Man selbst muss aber wie auch an der eigenen Schule erst in die Rolle hineinwachsen, sie für sich annehmen.

In der eigenen Schule gibt es eine gemeinsame Vergangenheit, ein kollegiales Miteinander, das jetzt plötzlich aus den Fugen gerät. Plötzlich funktionieren die eingespielten Strukturen und Netzwerke nicht mehr, man ist ja auf die „andere Seite" gewechselt, hat andere Interessen, vertritt andere Perspektiven und letztendlich andere Loyalitäten (zum Beispiel als Stellvertreter gegenüber dem Schulleiter). Dazu gehört auch, dass man unter Umständen mit wenigen Jahren Berufserfahrung Vorgesetzter sehr erfahrener Kollegen mit einem Vielfachen an Praxis ist. Wenn dann auch noch unangenehme Sachverhalte angesprochen und geklärt werden müssen, wenn Entscheidungen gegen die persönlichen Interessen eines Kollegen getroffen müssen, dann braucht es ein gesundes Maß an Selbstbewusstsein und ein gewisses Standing, um mögliche direkte oder indirekte Reaktionen aushalten zu können.

Andererseits bringt die neue Rolle auch die Erwartungshaltung der Kollegen mit sich, dass man die Leistung des einzelnen nunmehr aus der Sicht der neuen, übergeordneten Rolle wahrnimmt, sie wertschätzt und dies auch angemessen zum Ausdruck bringt.

Führung zeigt sich in vielen Alltagssituationen. Nur wenn man seine Rolle als Führungskraft für sich selbst auch angenommen und verinnerlicht hat, wird man vom Kollegium als solche wahrgenommen und respektiert.

Man muss aber auch mit der Tatsache leben und umgehen lernen, dass man als bisher erfolgreicher und mit der eigenen Leistung zufriedener Lehrer und Pädagoge in der neuen Rolle plötzlich wieder Lernender ist, schwierige Situationen meistern soll, mit Misserfolgen konfrontiert wird und unter Umständen auch mit den eigenen Selbstzweifeln umgehen und klar kommen muss.

Die Vielfalt an Wünschen und Ansprüchen, mit denen man von Seiten des Kollegiums, der Eltern und Schüler, der Öffentlichkeit und der Schulaufsicht (Hausmeister und Sekretärin als ganz wichtige Mitarbeiter nicht zu vergessen) konfrontiert werden kann, führt unter Umständen sehr leicht zum Gefühl der Rollenüberlastung. Wenn man selbst dieses Gefühl nicht mehr beherrschen und die notwendigen Rollenklärung herstellen kann, ist professionelle Hilfe (z.B. durch einen Coach) angezeigt. Dieser kann helfen, eine stärkere Rollensicherheit zu erlangen, Notwendigkeiten und Prioritäten stärker in den Blick zu nehmen, entstandene konflikthafte Situationen zu analysieren oder zumindest einen Reflexionsprozess darüber in Gang zu bringen und notwendiges Selbstvertrauen aufzubauen.

Vielfältige Erfahrungen zeigen, dass es denjenigen, die sich auf den Rollenwechsel von der Lehrkraft zum Schulleiter oder Schulleitungsmitglied gut vorbereitet haben, leichter fällt, die neuen Aufgaben mit eigenen Vorstellungen auszufüllen und angemessen und überzeugend aufzutreten. Daher gibt es in einigen Bundesländern auch entsprechende Vorbereitungsseminare.

Hessen bietet beispielsweise ein Führungswechsel-Coaching für Schulleiter an, die seit kurzem ihre neue Verantwortung wahrnehmen. Bei Amtsübernahme erhalten „Neulinge" Coaching-Gutscheine und können sich aus einer angebotenen Übersicht ihren Coach selbst aussuchen.

Aus dem Schulleiteralltag: Der Aufsichtsplan (Kerstin Gromes)

Damit Schule gut funktioniert, braucht es mehr als nur guten Unterricht. Wo so viele Menschen täglich zusammen lernen, lehren, arbeiten und Pausen haben, bedarf es verlässlicher Rahmenbedingen oder etwas einfacher ausgedrückt: Es braucht Pläne und Übersichten zu so ziemlich allem!

Herzstück des Gesamtkunstwerks „Schulorganisation" ist der Stundenplan. Doch neben diesem werden jedes Schuljahr noch viele andere Pläne neu erstellt oder aktualisiert, um den Schulbetrieb möglichst reibungslos am Laufen zu halten. Es gibt den Raumbelegungsplan, den Konferenzplan, den Klausurenplan, den Fluchtwegeplan, den Putzplan, den Turnhallenplan – und auf keinen Fall zu vernachlässigen – den Aufsichtsplan!

Als junge Schulleiterin ist man zunächst sehr erleichtert, wenn man einen übersichtlichen Stundenplan fertig gestellt hat, der sowohl pädagogischen Erfordernissen als auch organisatorischen Notwendigkeiten Rechnung trägt und alle zu unterrichtenden Fächer, die vorhandenen Klassen und die zur Verfügung stehenden Lehrerstunden ohne allzu große Widersprüche und Ungereimtheiten zu seinem Gesamtkunstwerk vereint.

Nach einer solchen Leistung kommt einem die Zusammenstellung des sogenannten Aufsichtsplans, in dem geregelt ist, welche Lehrkraft wann und wo auf dem Schulhof Aufsicht führt, als eher kleines Unterfangen vor. Die Anzahl der notwendigen Aufsichten wird in Relation zum vorhandenen Personal gebracht, wobei selbstverständlich die unterschiedlichen Teilzeiten der Kolleginnen und Kollegen berücksichtigt werden müssen. Nach kurzer Zeit ist ein durchdachter Plan fertiggestellt, wird an alle verteilt und neue Aufgaben können angegangen werden.

In meinem ersten Jahr als Schulleiterin entpuppte sich der Pausenaufsichtsplan allerdings als spannender Ausgangspunkt vieler Diskussionen...

Die erste Nachfrage kam von Kollegin Keller: „Ich müsste Sie noch einmal kurz sprechen wegen des Aufsichtsplans. Also Sie haben mich da freitags vor dem Unterricht für die Frühaufsicht eingetragen. Dann müsste ich ja schon um 7:30 Uhr hier sein. Ich pflege ja meinen Vater und freitags kommt unsere Putzfrau, da muss ich auf jeden Fall erst zuhause mit ihr besprechen, was jeweils zu tun ist. Frühaufsicht geht bei mir also nicht."

Die nächste Kollegin mit einem Anliegen war eine unserer Sportlehrkräfte: „Also wenn ich dienstags mit zum Schwimmunterricht fahre, kann ich unmöglich in der 2. großen Pause die Aufsicht übernehmen, da muss ich mit jemandem tauschen."

Und auch Kollegin Grill hatte noch Klärungsbedarf: „Kann ich kurz stören? Ich muss mit Ihnen über den Aufsichtsplan reden. Ich habe ja nur eine reduzierte Stelle, Sie haben mir aber drei große Pausen und zwei Frühaufsichten gegeben. Kollegin Bertram hat nur eine Stunde weniger als ich, aber nur zwei große Pausen und zwei Frühaufsichten. Ich finde, das ist nicht fair geregelt!"

Eine ebenfalls noch nicht bedachte Hintergrundinformation kam vom Kollegen Senf: „Ich weiß, das konnten Sie natürlich nicht wissen, aber ich habe im letzten Jahr unter Schulleiter Heller die komplette Aufsicht für Frau Dierisch übernommen, als diese im zweiten Halbjahr ausfiel. Ich habe Ihnen die Aufsichtszeiten einmal aufgelistet. Mit Herrn Heller war ausgemacht, dass ich dafür im nächsten Jahr entlastet werde."

Auch der Personalrat signalisierte Gesprächsbedarf: „Wir möchten Sie bitten, uns zu erklären, wie Sie auf die einzelnen Zeiten gekommen sind. Wir sind nicht sicher, ob die Teilzeiten der Kollegen entsprechend berücksichtigt wurden. Wie viele Minuten muss denn eine Kollegin mit voller Stelle pro Woche an Aufsicht machen? Es kommt uns mehr vor als im letzten Jahr."

Es gab dann noch sinnvolle und weniger sinnvolle Wünsche wie:

„Ich habe doch mittwochs schon nach der vierten Stunde aus, da möchte ich ungern noch die Aufsicht in der Pause zwischen der 4. Und 5. Stunde machen."

„Kann ich mit Kollegin Bertram tauschen? Ich habe immer so gerne mit Kollegin Siegfried gemeinsam Aufsicht."

„Meinst du nicht, in der 2. Pause am Freitag reicht auch eine Aufsicht? Da sind doch gar nicht mehr alle Klassen da!"

„Müssen wir wirklich zu jeder Aufsicht auch eine Vertretungsaufsicht eintragen? Das können wir doch spontan regeln. Es hat doch immer mal einer Zeit, raus zu gehen, wenn einer von uns krank ist."

Als an praktikablen Lösungen orientierte Schulleiterin, aber auch, weil ich auf meine zeitlichen Ressourcen bedacht war, bat ich zum nächsten Schuljahr den Personalrat im Vorfeld der Erstellung des Aufsichtsplans um einen Vorschlag. Wir stimmten vorher die Eckpunkte ab. Danach legten die drei Personalrats-Kollegen bis zum Ende der ersten Schulwoche einen ausgearbeiteten Vorschlag vor, der mit allen Kollegen abgestimmt war. Bis zu meiner Entscheidung galt der alte Plan bzw. ein Vertretungsplan.

Das neue Verfahren entlastete mich sehr und gab meinen Kollegen die Gewissheit, dass sie an Entscheidungen beteiligt sind auf ihre persönlichen Bedürfnisse in angemessener Weise Rücksicht genommen wurde.

Um es kurz zu machen: Man muss nicht alles selber erledigen wollen, um als Schulleiter erfolgreich zu sein!

Anmerkung der Verfasserin:

Die Vorgehensweise im Beispiel ist zwar pragmatisch, rechtlich aber nicht haltbar, da der Personalrat keine eigenen Gestaltungs-, sondern nur Mitbestimmungsrechte hat, die ihm beim Stundenplan nach ständiger Rechtsprechung gerade nicht zustehen.

3. Bewerbung, Auswahlverfahren und Entscheidung

HEINZ KIPP

3.1 Die Bewerbung

3.1.1 Die Stellenausschreibung

Schulische Funktionsstellen werden in den Amtsblättern der Kultusministerien der Länder ausgeschrieben oder über deren Websites veröffentlicht. Dort finden sich darüber hinaus jeweils noch allgemeine Informationen zur ausgeschriebenen Position, z.B. dass eine Funktionsstelle auch in Teilzeitform ausgeübt werden kann, dass behinderte Bewerber bei gleicher Eignung Vorrang genießen oder ähnliche wichtige Hinweise.

Bei diesen Stellenausschreibungen ist in dem meist standardisierten Ausschreibungstext bzw. -formular in der Regel noch angemerkt, ob zu dieser Ausschreibung ein ergänzendes Stellen- und Anforderungsprofil vorliegt, das man bei der Schule bzw. der Schulaufsichtsbehörde oder auch per Download erhalten kann. Darüber hinaus wird immer eine Bewerbungsfrist angegeben. Der genannte Termin ist jedoch als sogenannte Ordnungsfrist zu verstehen. Das Verwaltungsgericht Wiesbaden hat in seinem Beschluss vom 06.03.09 – 8 L 763/08 – festgestellt, dass es das Leistungsprinzip gebietet, eine verspätete Bewerbung einzubeziehen, wenn das Auswahlverfahren noch nicht wesentlich fortgeschritten ist.

Aus dem Text der Entscheidung:

„In Rechtsprechung und Literatur besteht Einigkeit darüber, dass die Bewerbungsfrist keine Ausschluss-, sondern lediglich eine Ordnungsfrist darstellt. Dem Dienstherrn steht damit in der Frage, ob er eine verspätete Bewerbung zulässt oder zurückweist, Ermessen zu."

In jedem Fall empfiehlt es sich, vor Abgabe einer Bewerbung das Stellen- und Anforderungsprofil einzusehen oder ein Gespräch mit dem zuständigen schulfachlichen Aufsichtsbeamten der ausschreibenden Behörde zu führen, um sich über allgemeine Fragen des Verfahrens und über die mit der angestrebten Stelle verbundenen Anforderungen zu informieren.

3.1.2 Das Stellen- und Anforderungsprofil in der Stellenausschreibung

In den Stellen- und Anforderungsprofilen werden die im Rahmen der ausgeschriebenen Stelle wahrzunehmenden Tätigkeiten und die erwartete Ausprägung von Fähigkeiten, Fertigkeiten, Kenntnissen und persönlichen Eigenschaften beschrieben, über die ein Bewerber verfügen sollte, um die angestrebte Position dann auch erfolgreich wahrnehmen zu können. Das Stellenprofil soll dabei eine personenneutrale Arbeitsplatzbeschreibung mit einer Fokussierung auf die mit der Stelle verbundenen Zielsetzungen, Aufgaben und Schwerpunkte sein. Der Ausschreibungstext enthält die vom Bewerber erwarteten und von ihm nachzuweisenden Kompetenzen, Fähigkeiten und Fertigkeiten. Seine rechtliche Grundlegung findet das Anforderungsprofil in der jeweiligen Schulgesetzgebung der einzelnen Bundesländer.

Beispiel:

„Die Aufgaben eines Schulleiters ergeben sich aus dem § 33 Thüringer Schulgesetz, aus der Thüringer Schulordnung und der Dienstordnung für Lehrer, Erzieher und Sonderpädagogischen Fachkräfte an den staatlichen Schulen in Thüringen. Ein Teil dieser Aufgaben, ergänzt durch weitere Aufgaben, wird nachfolgend wegen ihrer besonderen Bedeutung für die erfolgreiche Arbeit eines Schulleiters genannt."

aus: Anforderungsprofil für Schulleiter einer eigenverantwortlichen Schule (https://www.thueringen.de/ imperia/md/content/tkm/lehrer/anforderungsprofil_evas_schulleiter.pdf)

Neben der Information des Bewerbers und zu seiner Orientierung liefert das Anforderungsprofil aber auch die Grundlage für die Durchführung des Auswahlverfahrens. In diesem werden die Leistungen des Bewerbers bezogen auf die einzelnen Qualifikationsanforderungen des Stellenprofils überprüft, festgestellt und gewichtet.

Im Folgenden werden zwei allgemeine Anforderungsprofile aus Stellenausschreibungen dreier Bundesländer sowie ein fiktiver Text als Beispiele aufgeführt.

Beispiel 1:

Allgemeines Anforderungsprofil für die Stelle eines Schulleiters auf der Internetseite des Rheinlandpfälzischen Ministeriums für Wissenschaft,

Weiterbildung und Kultur (http://mbwwk.rlp.de/ministerium/stellenaus-schreibungen/funktionsstellen-an-schulen/allgemeine-stellen-und-anfor-derungsprofile/):

„Allgemeines Stellen- und Anforderungsprofil für die Schulleiterin und den Schulleiter

Den Schulleiter erwartet ein breit gefächertes Aufgabenfeld; es beinhaltet vor allem die pädagogische, organisatorische und personalwirtschaftliche Leitung und Weiterentwicklung der Schule.

Zu den Kernaufgaben gehören insbesondere:
- *Durchführung des Bildungs- und Erziehungsauftrags der Schule*
- *Initiierung, Umsetzung und Evaluation von Maßnahmen zur Schulent-wicklung und Qualitätssicherung, insbesondere Weiterentwicklung des Qualitätsprogramms,*
- *Moderation sowohl von Abstimmungen als auch von Prozessen und deren Steuerung,*
- *Beratung, Unterstützung und Führung der Lehrkräfte bei ihrer pädagogi-schen Arbeit,*
- *Beratung und Unterstützung der Schülerinnen und Schüler sowie der Eltern,*
- *Kooperation mit dem Schulträger, außerschulischen Partnern und Schul-aufsicht,*
- *Umsetzung von Personalentscheidungen, die der Schule übertragen wur-den, und Mitwirkung an weiteren Personalmaßnahmen,*
- *Konfliktregelung,*
- *Führung der laufenden Verwaltungsgeschäfte,*
- *Repräsentieren der Schule.*

Durch die Aufzählung der Kernaufgaben ist keine Priorität festgelegt.

Von den Bewerbern werden folgende Kompetenzen erwartet:

- *Fach- und Sachkompetenz (vor allem fundierte Kenntnisse über die Quali-tät von Unterricht und über angemessenes erzieherisches Handeln; Fähig-keit, die Schule zu verwalten und Verwaltung zur Förderung und Entwick-lung der Schule einzusetzen),*

- *Sozial- und Kommunikationskompetenz (vor allem die ausgeprägte Fähigkeit zum Kommunizieren und Kooperieren mit schulischen und außerschulischen Gremien sowie Institutionen; Kritik- und Konfliktfähigkeit),*
- *Führungskompetenz (vor allem die Fähigkeit, das kreative Potential eines Kollegiums zu erkennen, zu nutzen und zu fördern),*
- *Prozess-, Teamentwicklungs- und Steuerungskompetenz (neue und bekannte Abläufe und Prozesse selbständig und eigenverantwortlich unter Berücksichtigung neuer Prinzipien steuern und gestalten; Fähigkeit zu strategischem Denken und Handeln),*
- *Medienkompetenz (insbesondere in den Bereichen der informations- und kommunikationstechnologischen Anwendungen, Schulverwaltungssoftware und Unterrichtssoftware)."*

Beispiel 2:

Allgemeine Anforderungen an die Funktion des Schulleiters einer Schule auf der Internetseite der Behörde für Schule und Berufsbildung in Hamburg (http://www.hamburg.de/bsb/startseite-schulleitungen/):

„Aufgaben:
Leitung bzw. Stellvertretung der Leiterin oder des Leiters einer Schule gem. § 89 Hamburgisches Schulgesetz und Nr. 3 der Dienstanweisung für Lehrerinnen und Lehrer vom 1. März 2005

Persönliche Voraussetzungen:
Bewerberinnen und Bewerber sollen die Befähigung für das Regellehramt der entsprechenden Schulform haben und über umfassende unterrichtliche Erfahrungen und gründliche Fachkenntnisse verfügen. Hierüber hinausgehende leitungsspezifische Kenntnisse und Fähigkeiten sind erforderlich.
Erwartet werden vor allem

- *kommunikative und soziale Kompetenz*
- *Fähigkeit, gegensätzliche Anforderungen auszuhalten, zwischen unterschiedlichen Positionen zu vermitteln, Entscheidungen zu treffen und durchzusetzen*
- *Fähigkeit, mit Konflikten produktiv umzugehen*
- *Fähigkeit und Interesse, im Team zu arbeiten und Aufgaben zu delegieren*
- *Innovationsbereitschaft*

- *Organisationsgeschick*
- *Fähigkeit und Bereitschaft, bildungspolitische und gesamtgesellschaftliche Zusammenhänge wahrzunehmen*
- *Fähigkeit, mit außerschulischen Stellen zusammenzuarbeiten*
- *Bereitschaft zur Weiterbildung in den o. g. Aufgabenfeldern*

  Bewerberinnen und Bewerber, die solche Kompetenzen durch Fortbildung und/oder spezifische berufliche Aktivitäten und Erfahrungen – ggf. auch außerschulisch – erworben haben, werden gebeten, dies durch Hochladen der entsprechenden Dokumente in ihrer Bewerbung zu dokumentieren.

  Die Bewerbung soll aussagefähige Unterlagen über den persönlichen und beruflichen Werdegang und konzeptionelle Vorstellungen zur ausgeschriebenen Funktion enthalten."

In vielen Anforderungsprofilen wird zwischen zwingend erforderlichen und erwünschten Merkmalen unterschieden. Bewerber, die das Anforderungsprofil in seinen als erforderlich erklärten Merkmalen nicht erfüllen, haben keinen Anspruch darauf, im Verfahren berücksichtigt zu werden. Das folgende fiktive Beispiel soll dies verdeutlichen:

Beispiel 3:

Ausschreibung der Stelle eines Direktors/einer Direktorin als Stellvertretende Leiterin einer Kooperativen Gesamtschule mit bis zu 1000 Schülern (A15):

Zwingende Voraussetzungen:
- Lehramt an Gymnasien
- Abordnung an eine Einrichtung der Bildungsverwaltung

Erwünschte Voraussetzungen:
- Fach Musik
- kommunikative und soziale Kompetenz
- Fähigkeit, gegensätzliche Anforderungen auszuhalten, zwischen unterschiedlichen Positionen zu vermitteln, Entscheidungen zu treffen und durchzusetzen
- Fähigkeit, mit Konflikten produktiv umzugehen
- etc.

Während bei der Besetzung von Stellvertreterstellen an Kooperativen Gesamtschulen grundsätzlich auch Haupt- und Realschullehrer berücksichtigt werden können, setzt in diesem Beispiel das Anforderungsprofil aber das Lehramt an Gymnasien verbindlich voraus und engt somit bewusst den Bewerberkreis ein. Eine zusätzliche Einengung findet dadurch statt, dass zwingend die Abordnung an eine Einrichtung der Bildungsverwaltung erwartet wird. Bewerber, die diese beiden Voraussetzungen nicht erfüllen, werden zum Verfahren nicht zugelassen, auch wenn sie die weiteren aber lediglich „erwünschten" Kriterien mehr als erfüllen.

3.1.3 Das Bewerbungsschreiben (mit Anlagen/Portfolio)

Vor Absendung einer Bewerbung sollte sich jeder Bewerber, am besten unter Einbeziehung eines guten, aber kritischen Freundes, selbst befragen, ob er die im Stellenprofil angegebenen Tätigkeiten wahrnehmen will und ob er alle zwingenden Voraussetzungen des Anforderungsprofils vollständig und die erwünschten wenigstens in einigen wichtigen Bereichen erfüllt.

Bewerbungen sind auf dem Dienstweg an die ausschreibende Behörde (z.B. das Staatliche Schulamt) oder an die im Ausschreibungstext genannte Stelle zu richten. Dem Bewerbungsschreiben werden Lebenslauf und beglaubigte Zeugnisabschriften in der vorgegebenen Ausfertigung (zweifach oder dreifach) sowie Fortbildungsportfolio bzw. Fortbildungsnachweise beigefügt. Dies sollte auch bei Bewerbungen innerhalb des Zuständigkeitsbereichs desselben Dienstherrn aus Gründen der Übersichtlichkeit eingehalten werden, obwohl diese Unterlagen dort in den Personalakten vorliegen müssten. Beglaubigungen sind allerdings bei landesinternen Bewerbungen überflüssig.

Gitta Holloch, Leiterin eines Gymnasiums:

„Ich würde es noch mal machen. Mit Schule hat man das pulsierende Leben, auch unendlich viel an Abwechslung! Ich finde, so was ist toll!"

„Ein Anschreiben ist die Visitenkarte des Bewerbers", sagt Just Schürmann, Geschäftsführer beim Beratungsunternehmen Boston Consulting Group (BCG) in München und dort für das Recruiting verantwortlich. Er macht damit deutlich, dass der Bewerber nicht nur durch die Vorlage von Unterlagen und Nachweisen, sondern gerade durch ein gelungenes Anschreiben seiner Bewerbung eine spezifische Note verleihen und sich selbst positiv präsentieren und vorstellen kann. Formulieren Sie daher Ihr Bewerbungsschreiben sorgfältig und berücksichtigen Sie die folgenden Fragestellungen:

- Bin ich in angemessener Weise auf die Ausschreibung eingegangen?
- Sprechen meine Argumente dafür, dass ich der richtige Bewerber für die Stelle bin?
- Habe ich die in der Ausschreibung geforderten Kenntnisse, Fähigkeiten oder Erfahrungen nachgewiesen?
- Habe ich zusätzliche Erfahrungen eingebracht, die hilfreich sein könnten?
- Habe ich dargestellt und begründet, warum ich mich auf die Stelle bewerbe?
- Habe ich deutlich gemacht, welche persönlichen Zielsetzungen ich verfolge?

Die Bewerbung kann auch Hinweise auf zusätzliche Befähigungen, außerschulische Tätigkeiten (wie z.B. einen Vereinsvorsitz, die Mitarbeit in Gremien, Elternbeiratstätigkeit oder sonstige ehrenamtliche Tätigkeiten) enthalten. Da Bewerber erfahrungsgemäß viele Fortbildungen in ganz verschiedenen Bereichen absolviert haben, empfiehlt es sich, eine tabellarische Übersicht über die besuchten Fortbildungen beizufügen.

In der Regel legt man folgendes vor:

- Bewerbungsmappe
- Aktuelle Daten (Anschrift, Telefon, Tätigkeitsbereich, Dienstort)
- Anschreiben mit einer Begründung der Bewerbung bezogen auf das Anforderungsprofil
- Tabellarischer Lebenslauf mit Lichtbild
- Bildungsgang/beruflicher Werdegang
- Kopien (Beglaubigung nur bei externer Bewerbung erforderlich) von
  - 1. Staatsprüfung
  - 2. Staatsprüfung
  - Erweiterungs-/Ergänzungsprüfungen

- Nachweis über zusätzliche Qualifikationen
- Übersicht der Fortbildungen/Fortbildungsportfolio (Fachfortbildungen/Führungsfortbildungen), soweit für die angestrebte Tätigkeit wichtig
- Fortbildungsbescheinigungen
- Referenzen/Dienstzeugnisse anderer/außerschulischer Arbeitgeber
- Schwerpunkte schulischer Arbeit (über den Unterricht hinausgehende Aktivitäten)

3.2 Die dienstliche Beurteilung (Wolfgang Bott)

Von den Bewerbern, die die zwingenden Voraussetzungen des Anforderungsprofils erfüllen, werden – soweit dies je nach zu besetzender Stelle möglich und erforderlich ist – bei den Dienstvorgesetzten aktuelle dienstliche Beurteilungen angefordert. Dies bedeutet, dass die dienstlichen Beurteilungen zum Zeitpunkt der Auswahlentscheidung nicht älter als ein Jahr sein dürfen *(vgl. hierzu HVGH vom 19.9.2000, Az.: I TG 2902/00)*. Diese dienstlichen Beurteilungen sind vom jeweiligen unmittelbaren Dienstvorgesetzten *(Das ist je nach Bundesland entweder der Schulleiter oder der für die Schule zuständige Schulaufsichtsbeamte)* orientiert an den Merkmalen des Anforderungsprofils zu erstellen, wobei die Beurteilung keine Aussage über die Eignung des zu Beurteilenden für die Stelle, um die er sich beworben hat, enthalten darf. Denn über diese Eignung ist erst in dem sich anschließenden Auswahlverfahren zu entscheiden.

Diese dienstlichen Beurteilungen haben zum Ziel, ein aussagefähiges, objektives und vergleichbares Bild der Eignung, der Befähigung und der fachlichen Leistung der zu beurteilenden Personen zu gewinnen *(So ausdrücklich festgehalten in den Thüringer Richtlinien (ThürRL) vom 31.7.1997 (ABl. S. 318ff) Ziffer 2.1)*. Die Beurteilung soll neben der verlässlichen Bewertung der gezeigten Leistungen sowie der Beschreibung von Eignung und Fähigkeiten auch eine verlässliche Grundlage für personalwirtschaftliche Maßnahmen wie leistungs- und befähigungsgerechten Personaleinsatz, gezielte Fördermaßnahmen, Personalentwicklungsplanung und Bewertung früherer personalwirtschaftlicher Entscheidungen sein *(So sinngemäß z.B. Richtlinien d. HMdI v. 29.4.1996 StAnZ S. 1646, Ziff. 1.1)*.

Die Vergleichbarkeit der Leistungen aller zu beurteilenden Personen in der öffentlichen Verwaltung ist nur möglich, wenn die dienstlichen Beurteilungen wahrheitsgetreu, gleichmäßig, differenziert und gerecht erstellt werden. Die Beurteilung muss darüber hinaus sachlich, frei von Vorurteilen und Rücksichtnahmen und vollständig sein und ein umfassendes Bild vom Arbeitsverhalten, den Leistungen und dem Befähigungsprofil des Beurteilten vermitteln, wozu neben der Darstellung der positiven Merkmale auch die der festgestellten Mängel gehört. Dies wiederum erfordert von den Beurteilern ein hohes Maß an Verantwortungsbewusstsein, Einfühlungsvermögen, Objektivität und Gewissenhaftigkeit *(So sinngemäß z.B. HessRL a.a.O. Ziff. 1.2)*.

Jede einzelne Beurteilung stellt eine Bewertung der dienstlichen Leistungen des Beurteilten im Beurteilungszeitraum dar und ist insoweit unabhängig von möglicherweise zuvor erstellten Beurteilungen *(So sinngemäß z.B. HessRL a.a.O. Ziff. 5.1)*.

Die Rechtsgrundlage für das dienstliche Beurteilungswesen hat ihren Ursprung in den Regelungen des Beamtenrechts.

Nach Art 33 Abs. 2 GG hat jeder Deutsche nach seiner Eignung, Befähigung und fachlichen Leistung gleichen Zugang zu jedem öffentlichen Amt.

In Ergänzung hierzu bestimmt § 9 BeamtStG, dass Ernennungen nach Eignung, Befähigung und fachlicher Leistung ohne Rücksicht auf Geschlecht, Abstammung, Rasse, Glaube, religiöse oder politische Anschauung, Herkunft oder Beziehungen vorzunehmen sind.

Eignung beinhaltet danach die Erfüllung der allgemeinen beamtenrechtlichen Voraussetzungen gemäß § 7 BeamtStG und die zur Erfüllung der vorgesehenen Aufgabe erforderliche Befähigung.

Befähigung umfasst die für die vorgesehene dienstliche Verwendung wesentlichen Fähigkeiten, Kenntnisse, Fertigkeiten und sonstigen Eigenschaften des Beamten.

Fachliche Leistung beurteilt sich an Hand der an den dienstlichen Anforderungen orientierten bewerteten Arbeitsergebnisse des Beamten.

Während in der allgemeinen Verwaltung der meisten Bundesländer vorgesehen ist, alle Mitarbeiter bis zur Vollendung des 55. Lebensjahres in regelmäßigen Abständen dienstlich beurteilen zu lassen *(So HessRL a.a.O. Ziff. 3.1, wonach ein Abstand von 3 Jahren vorgesehen ist.)*, ist dies im Schulbereich der verschiedenen Bundesländer höchst unterschiedlich geregelt.

Der entscheidende Grund für diese unterschiedliche Verfahrensweise ergibt sich aus den völlig unterschiedlichen praktischen Folgerungen der dienstlichen Beurteilungen in der allgemeinen Verwaltung einerseits und im Schulbereich andererseits.

Während in der allgemeinen Verwaltung ein Beamter auch bei Verbleib auf seinem seitherigen Dienstposten im Laufe der Jahre mehrfach befördert werden kann, wofür regelmäßige Beurteilungen sinnvoll erscheinen, stehen Lehrkräften an derselben Schule keine derartigen Beförderungsmöglichkeiten offen. Besser besoldete Ämter in der Schule stellen nur die Positionen des Schulleiters, seines Stellvertreters und ggf. der Abteilungsleiter an beruflichen Schulen und die Fachbereichsleiter an Gymnasien dar, hierbei handelt es sich aber nicht mehr um einfache Lehrerstellen, sondern um sog. Funktionsstellen.

Die Durchführung von Regelbeurteilungen im Schulbereich würde daher im Regelfall keine Folgen für die einzelne Lehrkraft nach sich ziehen, sondern nur eine erhebliche Belastung für die Beurteiler und die zu Beurteilenden bedeuten, die regelmäßigen dienstlichen Beurteilungen würden gleichsam „auf Halde" angefertigt und stetig veralten.

Konsequenterweise haben daher viele Bundesländer von der Regelbeurteilung im Schulbereich abgesehen *(Z.B. Hessen, Thüringen und Sachsen)* und führen dienstliche Beurteilungen im Schulbereich nur dann durch, wenn hierfür ein konkreter Anlass besteht.

Als solche Anlässe kommen in Betracht:

- Übernahme in das Beamtenverhältnis auf Lebenszeit
- Bewerbung um eine Funktionsstelle
- Endgültige Übertragung einer Funktionsstelle
- Antrag der Lehrkraft auf Ausstellung eines Dienstzeugnisses
- Antrag der Lehrkraft auf Einsatz im Auslandsschuldienst

Die Erstellung dienstlicher Beurteilungen gehört zum Kernbereich der Tätigkeiten des Dienstvorgesetzten. In welcher Form die zu erstellende dienstliche Beurteilung zu erfolgen hat, ist in den verschiedenen Bundesländern unterschiedlich geregelt worden *(vgl. hierzu das Muster aus dem Bereich des Staatlichen Schulamtes Frankfurt in der Anlage).*

Der Inhalt der zu erstellenden dienstlichen Beurteilung einer Lehrkraft ergibt sich im Kern aus den zu ihrer Erstellung verwendeten Erkenntnisquellen. Hierfür kommen typischerweise in Betracht:

- Unterrichtsbesuche,
- Einsicht in korrigierte schriftliche Lernkontrollen,
- Einsicht in sonstige Unterlagen aus der dienstlichen Tätigkeit,
- Kenntnisse der Rechts- und Verwaltungsvorschriften,
- Leistungen bei der Wahrnehmung besonderer dienstlicher Funktionen.

Im Einzelnen hat die dienstliche Beurteilung zunächst folgende allgemeine Angaben zu enthalten:

- Personalien des zu Beurteilenden,
- Zweck der Beurteilung,
- Unterrichtseinsatz oder Einsatzbereich des zu Beurteilenden *(Hierzu sollte sich der Beurteiler vom zu Beurteilenden die von ihm wahrgenommenen Tätigkeiten zuarbeiten lassen, womit sowohl die Vollständigkeit der wahrgenommenen Tätigkeiten eher sichergestellt als auch der Beurteiler entlastet und spätere Auseinandersetzungen vermieden werden können.)*,
- sonstige dienstliche Aufgaben des zu Beurteilenden *(Sofern der zu Beurteilende während des Beurteilungszeitraums ganz oder teilweise in eine andere Dienststelle abgeordnet gewesen sein sollte, hat der Dienstvorgesetzte von der Dienststelle, an die der zu Beurteilende abgeordnet war, einen Beurteilungsbeitrag anzufordern, den er in seine dienstliche Beurteilung aufzunehmen hat.)*,
- sonstige im Zusammenhang mit den dienstlichen Aufgaben wahrgenommene Tätigkeiten des zu Beurteilenden.

Die fachliche Leistung ist an Hand folgender Kriterien zu beurteilen:

- Unterrichtsplanung und -gestaltung,
- erzieherisches Wirken,
- Fähigkeit zur Gesprächsführung und -leitung,
- Fachkompetenz,
- Zusammenarbeit mit Erziehungsberechtigten und anderen Partnern der Schule,

- Mitwirkung bei (Fach-)Konferenzen,
- sonstiges Engagement für die Schule.

Bei der Beurteilung von Eignung und Befähigung – insbesondere bezüglich einer künftig zu besetzenden Stelle oder zu übernehmenden Aufgabe – ist auf folgende Merkmale einzugehen:

- Ausbildung,
- Berufserfahrung,
- Fachkenntnisse,
- Fort- und Weiterbildung,
- Ausdrucksvermögen,
- Kommunikationsfähigkeit,
- Integrationsfähigkeit,
- Verhandlungsgeschick,
- Teamfähigkeit,
- Belastbarkeit,
- Konfliktbewältigung,
- Ausgeglichenheit.

Zweckmäßig können in diesem Zusammenhang weiterführende Bemerkungen sein, die der Lehrkraft Möglichkeiten zur Behebung eventuell erkannter Defizite eröffnen.

Grundsätzlich sind jedoch alle dienstlichen Beurteilungen in einer Weise abzufassen, die bei aller Klarheit der Benennung erkannter Mängel herabsetzende, das Persönlichkeitsrecht der Lehrkraft beeinträchtigende Äußerungen vermeidet.

Zu beachten ist ferner, dass alle dienstlichen Beurteilungen trotz des Bemühens aller Beurteiler immer subjektive Werturteile darstellen, die fehlerbehaftet sein können und dass sie – insbesondere bei Zugrundelegung eines Unterrichtsbesuchs als entscheidendem Bestandteil – immer nur eine Momentaufnahme bedeuten können. Ein objektives Bild des zu Beurteilenden entsteht daher allenfalls im Idealfall.

Das Verfahren zur Erstellung einer dienstlichen Beurteilung ist abhängig von den zu verwendenden Erkenntnisquellen, deren Verfügbarkeit sowie der Person des Beurteilers.

Der Schulleiter oder Schulaufsichtsbeamte wird sich daher die zur Beurteilung relevanten Unterlagen geben lassen und mit der Lehrkraft einen Termin zur Durchführung des Unterrichtsbesuchs vereinbaren.

Dieser Unterrichtsbesuch wird durchgeführt, in seinen wesentlichen Details protokolliert und anschließend besprochen, wobei auch hierüber ein kurzes Protokoll angefertigt wird.

Nach Erstellung der dienstlichen Beurteilung und der gegebenenfalls erforderlichen Anfertigung einer Zweitbeurteilung ist die dienstliche Beurteilung in vollem Umfang der Lehrkraft bekannt zu geben (= zu eröffnen) und auf Wunsch auch mit ihr zu besprechen. Diese hat sodann mit ihrer Unterschrift die Kenntnisnahme, nicht aber ihr Einverständnis zu bestätigen.

Danach ist das Original der dienstlichen Beurteilung zur Personalakte der Lehrkraft zu geben, ihr selbst ist eine Abschrift der Beurteilung zur Verfügung auszuhändigen.

Für den Fall, dass eine Lehrkraft mit der über sie erstellten dienstlichen Beurteilung nicht einverstanden sein sollte, ist sie berechtigt, in Schriftform eine Darstellung ihrer Sicht der Dinge und Wertungen zu ihrer Personalakte zu reichen.

Diese Gegenvorstellung ist zur dienstlichen Beurteilung zu nehmen und mit ihr gemeinsam in die Personalakte der Lehrkraft aufzunehmen.

Von der darüber hinaus bestehenden Möglichkeit, die dienstliche Beurteilung in einem förmlichen Widerspruchs- und Klageverfahren überprüfen zu lassen, wird wegen der eingeschränkten Überprüfungsmöglichkeit der Gerichte nur wenig Gebrauch gemacht.

3.3 Das Auswahlverfahren

3.3.1 Vorbemerkungen

Das Auswahlverfahren zur Besetzung von Funktionsstellen im Schulbereich ist in den Bundesländern unterschiedlich geregelt. Im Folgenden sollen gängige Bestandteile dieses Verfahrens aufgezeigt und anhand einzelner Beispiele auch Hinweise auf landesspezifische Regelungen gegeben sowie Möglichkeiten der persönlichen Information und Vorbereitung skizziert werden.

Tabelle 11: Auswahlverfahren: Meist hoher bürokratischer Aufwand

	Schulkonferenz/ Schulträger	Vorstellungs- bzw. Auswahlgespräch	Rangfolgeliste/ Vorschlagsliste	Kolloquium	Personalakte/ Beurteilung durch SL/SA/KM	Unterrichtsbesuch/ Probestunde/ Konferenzleitung	Assessment-Center	Schulleiterwahl- ausschuss
Baden-Württemberg	+	+	+		+			
Bayern		+			+			
Berlin	+	+			+			
Brandenburg	+				+	+		
Bremen		+	+		+			
Hamburg	+							+
Hessen		+		+	+	+		
Mecklenburg-Vorpommern		+			+			
Niedersachsen	+	+			+	+		
Nordrhein-Westfalen	+				+		+	
Rheinland-Pfalz	+			+	+	+		
Saarland		+			+	+		
Sachsen	+	+	+				+	
Sachsen-Anhalt	+	+		+	+	+		
Schleswig-Holstein			+		+			+
Thüringen	+	+	+				+/-	

+ = Ja
+/- = Teilweise
Stand: September 2007

Quelle: Umfrage der Bundesarbeitsgemeinschaft
SCHULEWIRTSCHAFT in den jeweiligen Länderministerien sowie Landesinstituten für Lehrerfortbildung

Abb. 1: Bestandteile des Auswahlverfahrens

(Quelle: Website Schule und Wirtschaft: http://www.arbeitgeber.de/www/arbeitgeber.nsf/res/ Schulleiterbrosch%C3%BCre.pdf/$file/Schulleiterbrosch%C3%BCre.pdf)

So gilt nach ständiger Rechtsprechung *(vgl. z.B. VG Gießen v. 16.12.2004, Az.: 5 G 2969/04; OVG NRW v. 28.1.2002 RiA 2003, 155; OVG nds v. 13.10.2006 DÖD 2007, 57)*, dass die Entscheidung über die Besetzung einer Funktionsstelle grundsätzlich dann aufgrund der Aktenlage zu erfolgen hat, wenn die Eintragungen in der Personalakte und die vorliegenden dienstlichen Beurteilungen eine solche Entscheidung zulassen *(s. ausführliche Erläuterungen hierzu in Abschnitt 3.6)*. Das Auswahlverfahren ist mit dieser Entscheidung abzuschließen und der im Wege der Auswertung der Aktenlage gefundene Bewerber auszuwählen.

Wenn die Entscheidung nach Aktenlage getroffen werden kann, ist die Durchführung eines Überprüfungsverfahrens ausgeschlossen. Lediglich wenn die Aktenlage keine direkte Entscheidung zugunsten eines Bewerbers zulässt, ist eine weitergehende Überprüfung durchzuführen. Die in diesem Fall erfahrungsgemäß am häufigsten gewählten Verfahrensbestandteile sind das schulfachliche Gespräch, die Unterrichts-Hospitation mit einem sich daran anschließenden Beratungsgespräch, die Konferenzleitung oder auch das Referat zu einem vorgegebenen Thema.

Die Kommission, die das Verfahren durchführt, besteht in der Regel aus zwei Schulaufsichtsbeamten und einem Protokollanten. Die Vertreter der Beteiligungsgremien werden eingeladen und können teilnehmen, sofern das jeweilige Personalvertretungsgesetz/Gleichstellungsgesetz eine Beteiligung vorsieht *(Eine Übersicht über die Gesetze findet sich im Anhang)*. Ebenfalls zugegen ist der Schulleiter, wenn eine Funktionsstelle an seiner Schule zu besetzen ist.

In einzelnen Fällen werden auch Bestandteile aus Assessment Centern angewendet, in denen Bewerber mit unterschiedlichen Aufgaben wie der Postkorbübung, dem biografischen Interview, einer Diskussionsrunde der Bewerber untereinander und ähnlichen Aufgabenstellungen konfrontiert werden. Ziel des wie auch immer organisierten Auswahlverfahrens ist es, das Verhalten und die Kompetenzen eines Bewerbers im Hinblick auf die neu zu besetzende Stelle zu ermitteln.

Die beschriebenen Verfahren dienen der Auswahl des am besten geeigneten Bewerbers. Dies macht es erforderlich, dass die letztliche Entscheidung aufgrund der in Art. 33 Abs. 2 GG genannten Kriterien erfolgt. Das bedeutet, dass nur der am besten geeignete Bewerber auch einen Besetzungsanspruch hat. Daher ist es zwingend, für jede Stelle ein Stellen- und ein Anforderungsprofil zu erstellen *(s. hierzu auch Abschnitt 3.1.2 dieses Buches)*.

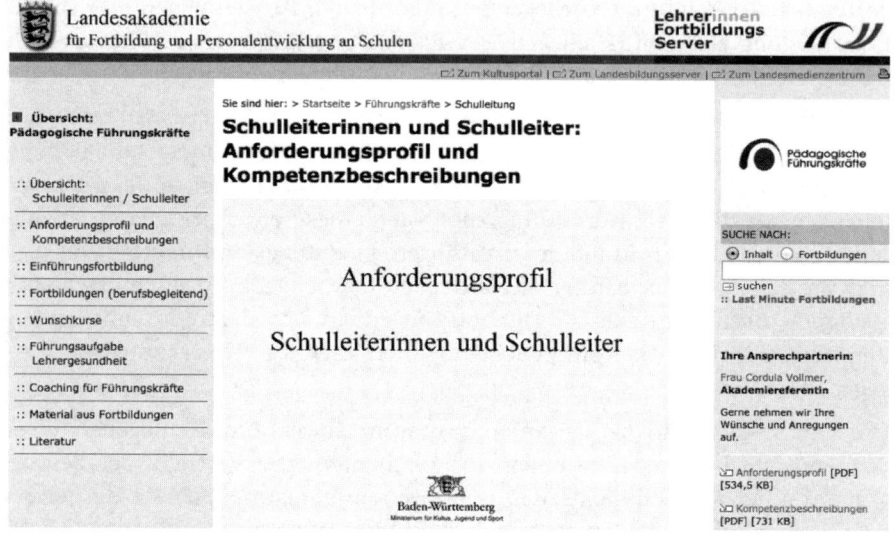

Abb. 2: Auszug aus der Internetseite der Baden-Württembergischen Landesakademie für Fortbildung und Personalentwicklung an Schulen, http://lehrerfortbildung-bw.de/ffb/schulleit/anforderungsprofil

Beispiele für Auswahlberichte mit Auszügen aus dienstlichen Beurteilungen, Verfahrensberichten, Abwägungen bei Funktionsstellenbesetzungen finden Sie in Abschnitt 6.5 im Anhang des Buches. Hier wird anhand der Verfahren zur Besetzung

- einer Oberstudienratsstelle
- der Schulleiterstelle an einer Grundschule
- der Schulleiterstelle an einem voll ausgebauten Gymnasiums

im Einzelnen dargestellt, wie die einzelnen Verfahrensbestandteile dokumentiert und gewichtet und in die Entscheidungsfindung einbezogen werden.

3.3.2 Das klassische Überprüfungsverfahren: Verfahrensbestandteile, Ablauf und persönliche Vorbereitung

3.3.2.1 Das Schulfachliche Gespräch

3

Das schulfachliche Gespräch ist meist eine Art Frage- bzw. Diskussionsrunde, in der die Bewerber durch die Prüfungskommission mit Fragen zu aktuellen Entwicklungen sowie mit solchen Aufgaben konfrontiert werden, die in engerem Sinne mit der angestrebten Funktion in Zusammenhang stehen. Dieses häufig verwendete Element in einem Überprüfungsverfahrens dauert abhängig von der Zahl der anderen Verfahrensbestandteile und der Anzahl der teilnehmenden Bewerber zwischen 30 und 60 Minuten.

Die Frage nach der Motivation für die Bewerbung kann als klassischer Einstieg angesehen werden. Nur in seltenen Fällen verzichtet die Kommission darauf und geht sofort auf aktuelle Themen oder spezifische Fragestellungen ein. Es ist auf jeden Fall ratsam, sich auf die Frage nach der persönlichen Motivation sorgfältig vorzubereiten, um einen guten Einstieg in das Gespräch zu bekommen und die eigenen Beweggründe nachvollziehbar und überzeugend darstellen zu können *(vgl. hierzu auch Abschnitt 3.4.1.1)*.

Heribert Ohlig, Leiter einer Integrierten Gesamtschule:
„Mach ihnen klar, was du in der angestrebten Funktion an der Schule erreichen und wie du mit anderen zusammenarbeiten willst!"

In einigen Bundesländern wird das gesamte schulfachliche Gespräch gelegentlich in Form des biografischen Interviews angelegt, das in Abschnitt 3.4.1.2 genauer beschrieben wird.

Die Themen des schulfachlichen Gesprächs orientieren sich zunächst an der angestrebten Position und den damit verbundenen Anforderungen, können aber auch aktuelle Bezüge und Entwicklungen im schulischen Bereich aufgreifen und behandeln, wie zum Beispiel die:

- Umsetzung der Inklusion in der Zielschule
- Einrichtung von Ganztagsangeboten oder ganztägiger Betreuung
- Steuerung der selbstständigen Schule
- Kompetenzorientierung im Unterricht
- Klassenbildung und Lehrerversorgung
- ...

Oft wird das Thema zunächst allgemein anhand eines Beispiels oder einer Aussage kurz angerissen, bevor konkrete Umsetzungsfragen mit Blick auf die angestrebte Funktionsstelle und die Antworten der Bewerber im Fokus stehen.

Es ist insofern notwendig und sinnvoll, sich über die wesentlichen bildungspolitischen Vorhaben ihres Bundeslandes zu informieren, um Fragen hierzu eventuell aus der Perspektive der angestrebten Führungsposition analysieren und interpretieren zu können. Sie müssen davon ausgehen, dass für jeden Themenbereich nur recht wenig Zeit zur Verfügung steht (etwa 5 bis 10 Minuten), so dass es ausgesprochen wichtig ist, schnell auf die wesentlichen Punkte zu kommen und sich nicht zu sehr mit Details oder Randbereichen aufzuhalten, es sei denn, die Kommission fragt explizit danach.

Machen Sie sich klar, dass die Kommission in der Regel erwartet, dass Sie aus der Sicht der zu besetzenden neuen beruflichen Funktion heraus argumentieren und nicht aus ihrer derzeitigen Position. Dies erfordert eine ausführliche Beschäftigung, ein Sich-Hinein-Denken und auch eine Identifikation mit dieser vielleicht noch ungewohnten Rolle.

3.3.2.2 Die Unterrichtshospitation mit Unterrichtsanalyse und anschließendem Beratungsgespräch

Kerngeschäft der an der Schule tätigen Kollegen ist der Unterricht. Ihn zu optimieren, ist das wesentliche Ziel aller an einer Schule stattfindenden Entscheidungen, Maßnahmen und Aktivitäten, denn Qualitätsentwicklung ist in erster Linie Unterrichtsentwicklung. Auch Schulleiter und Inhaber anderer schulischer Funktionen sind einerseits selbst Lehrende mit einer je nach Bundesland unterschiedlichen Unterrichtsverpflichtung, andererseits aber tragen sie eine wesentliche Mitverantwortung für das, was im Unterricht der Lehrkräfte ihrer Schule geschieht.

Die Hospitation einer Unterrichtsstunde ist daher sehr oft ein wesentliches Element eines Überprüfungsverfahrens. So will man die Fähigkeiten des Bewerbers überprüfen, Unterricht zu analysieren und auf seine Wirksamkeit hin einzuschätzen. Die Kommission will aber auch ein Gespür für die Beratungskompetenz des Bewerbers erhalten, seine Fähigkeit, auf Kollegen einzugehen und diese angemessen und effektiv zu beraten.

Im Schulleiteralltag findet die Unterrichtshospitation in der Regel bei der Vorbereitung von Laufbahnentscheidungen für Kollegen statt, wie zum Beispiel zur Erstellung einer Beurteilung im Zusammenhang mit einer Bewerbung oder der dienstlichen Beurteilung für die Übernahme eines Kollegen in das Beamtenverhältnis auf Lebenszeit, manchmal bei Lehrkräften im Vorbereitungsdienst oder Ähnlichem. Darüber hinaus ist der Schulleiter aber auch dazu angehalten, sich regelmäßig vom Stand der Unterrichtsentwicklung zu überzeugen oder zum Beispiel bei ganz konkreten Hinweisen oder Beschwerden aus der Schulgemeinde einen Kollegen im Unterricht zu besuchen.

Mit Blick auf diesen Teil des Überprüfungsverfahrens sollte man sich zunächst bewusst machen, dass man sich unter Umständen im Unterricht eines Kollegen der eigenen Schule befindet, den man aus den unterschiedlichsten Alltagssituationen kennt. Unterrichtsbesuche werden nach wie vor von vielen Lehrern als eine Art Eindringen in ihre „Privatsphäre" empfunden. Daher reagieren Kollegen oft auch sehr sensibel auf Kritik.

In den wenigsten Schulen ist die gegenseitige Hospitation an der Tagesordnung, es herrscht oft noch das Prinzip der geschlossenen Türen. Viele Lehrer erleben nach ihrer zweiten Staatsprüfung bis hin zu ihrer Pensionierung keinerlei Unterrichtsbesuche mehr. Allerdings gibt es hierzu auch unterschiedliche Bestimmungen. Kollegen in solchen Bundesländern, in denen eine Regelbeurteilung der Lehrkräfte vorgesehen ist, werden in regelmäßigen Abständen (meist alle 2 bis 4 Jahre) von ihrem Dienstvorgesetzten (Schulleiter/Schulaufsichtsbeamter) im Unterricht besucht. Diese Besuche unterscheiden sich aber deutlich in Anlass und Zielsetzung von der Hospitation im Rahmen eines Überprüfungsverfahrens.

Ziel des Unterrichtsbesuchs in diesem Kontext ist es, die Kompetenzen des Bewerbers im Hinblick auf Unterrichtsanalyse, Beratung und Verhalten in besonderen Situationen einschätzen zu können. Die folgenden Ausführungen sollen Ihnen Hinweise für ihre persönliche Vorbereitung geben.

Sollten Sie Gelegenheit dazu haben, machen Sie sich mit der Situation der Unterrichtsbeobachtung vertraut, hospitieren Sie bei Kollegen, besprechen das im Unterricht Gesehene mit diesen nach und lassen Sie sich eventuell auch ein Feedback zu Ihrer Beratung geben. Verwenden Sie dabei die Materialien (z.b. Bögen zur Unterrichtsbeobachtung), die sie auch im Verfahren verwenden wollen.

In der Regel besteht dieser Teil des Überprüfungsverfahrens aus drei bzw. vier Elementen:

- Unterrichtshospitation/Unterrichtsbeobachtung
- Zeit zur individuellen Auswertung und Vorbereitung auf die Beratungssituation,
- Beratung des unterrichtenden Kollegen (in manchen Verfahren, insbesondere bei großem Bewerberfeld, wird auf diesen Schritt verzichtet und stattdessen eine kritische Wertung der besuchten Unterrichtsstunde vor der Kommission durchgeführt),
- Kritische Bewertung der vorgeführten Stunde vor der Kommission (auf diesen Verfahrensschritt wird gelegentlich ganz verzichtet, wenn ein Beratungsgespräch stattgefunden hat. In diesem Fall wird aber in der Regel im schulfachlichen Gespräch eine Einschätzung des Unterrichts in Form einer Note erwartet).

Hospitation/Unterrichtsbeobachtung

Verwenden Sie einen vorbereiteten Beobachtungsbogen, auf dem Sie sich alle Beobachtungen und Ihre Anmerkungen systematisiert notieren können. Das ist sicherlich eine Hilfe bei der Vorbereitung und Strukturierung des anschließenden Beratungsgesprächs. Hinweise auf geeignete Materialien finden Sie im Anhang.

Hier eines von vielen Beispielen aus dem Internet:

Beobachtungsbogen für den Unterrichtsbesuch

Bitte schätzen Sie ein, ob und in welcher Intensität die folgenden Qualitätsmerkmale in der besuchten Unterrichtsstunde vorkommen! Benutzen Sie dafür die Skala von 0 bis 5:

trifft überhaupt nicht zu 0 1 2 3 4 5 trifft vollständig zu

Bitte beachten Sie: Nicht alle diese Qualitätsmerkmale können in einer einzigen Unterrichtsstunde vorkommen.

Klasse: _____   Schülerzahl: w: _____ m: _____ gesamt: _____

Fach: _____   Unterrichtsinhalt: _____

	0	1	2	3	4	5	Anmerkungen
1 Klassenführung							
• Der Unterricht erfolgt auf der Basis eines Regelsystems, das Störungen von vornherein vermeiden hilft.							
• Die Lehrkraft behält den Überblick über unterrichtsbezogene und/oder unterrichtsfremde Aktivitäten der Schüler.							
• Die Lehrkraft sorgt für ein hohes Maß an tatsächlicher Lernzeit (Pünktlichkeit, kein Leerlauf).							
• Dem Unterricht liegt eine klare Planung zugrunde, doch reagiert die Lehrkraft schüler- und situationsgemäß flexibel.							
2 Unterrichtsklima							
• Die Lehrkraft fördert eine positive Einstellung zu Lernen und Leisten.							
• Die Beziehungen zwischen Lehrkraft und Schülern sind entspannt und angstfrei.							
• Die Schüler gehen freundlich und rücksichtsvoll miteinander um.							
• Der Umgangston der Lehrkraft ist freundlich und wertschätzend.							
• Alle Schüler werden in das Unterrichtsgeschehen einbezo-							

Abb. 3: Beobachtungsbogen für den Unterrichtsbesuch

(Quelle: www.praktikumsamt.mzl.uni-muenchen.de/materialien/u_beobachtungsbogen.pdf)

- Machen Sie sich Notizen zu den positiven und weniger positiven Anteilen des gesehenen Unterrichts.
- Schätzen Sie Lernerfolg und Lernzuwachs der Schüler in dieser Stunde ein.
- Achten Sie auf die sprachlichen Anteile von Lehrer und Schülern.
- Notieren Sie Phasenwechsel und den Einsatz unterschiedlicher Unterrichtsformen und -methoden.
- Achten Sie auf die Angemessenheit des Medieneinsatzes.
- Beobachten Sie Disziplin- und Verhaltensprobleme und die Art und Weise, wie der Unterrichtende damit umgeht.

Vorbereitung des Gesprächs bzw. der kritischen Wertung der Stunde vor der Kommission

In der Regel haben Sie zwischen 30 und 60 Minuten Zeit für Ihre persönliche Vorbereitung. Wird das Verfahren mit mehreren Bewerbern durchgeführt, wird die Reihenfolge für den anschließenden Verfahrensteil meist ausgelost oder auch nach dem Alphabet festgelegt.

Machen Sie sich zu Beginn klar, dass Sie einen Kollegen beraten sollen, der Ihnen zwar fremd ist, mit dem Sie aber in der Rolle des Vorgesetzten, die Sie im bevorstehenden Gespräch gewissermaßen auf Probe einnehmen, täglich zusammenarbeiten würden und mit dem Sie auch weiterhin zusammenarbeiten müssten.

Bereiten Sie sich darauf vor, dass Sie der Kommission den Eindruck vermitteln, dass Sie eine klare und begründete Einschätzung und Bewertung der Stunde liefern können, dass Ihre Aufgabe momentan aber darin besteht, einen Kollegen Ihrer Schule in Ihrer dienstlichen Vorgesetzten-Funktion im Anschluss an eine Unterrichtshospitation zu beraten, ihn zu bestärken, aber durchaus auch Fehler oder weniger gelungene Elemente seines Unterrichts anzusprechen. Diese sollte man aber am besten nicht als Ausgangspunkt des Auswertungsgesprächs nutzen, sie auch nicht den überwiegenden Teil der Beratung einnehmen lassen, um bei dem zu beratenden Kollegen die Gefahr einer möglichen Abwehrhaltung zu minimieren.

Fertigen Sie daher in ihrer Vorbereitung eine Aufstellung aller negativen und positiven Elemente der Unterrichtsstunde an. Entscheiden Sie, welche dieser Punkte für Sie so wichtig und elementar sind, so dass sie mit dem Kollegen besprochen werden sollten bzw. angesprochen werden müssen. Achten Sie darauf, dass Sie nicht in eine Auflistung vieler kleiner Details und Nichtigkeiten geraten, konzentrieren Sie sich auf die wichtigen Punkte.

Legen Sie sich eine Beratungsstrategie zurecht, die erwarten lässt, dass Sie den zu beratenden Kollegen nicht verletzen, ihm vielmehr eine positiv kritische Rückmeldung zu seiner Unterrichtsstunde geben, mit der er auf jeden Fall weiter arbeiten kann.

Machen Sie sich klar, dass Sie sich in einer Vorgesetzten-Funktion befinden und Hospitation und Gespräch in der Realsituation dazu dienen würden, Ihnen einen Eindruck von der Arbeit Ihres Kollegiums zu geben und Ihnen einen Beratungsansatz zu schaffen. Zudem handelt es sich bei dem Kollegen (zumindest in der Regel) nicht um jemanden in einer Ausbildungssituation. Im Gespräch muss daher nicht alles einen Platz finden, was Sie gesehen haben, was Ihnen aufgefallen ist oder was Sie dem Kollegen gern mitgeben möchten. Hierfür können Sie im Alltag sicherlich auch weitere Situationen finden bzw. schaffen.

In der kritischen Analyse gegenüber der Kommission können Sie diese Überlegungen durchaus einfließen lassen und auch Kritikpunkte benennen, die Sie mit dem Kollegen nicht ansprechen werden.

Bereiten Sie sich darauf vor, die Stunde gegenüber der Kommission benoten zu müssen und ihre Note eventuell zu begründen.

Nachbesprechung bzw. Beratungsgespräch mit der unterrichtenden Lehrkraft

Unabhängig davon, wie die Stunde abgelaufen ist und wie Ihr persönlicher Eindruck war, versuchen Sie zunächst eine positive und angenehme Gesprächsatmosphäre herzustellen, indem Sie sich bei der Lehrkraft bedanken und das Gespräch mit einigen freundlichen Worten eröffnen.

Lassen Sie dann zunächst den Unterrichtenden selbst seinen eigenen Eindruck schildern. Dies eröffnet Ihnen die Möglichkeit, schon zu Beginn des Gesprächs Kritikfähigkeit und Kritikbereitschaft des Gegenübers auszuloten und eigene Argumente darauf auszurichten sowie vor allem auch Ansätze für Ihre weitere Gesprächsführung zu finden.

Vermeiden Sie möglichst enge Fragestellungen und versuchen Sie, falls erforderlich, den Kollegen im weiteren Verlauf des Gesprächs durch möglichst offene Fragestellungen zu alternativen Überlegungen und Sichtweisen der eigenen Stunde anzuregen.

Normalerweise werden Sie der Lehrkraft keine Wertung in Form einer Note zur Stunde nennen, sondern abschließend lediglich eine verbale Einschätzung abgeben, die im Kern einen positiven Charakter haben bzw. eine positive Botschaft vermitteln sollte. Dies sollte als Basis für weitergehende und aufbauende Gespräche dienen.

Sie müssen allerdings davon ausgehen, dass die Prüfungskommission im anschließenden schulfachlichen Gespräch von Ihnen eine Bewertung oder eine Note erwartet. Teilweise erhalten Sie hier auch Gelegenheit, ihr Vorgehen und ihre Beratungsstrategie zu erläutern und zu begründen.

Jörg Keller, Leiter einer Integrierten
Gesamtschule mit Oberstufe:

„Nett sein ist keine Lösung!"

Höchstwahrscheinlich wird Ihnen ein Zeitlimit für das Gespräch (in der Regel 15 bis 20 Minuten) vorgegeben. Achten Sie darauf, diese Vorgabe nicht zu überschreiten.

Umfängliches Material zum Thema Unterrichtsbeobachtung findet sich in der Literatur und im Internet. Der Beobachtungsbogen der Inspektionsteams der hessischen Schulinspektion zur Analyse von Unterricht findet sich beispielsweise auf der Website des Landesschulamtes *(www.lsa.hessen.de):*

Schule:_____Inspektionstag / Zeit:_____Protokollbogennummer:_____

Beobachtung und Analyse von Unterricht

Beobachter/in - Nummer:		Unterrichtsausschnitt: A (1) M (2) E (3)	
Schulform:		Bildungsgang (BS):	
Fach:		Jahrgangsstufe / Lerngruppe / Kurs:	
Anzahl Schülerinnen und Schüler:		Thema:	
Anzahl Lehrkräfte:	Anzahl anderes Personal:		

Art des Unterrichts:				**Sitzordnung / Bewegungsform:** (Mehrfachnennungen möglich)			
Regelunterricht	(1)	Förderunterricht	(3)	Frontal	(1)	Gruppen	(4)
AG / GTA	(2)	Vertretung	(4)	U-Form	(2)	Gefülltes U	(5)
				Kreis	(3)	Andere	(6)

Unterrichtsformen und Methoden: (Mehrfachnennungen möglich)					
Lehrerzentrierter Unterricht:		**Schüleraktiver Unterricht:**			
Vortrag / Demonstration / Instruktion	(1)	Einzelarbeit	(4)	Vortrag / Präsentation	(10)
		Partnerarbeit	(5)	Diskussion der SuS , Debatte	(11)
Fragend-entwickelndes		Gruppenarbeit	(6)	Rollenspiel	(12)
Unterrichtsgespräch	(2)	Stationenarbeit / Werkstattarbeit	(7)	Projektarbeit	(13)
Andere Formen		Wochen-, Tages-, Tafelplan	(8)		
lehrerzentrierten Unterrichts	(3)	Schülerexperiment	(9)	Andere:	(14)
				(z. B. Bewegungsphase, Planspiel, Lied)	

Bemerkungen / Besonderheiten / Notizen:

Abb. 4: Vorlage: Beobachtung und Analyse Unterricht

3.3.2.3 Die Konferenzleitung

Zu den wesentlichen Steuerungselementen in der Schule gehören Konferenzen, die es in unterschiedlichster Form und Zusammensetzung gibt. So kennen die Bundesländer neben Konferenzen, in denen ausschließlich Lehrkräfte beteiligt sind, auch Konferenzen, die paritätisch aus Lehrern, Eltern und Schülervertretern zusammengesetzt sind (z.B. in Hessen die Schulkonferenz), also die gesamte Schulgemeinde in Entscheidungsprozesse einbeziehen und damit allen Beteiligten die Verantwortung für getroffene Beschlüsse in der Schule zukommen lassen. In den einzelnen Bundesländern gibt es jedoch unterschiedliche Regelungen. Teilweise sind Eltern- und Schülervertreter teilnahmeberechtigt, sofern es nicht um Konferenzinhalte geht, die persönliche Belange von Lehrkräften oder Schülern betreffen.

Neben der Gesamtkonferenz aller Lehrkräfte gibt es vielfältige weitere Formen wie Teilkonferenzen, Fachkonferenzen, Klassenkonferenzen, Notenkonferenzen etc. mit unterschiedlichen Aufgaben, Zuständigkeiten und Zusammensetzungen. Den Vorsitz über die jeweilige Konferenz hat der Schulleiter, ein von ihm beauftragter Kollege oder manchmal auch, weil generell so festgelegt, der zuständige Zweigleiter, Stufenleiter, Fachleiter oder Klassenlehrer. Die Zuständigkeiten der Konferenzen sind in Rechtsvorschriften geregelt und lassen sich für das jeweilige Bundesland leicht über das Internet ermitteln.

Die Leitung von Konferenzen gehört zu den Kernaufgaben des Schulleiters. Es wurde ja bereits darauf hingewiesen, dass dort unter Umständen Entscheidungen getroffen werden, die dann auch für den Schulleiter bindend sind. In ein Überprüfungsverfahren zur Besetzung vakanter Stellen wird daher relativ oft die Vorbereitung und Leitung einer Kurzkonferenz aufgenommen.

Die Leitung einer solchen Konferenz stellt eine besondere Herausforderung dar, da über die rein fachlichen Anteile und ihre bildungspolitische Einbettung hinaus weitere entscheidende Komponenten in das Verfahren einfließen, die mit der konkreten Situation zu tun haben. Neben der Kommission mit ihren Erwartungen sind das in erster Linie das einem meist unbekannte Kollegium der Schule oder Teile dieses Kollegiums, deren kollektiven oder auch ganz individuellen Interessen zu berücksichtigen, eventuell gar als Risikofaktoren zu sehen sind.

Sollte zu den Bestandteilen des Verfahrens die Leitung einer Konferenz im Kollegium Ihrer Zielschule gehören, gibt Ihnen der folgende Text Hinweise auf Vorbereitungsmöglichkeiten und Strategien. Die Rechtslage ist von Bundesland zu Bundesland sehr unterschiedlich. In Hessen wird das Verfahren beispielsweise in der Regel an der Schule durchgeführt, in der die vakante Stelle zu besetzen ist.

Das unten angeführte Beispiel geht davon aus, dass das Thema den Bewerbern einige Tage vor dem Termin mitgeteilt wird, so dass auch Zeit genug besteht, sich darauf vorzubereiten. Nur in den seltensten Fällen wird der Bewerber mit der Aufgabenstellung „Konferenzleitung" und dem vorgegebenen Thema während des Überprüfungsverfahrens überrascht und hat am Überprüfungstag einige Zeit (in der Regel 60 Minuten) zur Vorbereitung.

Beispiel: Leitung einer Gesamtkonferenz

Sie erhalten 14 Tage vor dem geplanten Termin folgende Aufgabenstellung:

- Planen Sie eine Kurzkonferenz zum Thema „….." an der X-Schule.
- Für die Konferenz haben Sie maximal 30 Minuten zur Verfügung. Das gesamte Kollegium der Schule wird anwesend sein.
- Ziel der Konferenz ist es, eine Entscheidungsfindung zum angegebenen Thema vorzubereiten, die für eine Folgekonferenz geplant ist.
- Bitte bereiten Sie eine Präsentation zum Thema vor, die einen Zeitrahmen von 10 Minuten nicht überschreiten sollte.
- Sie können alle Ihnen zur Verfügung stehenden Materialien und Medien einsetzen.

Zur persönlichen Vorbereitung müssen Sie drei Bereiche in den Blick nehmen:

1. Die Konferenzteilnehmer und deren Einstellung zum Thema;
2. die eigene fachliche Durchdringung des Themas und
3. die Frage des methodischen Vorgehens und der Auswahl der geeigneten Medien.

Zu 1.

Fragen, die Sie sich stellen sollten:

- Wie viele Personen nehmen an der Besprechung bzw. Konferenz teil?
- Gibt es Gruppierungen innerhalb des Kollegiums mit unterschiedlichen Ansichten zur anstehenden Entscheidung?

- Gab es bereits eine Meinungsbildung zu diesem Thema? Wie ist diese ausgegangen? (Abstimmungsergebnis falls bekannt!)

Sammeln Sie zunächst Informationen über das Kollegium bzw. die Gruppe der Konferenzteilnehmer. Die Website der Schule könnte unter Umständen dabei von Nutzen sein. Darüber hinaus kann ein Gespräch mit dem Schulpersonalrat oder anderen Personen aus der Schule oder deren Umfeld in mehrfacher Hinsicht sinnvoll und für die eigene Vorbereitung hilfreich sein.

Zu 2.

Bringen Sie sich fachlich auf den aktuellen Diskussionsstand zum Thema. Machen Sie sich mit den wesentlichen strategischen Zielsetzungen der jeweiligen Landesregierung zum anstehenden Thema vertraut (sofern diese bekannt oder zugänglich sind).

Zu 3.

Planen Sie einen motivierenden und informativen Einstieg, der das Thema umreißt, die wesentlichen Informationen komprimiert zusammenfasst und verständlich aufbereitet. Überfrachten Sie Ihren Vortrag nicht und planen Sie genügend Zeit und Raum für Aussprache und Diskussion.

Nicht immer findet sich ein Kollege, der spontan einsteigt und die Diskussion eröffnet. Überlegen Sie daher, wie Sie das Gespräch in Gang bringen können. Halten Sie Fragen, Impulse oder Aussagen bereit, die hierzu geeignet sind und eine gewisse Offenheit zulassen.

Planen Sie den Einsatz der von ihnen verwendeten Materialien und Medien sorgfältig. Entscheiden Sie nach Angemessenheit und Aufwand. Gelegentlich sind die gut strukturierte und leicht lesbare Flipchart oder ein vorbereitetes Plakat effektiver als die inzwischen viel zu häufig gewählte aufwändige Power-Point-Präsentation, die auch aufgrund schlechter Projektionsfläche oder unzureichender Lichtstärke des Beamers möglicherweise gar nicht besonders gut ankommt. Hier gilt es, Aufwand und Nutzen gut abzuwägen und sich im Vorfeld nach den vorhandenen Möglichkeiten im Konferenzraum zu erkundigen.

Wenn Sie über keinerlei Informationen verfügen, sollten Sie auf jeden Fall den sicheren Weg wählen oder Alternativen vorbereitet haben.

Durchführung der Konferenz:

In der Regel werden Sie keinen Einfluss auf das Setting nehmen können. In den seltensten Fällen können Sie die Sitzordnung beeinflussen. Gehen Sie davon aus, dass es eine vorgegebene oder über die Zeit entstandene Sitzordnung im Kollegium der Zielschule gibt, an die Sie sich anpassen müssen. Erkundigen Sie sich danach im Vorfeld. Sollte dies nicht möglich gewesen sein, stellen Sie sich darauf ein, flexibel reagieren zu können.

Setzen oder stellen Sie sich auf jeden Fall so, dass Sie alle Konferenzteilnehmer im Blick haben und von allen gesehen werden können. Wenn dies nicht möglich ist, bitten Sie um eine Veränderung der Sitzordnung.

Stellen Sie sich zunächst kurz persönlich vor und umreißen Sie die Aufgabenstellung der Konferenz.

Schauen Sie die Konferenzteilnehmer an, stellen sie Augenkontakt her, wenn Sie reden. Sprechen Sie nicht zu schnell, angemessen laut und deutlich.

Versuchen Sie im Konferenzverlauf die einzelnen Redebeiträge aufzunehmen und immer wieder auf das Thema zu beziehen.

Fassen Sie am Ende der Konferenz noch einmal die wesentlichen Punkte zusammen und geben Sie einen Ausblick, wie Sie mit der Thematik weiter verfahren würden.

Bedanken Sie sich am Ende für die Beteiligung und die Redebeiträge der Konferenzteilnehmer.

3.3.2.4 Der Vortrag bzw. die Präsentation zu einem vorgegebenen Thema

Der Vortrag bzw. die Präsentation zu einem aktuellen Thema ist ein weiteres gängiges Element von Überprüfungsverfahren. Dem Bewerber werden Thema und Rahmenbedingungen manchmal während des Verfahrens, manchmal bereits im Vorfeld bekannt gegeben. Die Präsentation selbst erfolgt vor der Kommission. In einigen Fällen sind die Mitbewerber anwesend und haben so die Möglichkeit, die Leistungen der Konkurrenten zu verfolgen und einzuschätzen. Zur Vorbereitung einer Präsentation gehört die inhaltliche Seite gleichermaßen wie die technische bzw. methodische. Eine noch so gute inhaltliche Präsentation verliert an Wirkung, wenn sie methodisch und handwerklich schlecht umgesetzt wird und eine technisch noch so brillante Umsetzung kann den Fachmann nicht über inhaltliche Mängel hinwegtäuschen.

Die Bekanntgabe des Themas erfolgt auf unterschiedliche Weise. Teilweise wird das Thema mit 14-tägiger Vorbereitungszeit schriftlich angekündigt. In anderen Fällen erhalten die Bewerber nach Bekanntgabe des Themas am Tag des Verfahrens Zeit (z.B. eine Stunde) zur individuellen Vorbereitung. In diesem Fall werden die notwendigen Präsentationsmaterialien (Flip Chart, Laptop mit Power-Point etc.) für Sie bereitgestellt.

Willi Sollner, Leiter einer Kooperativen Gesamtschule:
„Schulen sind wie ein Tanker: es dauert, bis du die erst mal in eine andere Richtung bewegt hast"

Zur Planung dieses Teils des Verfahrens erscheint es günstig, sich eine durchdachte Struktur für die Präsentation zurechtzulegen und mit Hilfe z.B. von Power-Point oder für Flip Charts oder anderen Präsentationsmedien vorzubereiten. Das folgende Beispiel für den möglichen Aufbau einer solchen Präsentation soll hierfür Anhaltspunkte liefern:

Beispielstruktur

- *Thema*
- *Einleitung*
- *Darstellung der Ausgangssituation*
- *Ableitung der Problemstellung bzw. der Aufgabenstellung*
- *Herausarbeiten der Kernaussagen und Ziele*
- *Hauptteil*

  ○ *Kernaussage 1 bzw. Ziel 1*

    ▪ *bedingende Faktoren*
    ▪ *notwendige Prozesse bzw. Handlungsschritte*
    ▪ *Betrachtung erforderlicher Ressourcen (Personal/Finanzen)*

> ○ *Kernaussage 2 bzw. Ziel 2*
> - ▪ *bedingende Faktoren*
> - ▪ *notwendige Prozesse bzw. Handlungsschritte*
> - ▪ *Betrachtung erforderlicher Ressourcen (Personal/Finanzen)*
> - *Schlussteil*
> - *Kurze Zusammenfassung der wesentlichen Aussagen*
> - *Schlussfolgerungen*

Sollte es an der Schule bzw. Institution bereits ein Präsentationsdesign geben, können Sie dieses im Sinne einer Corporate Identity nutzen. Es signalisiert den Beteiligten, dass Sie sich mit der Schule beschäftigt haben und bereit sind, sich mit ihr zu identifizieren. Erkundigen Sie sich also danach!

Werden Sie sich über die Zielsetzung für Ihre Präsentation klar:

Welches Ziel verfolgen Sie mit der Präsentation?

Dient sie

- der reinen Information zum Thema,
- der Motivation einer Gruppe oder eines Kollegiums oder
- der Vorbereitung einer Beschlussfassung?

Benennen Sie die Rahmenbedingungen, die zur Erreichung des gesteckten Ziels gegeben sind:

- Notwendige/vorhandene Ressourcen: sächlich – personell – finanziell
- Notwendige Partner zur Zielerreichung

Wen brauche ich? Wen muss ich einbinden?

Festlegung von Arbeits-/Planungsschritten

Durchführungs- bzw. Umsetzungsphase

Evaluation

- Kriterien und Indikatoren benennen,
- Evaluationsinstrumente bestimmen,
- Zeitschiene festlegen und
- Adressaten für die Evaluationsergebnisse bestimmen.

Was soll mit den Ergebnissen geschehen (Z.B. Fortschreibung der Planung, folgende Umsetzungsschritte, Verantwortungsübernahme etc.)?

Als weiteres Beispiel hier Auszüge aus einer Präsentation zum Thema „Berufseinstieg von jungen Lehrkräften":

Was erwarten Sie als Schulleiter von jungen Lehrkräften in ihrem Berufseinstieg?

- Adäquates Standing
- Dynamik, Engagement
- Offenheit (unter anderem wird erwartet, dass die neue Lehrkraft im Bedarfsfall um konkrete Hilfe bittet)
- Selbstständigkeit
- Entwickelte Sozialkompetenzen
- Empathie für Schülerinnen und Schüler
- Kommunikationsfähigkeit
- Teamfähigkeit, Integration bzw. Bereitschaft zur Integration in Kollegium und Schule, Identifikation mit den Zielen der Schule
- Bereitschaft zur Fortbildung
- Didaktisches und methodisches Wissen, Medienkompetenz

Abb. 5: Auszug Präsentation zum Thema „Berufseinstieg von jungen Lehrkräften"

Hinweise zur Präsentation vor der Kommission selbst:

- Achten Sie darauf, wo Sie stehen bzw. sitzen. Oft ist es besser zu stehen, um z.B. vor einem Flip-Chart agieren zu können.
- Achten Sie bei einer Power-Point-Präsentation darauf, dass die Prüfungskommission alles sehen, und lesen kann. Stehen Sie im wahrsten Sinne des Wortes nicht im Bild.
- Sprechen Sie laut und deutlich, achten Sie auf ihre Sprechgeschwindigkeit und auf die Stimmmodulation.

Im Anschluss an die Präsentationen der verschiedenen Bewerber im Beisein ihrer Konkurrenten kann sich dann ein nicht angeleitetes Gruppengespräch mit dem Auftrag anschließen, aus den verschiedenen präsentierten Ansätzen der Bewerber einen gemeinsamen Vorschlag zu entwickeln. In dieser Phase des Verfahrens würde die Überprüfungskommission nur zuhören und ggf. durch besondere Prozessbeobachter die Ausprägungsgrade der überfachlichen Kompetenzen der Bewerber anhand gesonderter Prozessbeobachtungsbögen feststellen lassen.

3.4 Das Assessment Center und die Verwendung von Teilen aus Assessment Centern im Überprüfungsverfahren

Die Durchführung von Assessment Centern oder die Verwendung von Teilen daraus ist in den letzten Jahren nicht nur in der freien Wirtschaft, sondern auch bei Überprüfungsverfahren zur Besetzung schulischer Funktionsstellen immer beliebter geworden. Hier geht es in erster Linie darum, in Einzelaufgaben und in Gruppenaufgaben fachliche und kommunikative Kompetenzen, aber auch Teamfähigkeit, Konfliktfähigkeit und Belastbarkeit im Hinblick auf die zu treffende Personalauswahl einschätzen zu können.

Bei den Gruppenaufgaben gilt es, mit den anderen Bewerbern gemeinsam Lösungen zu finden oder Lösungsstrategien zu entwickeln. Dabei muss sich der einzelne Bewerber, will er bestehen, einerseits als teamfähig erweisen, sich andererseits aber auch von den anderen abheben. Auf eine solche Situation sollte man sich als Bewerber gut vorbereiten und einstellen.

Einzelübungen eines Assessment Centers können beispielsweise das Interview, die Postkorbübung, die Präsentation oder die Selbstpräsentation sein. Zu den Gruppenübungen können die Gruppenpräsentation, das Streitgespräch, die Planungsrunde oder auch das Rollenspiel gehören, um nur wenige zu nennen.

Im Folgenden werden einige der angesprochenen Elemente kurz dargestellt und kommentiert und Möglichkeiten der persönlichen Vorbereitung dargestellt. Hinweise auf weiterführende Literatur bzw. Materialien finden sich im Anhang dieses Buches. Das Internet bietet ebenfalls eine reiche Auswahl an Informationsmöglichkeiten zum Thema an. Es lohnt sich also, auf diesem Gebiet zu recherchieren.

3.4.1 Einzelübungen

3.4.1.1 Die Selbstpräsentation

Die Selbstpräsentation gehört zu den Standardbestandteilen des Assessment Centers. Hier geht es im Wesentlichen um die Fragen nach der eigenen Berufsbiografie, eine Einschätzung der persönlichen Kompetenzen und um die Frage der Motivation für die Bewerbung. Dieser Verfahrensteil dauert in der Regel zwischen 5 und 10 Minuten, ist gelegentlich aber auch kürzer und konzentriert sich in erster Linie auf die Frage nach den eigenen Beweggründen für die Bewerbung.

Da dieser Teil meist am Beginn des Verfahrens steht, kann man hier die Gelegenheit dazu nutzen, sich mit der Situation vertraut zu machen. Gute Vorbereitung ist wichtig, denn der erste Eindruck kann sehr entscheidend sein. Gestalten Sie ihre Planung flexibel, so dass sie eine dreiminütige Präsentation mit der gleichen Qualität abliefern können wie eine von 10 Minuten.

Stellen Sie sich kurz vor und gehen Sie auf wichtige Stationen in Ihrer Berufsbiografie oder Ausbildung ein, ohne den kompletten Lebenslauf zu wiederholen, denn der liegt der Kommission schriftlich vor. Versuchen Sie ein stimmiges Bild von sich, Ihren Fähigkeiten und Ihrer Motivation zu entwickeln.

Antje Mühlhans, Leiterin eines Gymnasiums.

„Der Umgang mit Menschen, das Empathische, das ist so wichtig, das Bauchgefühl ist nicht unerheblich."

Üben Sie die Präsentation vorher zuhause einige Male mit unterschiedlichen Zeitintervallen unter Beibehaltung Ihrer grundsätzlichen Linie in der Darstellung und den von Ihnen ausgewählten Schwerpunkten. Planen Sie dabei besser eine etwas kürzere Darstellung ein. In der konkreten Situation neigt mancher dazu, dann doch etwas ausführlicher zu werden als eigentlich geplant. Und denken Sie daran: Der erste Eindruck zählt. So alt diese Redensart auch ist, sie hat immer noch und immer wieder ihre Gültigkeit.

3.4.1.2 Das biografische Interview

In einigen Bundesländern wird im Rahmen von Auswahlverfahren auch das sogenannte biografische Interview benutzt, in dem anhand von Fragen zur Ausbildung, zum beruflichem Werdegang, zu bedeutsamen und prägenden Ereignissen und Ähnlichem versucht wird, Rückschlüsse auf vorhandene Kompetenzen zu ziehen und begründete Vermutungen über das Verhalten in bestimmten Situationen abzuleiten. Das biografisch narrative Verfahren geht auf den deutschen Soziologen Fritz Schütze zurück, der es im Rahmen einer Forschungsarbeit an der Universität Bielefeld entwickelt hat. *„Das autobiografische narrative Interview erzeugt Datentexte, welche die Ereignisverstrickungen und die lebensgeschichtliche Erfahrungsaufschichtung des Biografieträgers so lückenlos reproduzieren, wie das im Rahmen systematischer sozialwissenschaftlicher Forschung überhaupt möglich ist (…). Das Ergebnis ist ein Erzähltext, der den sozialen Prozess der Entwicklung und Wandlung einer biografischen Identität (…) darstellt und expliziert."* (Schütze, Fritz: Biografieforschung und narratives Interview. S. 285f. In: Neue Praxis, 1/1983 (3), S. 283-293. 1983.)

Auf eine exakte Abgrenzung des biografischen Interviews vom biografisch narrativen Verfahren wird hier abgesehen, zumal beide Begriffe in Literatur und Praxis oftmals im gleichen Sinne verwendet werden.

Auf Brüche in der Biografie kann bei diesem Verfahren besonders eingegangen werden, da diese unter Umständen Hinweise auf das Lösungsverhalten in schwierigen Situationen geben können.

Beispiele für Fragen zu den einzelnen Bereichen:

Schule und Ausbildung	– Gibt es in Ihrer Schülerzeit bzw. Ausbildungszeit Ereignisse, die Sie für besonders bedeutsam im Hinblick auf Ihre Entscheidung zum Lehrerberuf halten? – Wenn ja, welche sind dies?
Beruflicher Werdegang, berufliche Erfahrungen	– Können Sie sich in Ihrer beruflichen Praxis an ein Problem erinnern, das Sie lange beschäftigt hat oder Ihnen zunächst unlösbar schien? – Wenn ja, wie sind Sie damit umgegangen, wie haben Sie das Problem gelöst?

Bedeutsame und prägende Ereignisse	– Gibt es in Ihrem Leben Ereignisse, die Sie in besonderer Weise beschäftigt oder auch geprägt haben? – Welche sind das?

3.4.1.3 Die Präsentation zu einem vorgegebenen Thema

Die Präsentation zu einem vorgegebenen, meist aktuellen Thema stellt ein weiteres wichtiges und häufig verwendetes Element des Assessment Center Verfahrens dar. In der Regel werden dem Bewerber vergleichbar zum traditionellen Überprüfungsverfahren *(s. hierzu auch Abschnitt 3.3.2.4)* Thema und Rahmenbedingungen genannt. Die Präsentation selbst erfolgt vor der Kommission.

Diese Form des Verfahrens wird nicht selten auch als Gruppenübung durchgeführt, bei der die Bewerber jeder zunächst individuell vortragen, um anschließend gemeinsam vor den Beobachtern über das Thema zu diskutieren.

3.4.1.4 Die Postkorbübung

In der ebenfalls häufig in Anwendung kommenden Postkorbübung nimmt der Bewerber die Rolle einer Führungspersönlichkeit ein, die eine Zusammenstellung sehr unterschiedlicher Anforderungen und eine konkrete Aufgabenstellung in Form eines Postkorbs vorgelegt bekommt. Wie beim Sortieren des täglichen Posteingangs mit Briefen, Schreiben, Texten, Notizen und Ähnlichem ist nun zu entscheiden, was mit den einzelnen Teilen dieses „Postkorbes" gemacht werden soll. Hierfür steht ein bestimmtes Zeitkontingent zur Verfügung. Entscheidungen hält man schriftlich fest, damit diese dann im anschließenden Gespräch begründet und erläutert werden können. Gelegentlich werden in diesen Ablauf bewusst noch Störungen eingebaut, wie zum Beispiel das wichtige Telefonat oder der Kollege, der ein dringendes Gesprächsanliegen hat. Durch solche zusätzlichen Anforderungen wird der Stressfaktor bei der Übung deutlich erhöht.

Die einzelnen Aufgabenstellungen berücksichtigen gewöhnlich folgende Gesichtspunkte:

- das Setzen und Begründen von Prioritäten in der Tages- und Wochenplanung;
- den Umgang mit Problemlösungs- und Entscheidungstechniken;

- das Delegieren von Aufgaben an weitere Funktionsstelleninhaber oder Kollegen;
- den Umgang mit Ablenkungen bzw. Störungen;
- das Arbeiten unter Zeitdruck sowie
- die geistige Flexibilität in Bezug auf die Lösung von unterschiedlichen Aufgaben.

Zur Vorbereitung auf diesen Verfahrensteil hilft es, sich im Vorfeld unterschiedliche Kriterien für das Sortieren der verschiedenen Aufgaben zurecht zu legen, um diese in der konkreten Situation parat zu haben und anwenden zu können.

Solche Kriterien können sich auf den Inhalt der einzelnen Aufgaben oder die Art der Unterlagen beziehen oder auch auf die Personen oder Personengruppen, die bei der Bearbeitung bzw. Lösung zu beteiligen sind. Insbesondere sind Fragen der Delegation und Formen der Beteiligung zu klären. Auch über den Zeitrahmen, in dem die jeweilige Aufgabe bearbeitet werden sollte, muss der Bewerber in seiner fiktiven Rolle als Führungspersönlichkeit Aussagen treffen können.

Machen Sie sich klar, dass von Ihnen nicht die Lösung der Einzelprobleme erwartet wird und dass Sie nicht alle Aufgaben in der vorgegebenen Zeit werden lösen können. Vielmehr will die Kommission feststellen, ob Sie in der Lage sind, in relativ kurzer Zeit Wichtiges von Unwichtigem zu unterscheiden, Prioritäten zu setzen und weitere Bearbeitungsschritte festzulegen. Bereiten Sie sich auf die zur Verfügung stehenden Möglichkeiten eines schnellen und strukturierten Vorgehens vor.

Leitfragen zum Inhalt der Postmappe/des Postkorbes können sein:

- Was ist wichtig?
- Was duldet keinen Aufschub und muss also sofort erledigt werden?
- Welches Anliegen hat oberste Priorität?
- Welches Anliegen/Themen/Probleme haben Zeit und können mittelfristig bzw. langfristig angegangen werden.
- Gibt es Inhalte des Postkorbes, die nicht eilig sind und für eine ruhigere Bearbeitungszeit (z.B. für die Ferienzeit) zunächst liegen bleiben können?

Leitfragen zur Beteiligung und weiteren Bearbeitung können sein:

- Wen muss ich beteiligen?

Beteiligte könnten sein:

- ○ Personen innerhalb der Schule/Schulgemeinde wie beispielsweise Kollegen, Fachbereichsleiter, Personalrat, Frauenbeauftragte, Schwerbehindertenvertretung, Elternvertretung, Schülervertretung etc.
- ○ Personen/Institutionen außerhalb der Schule wie beispielsweise Schulträger, Schulaufsicht, örtliche Vereine etc.
- Wem kann ich die Bearbeitung übergeben?
- Welche Zeitschiene muss ich für die Bearbeitung vorsehen?
- Was muss ich selbst als Nächstes veranlassen?

Beispiel für eine Postkorbübung:

- Es ist 7.15 Uhr
- Unterrichtsbeginn ist um 7.45 Uhr
- Ihre Sekretärin hat sich verspätet
- Die stellvertretende Schulleiterin hat sich gerade telefonisch krank gemeldet
- Der Vertretungsplan für den Tag ist noch nicht erstellt
- Für 7:30 Uhr ist ein Elterngespräch gemeinsam mit ihnen und der Klassenlehrerin terminiert
- Eine weitere Kollegin hat sich gerade krank gemeldet
- Der Hausmeister meldet Heizungsausfall in einem Trakt mit 6 Klassenräumen – die Außentemperatur liegt unter Null
- Auf dem Schulhof ist ein Kind auf einer Eisfläche hingefallen und steht nun blutend im Sekretariat
- Das Telefon klingelt, Sie sehen auf dem Display die Nummer des Landrats
- Eine Kollegin beschwert sich in ärgerlichem Ton, dass im Kopierer schon wieder der morgendliche Papierstau herrscht und sie nun gänzlich unvorbereitet in ihren Unterricht gehen müsse
- Sie brauchen dringend Ihren üblichen Kaffee, um in Gang zu kommen
- Der Großvater eines Kindes steht am Tresen und will geklärt haben, wo die Pudelmütze seines Enkels abgeblieben ist
- Ihre Sekretärin erscheint schlecht gelaunt, erzählt von starken Kopfschmerzen und benötigt sofort eine Kopfschmerztablette

Wie gehen Sie vor?

3.4.2 Gruppenübungen

3.4.2.1 Die Gruppendiskussion

In der Gruppendiskussion wird meist ein vorgegebenes oder auch frei wählbares Thema in einer Gruppe mit mehreren Bewerbern gemeinsam diskutiert. Die Gruppendiskussion ist die am häufigsten verwendete Form der Gruppenübung im Assessment Center. Neben der thematischen Festlegung und der Vorgabe eines zeitlichen Rahmens kann es auch dazu kommen, dass für einzelne Diskussionsteilnehmer bestimmte Rollen festgelegt werden, diese also aus einer bestimmten Perspektive heraus mit diskutieren müssen.

3.4.2.2 Die Gruppenpräsentation

In dieser Übungs- bzw. Überprüfungsvariante tragen die Bewerber ihren Beitrag jeweils zunächst individuell vor und diskutieren anschließend gemeinsam mit den anderen über das Thema. Der Schwierigkeitsgrad wird gelegentlich dadurch erhöht, dass nur eine sehr kurze Zeitspanne zur Vorbereitung auf die jeweilige Präsentation zur Verfügung steht und Zwischenfragen aus der Kommission heraus gestellt werden. Dies kann dann durchaus zu einer Erhöhung des Stresspegels bei den Beteiligten führen. In der Literatur wird ein solches Vorgehen daher häufig auch „Stresspräsentation" genannt.

3.4.2.3 Die Planungsrunde

Bei der Planungsrunde geht es sich wie bei der Gruppendiskussion um ein gemeinschaftliches Gespräch der Bewerber zu einem vorgegeben Thema. Anders als in der reinen Diskussionsrunde steht hier aber die gemeinsame Bewältigung einer Problemstellung oder die gemeinsame Planung eines Vorhabens, zum Beispiel eines pädagogischen Tages oder einer organisatorischen oder inhaltlichen Veränderung der schulischen Arbeit, im Vordergrund.

Jeder Teilnehmer muss sowohl seine individuellen Kompetenzen als auch seine Kreativität einbringen. Ein ausgewogenes Maß an eigener Aktivität bei gleichzeitiger Akzeptanz der Vorschläge der anderen Beteiligten ist wichtig, um in einem derart strukturierten Verfahrensteil zu punkten. Es geht weniger darum, sich selbst mit seiner Meinung und seinen eigenen Vorstellungen durchzusetzen als vielmehr einen konstruktiven Beitrag zur Lösung bzw. Gestaltung des gesamten Planungsvorhabens zu leisten. In diesem Kontext macht es also viel Sinn, die Mitbewerber nicht nur als Konkurrenten, sondern vor allem als

Kollegen und Mitstreiter zu sehen, die gemeinsam mit Ihnen an einer konstruktiven Zusammenarbeit und am Erfolg des Vorhabens interessiert sind.

3.4.2.4 Das Rollenspiel

Das Rollenspiel ist eine simulierte Gesprächssituation und ein in Assessment Centern häufig gebrauchtes Instrument, um die sogenannten „Soft Skills" der Bewerber zu testen. Beim Rollenspiel müssen sich die Bewerber in einer direkten Gesprächssituation in einer berufsspezifischen und durchaus schwierigen Situation beweisen. So muss beispielsweise ein Gespräch mit einem Kollegen, einem Elternteil oder einem Pressevertreter zu einem aktuellen Anlass geführt werden. Ziel ist es, im Gespräch eine Lösung für das Problem, den vorgegebenen Gesprächsanlass, zu finden und dabei auf den jeweiligen Gesprächspartner und seine Interessenlage einzugehen. Bewerber müssen aber damit rechnen, dass das Gegenüber gut geschult seine Rolle spielt und mit einer Vielzahl von Gegenargumenten oder uneinsichtigem Verhalten versuchen wird, den Gesprächsverlauf zu beeinflussen.

Gleichzeitig muss man sich klarmachen, dass man selbst ja auch eine Rolle einnimmt, in der Regel ist das diejenige, die man in der angestrebten Funktion auszufüllen hätte. Für Bewerber ist es daher wichtig, sich mit der Rolle zu identifizieren und vor diesem Hintergrund zu argumentieren. Der Lehrer muss also beispielsweise die Lehrersicht verlassen und in der Beratung eines Kollegen die des Schulleiters einnehmen und sollte auch dessen Handlungskompetenz und Entscheidungsbefugnis einbringen. Wichtig ist es, zu einer ruhigen Gesprächsatmosphäre beizutragen, Verständnis und Empathie für den Gesprächspartner zu zeigen und sensibel mit ihm zu kommunizieren, ohne das eigene Ziel dabei aus den Augen zu verlieren.

3.5 Die Rolle der Beteiligungsgremien bzw. Mitbestimmungsgremien

Bei der Besetzung von öffentlichen Ämtern sind aufgrund gesetzlicher Vorgaben Personalrat, Gleichstellungs- bzw. Frauenbeauftragte und gegebenenfalls die Schwerbehindertenvertretung zu beteiligen. Die Form der Beteiligung ist durch Bundesrecht, die Gesetze der einzelnen Bundesländer und durch die Rechtsprechung sehr umfänglich geregelt. Die Beteiligungsformen und Beteiligungsnotwendigkeiten sind je nach Bundesland unterschiedlich. Im

Folgenden soll daher lediglich ein allgemeiner Überblick gegeben und exemplarisch auf landesspezifische Besonderheiten und Regelungen hingewiesen werden.

3.5.1 Der Personalrat

Beförderungsstellen, und um solche handelt es sich bei Schulleiterstellen und anderen Funktionsstellen an Schulen, sind öffentliche Ämter, die in bestimmter Weise auszuschreiben sind. Die Beteiligung der Personalvertretung bei der Besetzung der jeweiligen Stelle ist in den Bundesländern, wie bereits erwähnt, unterschiedlich geregelt. Die wesentliche Aufgabe der Personalvertretung in allen Verfahren besteht in der Überwachung der Einhaltung des Gleichbehandlungsgrundsatzes für alle beteiligten Bewerber. Dies beginnt bereits bei der Ausschreibung der Stelle. Hier hat der Personalrat darauf zu achten, dass der Dienstherr in der Ausnutzung seiner Gestaltungsspielräume bei der Festlegung des Anforderungsprofils nicht einzelne Bewerber oder ganze Bewerbergruppen in unzulässiger Weise benachteiligt oder gar durch verschiedene Vorgaben ausschließt.

Auch an Vorstellungsgesprächen und Auswahlverfahren kann in einigen Bundesländern jeweils ein Mitglied des Personalrates teilnehmen. Dieses Teilnahmerecht umfasst jedoch nicht die sich daran anschließende Beratung oder Auswertungsrunde. In der Regel erhält das Personalratsmitglied jedoch vor Beginn dieses Teils Gelegenheit, eine Stellungnahme zum Ablauf des Verfahrens und zur Frage der Wahrung des Gleichbehandlungsgrundsatzes abzugeben.

Beispiel Hessen:

HPVG § 61: Gleichbehandlungsgrundsatz

„(1) Dienststelle und Personalrat haben darüber zu wachen, dass alle in der Dienststelle tätigen Personen nach Recht und Billigkeit behandelt werden, insbesondere, dass jede Benachteiligung von Personen aus Gründen ihrer Rasse oder wegen ihrer ethnischen Herkunft, ihrer Abstammung oder sonstigen Herkunft, ihrer Nationalität, ihrer Religion oder Weltanschauung, ihrer Behinderung, ihres Alters, ihrer politischen oder gewerkschaftlichen Betätigung oder Einstellung, ihres Geschlechts oder wegen ihrer sexuellen Identität unterbleibt. Der Leiter der Dienststelle und die Personalvertretung haben bei der Wahrnehmung ihrer Aufgaben nach diesem Gesetz jede parteipolitische

Betätigung in der Dienststelle zu unterlassen; die Behandlung von Tarif-, Be-
soldungs- und Sozialangelegenheiten wird hierdurch nicht berührt."

In anderen Bundesländern ist die Teilnahme an Verfahrensteilen bzw. Assessment Centern gänzlich ausgeschlossen. Eine Beteiligung beschränkt sich dann lediglich auf die Einsichtnahme in die Verfahrensakte und die der getroffenen Entscheidung zugrunde liegenden dienstlichen Beurteilungen und Leistungsnachweise. Das Hessische Personalvertretungsgesetzt (HPVG §79 1c) regelt in § 79 1c beispielsweise, dass bei der Besetzung von Schulleiterstellen keine Personalratsbeteiligung erfolgt. Bei Stellvertreterstellen sind die bei den Staatlichen Schulämtern gebildeten Gesamtpersonalräte zu beteiligen, bei allen anderen Funktionsstellen der jeweilige Schulpersonalrat.

Beispiel Hessen:

HPVG § 77: Fälle der Mitbestimmung in Personalangelegenheiten

„(1) Der Personalrat bestimmt mit
1. *in Personalangelegenheiten der Beamten bei*
   a) *Einstellung,*
   b) *Beförderung, Übertragung eines anderen Amtes mit höherem End-*
      grundgehalt ohne Änderung der Amtsbezeichnung, Verleihung eines
      anderen Amtes mit anderer Amtsbezeichnung, Laufbahnwechsel,
   c) *Übertragung einer höher oder niedriger zu bewertenden Tätigkeit,*
   d) *Versetzung zu einer anderen Dienststelle, Umsetzung innerhalb der*
      Dienststelle für eine Dauer von mehr als sechs Monaten, wenn sie
      mit einem Wechsel des Dienstortes verbunden ist,
   e) *Abordnung zu einer anderen Dienststelle für eine Dauer von mehr*
      als sechs Monaten,
   f) *Zuweisung für eine Dauer von mehr als sechs Monaten,*
   g) *Anordnungen, welche die Freiheit in der Wahl der Wohnung be-*
      schränken,
   h) *Entlassung, soweit sie nicht wegen Beendigung des vorgeschriebenen*
      Vorbereitungsdienstes oder auf eigenen Antrag erfolgt,
   i) *Ablehnung eines Antrags auf Teilzeitbeschäftigung, Ermäßigung der*
      regelmäßigen Arbeitszeit oder Beurlaubung nach §§ 85 a oder 85f
      des Hessischen Beamtengesetzes."

Über die in Ziffer 1 c aufgeführte Abordnungsregelung hinaus gibt es in Hessen eine Sonderregelung für Schulen, nach der Abordnungen von Lehrkräften innerhalb eines Landkreises oder zwischen Dienststellen eines Landkreises und einer kreisfreien Stadt, für die dasselbe Staatliche Schulamt zuständig ist, bei voller Pflichtstundenzahl für ein Jahr und bei weniger als der Hälfte der Pflichtstunden für zwei Jahre nicht der Mitbestimmung unterliegen *(§ 91 Abs. 5 HPVG).*

3.5.2 Die Frauenbeauftragte bzw. Gleichstellungsbeauftragte

Aufgrund gesetzlicher Vorgaben sind in den Behörden des Bundes, der Länder und für die Schulen eines Bezirks Frauenbeauftragte zu bestellen. Die Aufgaben der Frauenbeauftragten, ihre Kompetenzen und die Formen der Beteiligung in Stellenbesetzungsverfahren sind ebenfalls in den entsprechenden Bundes- bzw. Ländergesetzen geregelt *(Eine Übersicht findet sich im Anhang unter 6.2.4).*

Frauenbeauftragte *(Auch Gleichstellungsbeauftragte, Beauftragte für Chancengleichheit, Frauenbüro, Gleichstellungsamt, Gleichstellungsstelle oder Frauenvertreterin genannt)* werden in Behörden und Gebietskörperschaften der Bundesrepublik Deutschland und der Bundesländer eingesetzt, um die Gleichberechtigung von Männern und Frauen voranzutreiben und berechtigte Genderinteressen und eine bessere Vereinbarkeit von Familie und Beruf um- bzw. durchzusetzen. Die Frauenbeauftragte hat dabei den gesetzlichen Auftrag, Kontroll- und Überwachungsorgans ihrer Dienststelle sowie Beratungs- und Unterstützungsorgan ihrer Kollegen zu sein.

Ein Instrument zur Durchsetzung dieser Gender-Interessen stellen beispielsweise die Frauenförderpläne dar, die es aufgrund der jeweiligen gesetzlichen Regelungen *(vgl. hierzu auch Abschnitt 2.6)* auf den unterschiedlichen Ebenen der Bildungsverwaltung und der Schulen gibt. In diesen Plänen werden in der Regel die vorhandene Verteilung der Stellen auf männliche und weibliche Stelleninhaber festgehalten und zu erreichende Zielvorgaben für einen bestimmten Zeitraum gemacht. Da in allen Bundesländern der Frauenanteil im Primarbereich, also den Grundschulen, sehr hoch ist (deutlich über 90%), sind naturgemäß auch viele Funktionsstellen mit Frauen besetzt und die genannten Zielvorgaben so meist entbehrlich.

In Schulen, in denen vorwiegend Haupt- und Realschullehrer-, gymnasiale oder berufliche Lehrämter vertreten sind, ist die Situation eine andere. Hier werden über die Frauenförderpläne Zielvorgaben zur Erreichung eines bestimmten Frauenanteils formuliert. Diese Vorgaben haben jedoch letztlich in der Entscheidung um die Besetzung der individuellen Stelle nur eine informative Funktion und können selbst bei gleicher Eignung von Bewerbern nicht den Ausschlag zugunsten einer Frau geben. In der Rechtsprechung *(vgl. hierzu auch Abschnitt 3.6)* wird darauf verwiesen, dass die Auswahlentscheidung dem Prinzip der Bestenauslese zu folgen habe und sich aus der Tatsache, dass es sich um eine Bewerberin handelt, kein Eignungsvorsprung herleiten lasse. Frau sein gilt in diesem Sinne nicht als zulässiges Hilfskriterium bei der Entscheidungsfindung. Dies bedeutet, dass Frauenförderpläne im Auswahlverfahren also lediglich appellativen Charakter haben. Ihr eigentlicher Wert liegt in ihrer Zielsetzung, die Unterrepräsentanz von Frauen in bestimmten Berufsgruppen aufzuzeigen, Frauen stärker für eine Bewerbung um Funktionsstellen zu motivieren, sie zu fördern und ihnen Möglichkeiten der gezielten Vorbereitung einzuräumen.

Die für die ausgeschriebene Stelle jeweils zuständige Frauenbeauftragte ist in das Entscheidungsverfahren wegen ihres im landesspezifischen Gleichstellungsgesetz festgelegten Auftrages also einzubinden. Ihr sind die notwendigen Unterlagen (Bewerbungsunterlagen, Entscheidungsvermerke etc.) zugänglich zu machen. Die Frauenbeauftrage hat in einigen Bundesländern (z.B. in Hessen) das Recht, einmalig eine Neuausschreibung der Stelle zur Erweiterung des Bewerberkreises zu verlangen, wenn keine Frau im Verfahren vertreten ist.

Vor der endgültigen Entscheidung über die Besetzung der Stelle ist sie anzuhören. Sie kann gegen eine Besetzungsentscheidung Widerspruch einlegen, über den dann vom jeweiligen Kultusministerium abschließend zu entscheiden ist.

3.5.3 Die Schwerbehindertenvertretung (Wolfgang Bott)

Nach § 94 Abs. 1 Satz 1 SGB IX ist in allen Dienststellen, in denen mindestens fünf Schwerbehinderte dauerhaft beschäftigt sind, eine Schwerbehindertenvertretung einzurichten. Diese ist nach § 95 Abs. 2 Satz 3 SGB IX berechtigt, die Unterlagen aller Bewerber für eine zu besetzende Stelle einzusehen und an Überprüfungsverfahren als Beobachter teilzunehmen, wenn sich unter den

Bewerbern ein Schwerbehinderter befindet. Förmliche Beteiligungsrechte wie Frauen- oder Gleichstellungsbeauftragte oder Personalräte hat die Schwerbehindertenvertretung jedoch nicht, sondern lediglich ein qualifiziertes Anhörungsrecht.

3.5.4 Schulträger/Schulausschuss/Schulkonferenz

Für Schulleiterstellen ist über die Beteiligung der unter 3.5.1 bis 3.5.3 genannten Beteiligungsgremien hinaus in der Regel auch die Herstellung „des Benehmens" mit dem Schulausschuss bzw. dem Schulträger erforderlich. Diese laden Bewerber meist ebenfalls zu einem Gespräch ein. Die Regelungen zur Beteiligung sind von Bundesland zu Bundesland unterschiedlich. Einzelheiten werden in den Schulgesetzen der Länder geregelt und im jeweiligen Gesetz- und Verordnungsblatt bzw. Amtsblatt veröffentlicht. Teilweise ist auch die Anhörung der Schulkonferenz bei der endgültigen Besetzung vorgeschrieben.

So regelt beispielsweise das Hessische Schulgesetz in § 89:

„Auswahl der Schulleiterin oder des Schulleiters

(1) Für jede Schule wird eine Schulleiterin oder ein Schulleiter bestellt. Die Stelle wird in der Regel unter Fristsetzung ausgeschrieben, sobald erkennbar ist, dass sie frei werden wird.

(2) Die zuständige Schulaufsichtsbehörde gibt dem Schulträger Gelegenheit, zu den Bewerberinnen und Bewerbern Stellung zu nehmen. Sie kann dafür eine angemessene Frist setzen.

(3) Die Schulleiterin oder der Schulleiter wird zunächst vorläufig nach Anhörung des Schulträgers beauftragt. Die endgültige Beauftragung erfolgt nach Anhörung der Schulkonferenz im Benehmen mit dem Schulträger. Kommt eine Verständigung innerhalb von drei Monaten nach Mitteilung der Absicht, die Beauftragung endgültig vorzunehmen, nicht zustande, entscheidet die zuständige Schulaufsichtsbehörde."

Die Herstellung des Benehmens ist eine besondere Form der Mitwirkung. Vor der Besetzung der Schulleiterstelle ist hierbei dem Schulausschuss oder dem Schulträger Gelegenheit zur Stellungnahme zur beabsichtigten Besetzung einer Schulleiterstelle zu geben. Deren Vorstellungen und Einschätzungen sind von der Behörde, die die Besetzung vornimmt (Schulamt, Regierungspräsidium, Kultusministerium), zu beachten. Im Gegensatz zur Herstellung des Einverständnisses kann sich die Behörde beim sogenannten „Benehmen" aber über das Votum und die Wünsche des Schulträgers bzw. des Schulausschusses hinwegsetzen und aus sachlichen Gründen eine andere Entscheidung treffen.

3.6 Entscheidungsverfahren und Entscheidungskriterien: Das Auswahlverfahren aus juristischer Sicht (Wolfgang Bott)

Im Anschluss an die Ausschreibung und nach Eingang der Bewerbungen werden diese bei der zur Entscheidung befugten Stelle einer ersten Sichtung unterzogen.

Sofern einzelne Bewerbungen offensichtlich eine oder mehrere zwingende Voraussetzungen des Anforderungsprofils nicht erfüllen, werden diese Bewerbungen entweder unmittelbar an die betreffenden Bewerber zurückgesandt oder unter internem Hinweis auf die mangelnde Berücksichtigungsfähigkeit vom weiteren Verfahren ohne unmittelbare Benachrichtigung des Bewerbers zurückgestellt und erst mit Abschluss des Verfahrens zusammen mit anderen nicht ausgewählten Bewerbern unterrichtet. Während die erste Variante dem ausgeschlossenen Bewerber unmittelbar die Möglichkeit eröffnet, einstweiligen Rechtsschutz nach § 123 VwGO zu beantragen, steht ihm diese Möglichkeit in der zweiten Variante erst nach Abschluss des Auswahlverfahrens offen, sodass zur Verfahrensbeschleunigung diese Vorgehensweise von der verfahrensführenden Stelle eher gewählt werden wird, da dann nur zum Zeitpunkt des Verfahrensabschlusses gerichtlicher Rechtsschutz beantragt werden kann und nicht zu mehreren unterschiedlichen Zeitpunkten.

Von den Bewerbern, die die zwingenden Voraussetzungen des Anforderungsprofils erfüllen, werden – soweit dies je nach zu besetzender Stelle möglich und erforderlich ist – bei den Dienstvorgesetzten aktuelle dienstliche Beurteilungen angefordert. Dies bedeutet, dass die dienstlichen Beurteilungen zum Zeitpunkt der Auswahlentscheidung nach der Rechtsprechung des HVGH *(Beschluss vom 19.9.2000, Az.: 1 TG 2902/00)* nicht älter als ein Jahr sein dürfen. Diese dienstlichen Beurteilungen sind vom jeweiligen unmittelbaren Dienstvorgesetzten – das ist je nach Bundesland entweder der Schulleiter oder der für die Schule

141

zuständige Schulaufsichtsbeamte – orientiert an den Merkmalen des Anforderungsprofils zu erstellen.

Dabei hat die Beurteilung keine Aussage über die Eignung des zu Beurteilenden für die Stelle, um die er sich beworben hat, zu enthalten. Denn über diese Eignung ist erst in dem sich anschließenden Auswahlverfahren zu entscheiden.

Zusammen mit den über Bewerber, die bereits im öffentlichen Dienst tätig sind, anzufertigenden dienstlichen Beurteilungen wird die zur Entscheidung über die zu besetzende Stelle zuständige Behörde auch die Personalakten der Bewerber anfordern, soweit sie ihr nicht bereits vorliegen, um sich ein vollständiges Bild über die Bewerber zu machen, soweit dies aus den Personalakten hervorgeht.

Wenn der zuständigen Behörde die vollständigen Unterlagen über alle Bewerber vorliegen, d.h. neben den Bewerbungsunterlagen die aktuellen dienstlichen Beurteilungen und die Personalakten aller Bewerber, hat sie zunächst diese Unterlagen mit dem Ziel auszuwerten, den für die ausgeschriebene Stelle am besten geeigneten Bewerber auszuwählen.

Die Auswertung der Aktenlage ist möglichst in Gestalt einer Matrix vorzunehmen, so dass anhand der zwingenden und fakultativen Voraussetzungen des Anforderungsprofils für die ausgeschriebene Stelle, die sich aus den anlässlich der Bewerbung eingeholten dienstlichen Beurteilungen und sonstigen in den Personalakten enthaltenen Nachweisen aller Bewerber ergeben, eine Gegenüberstellung möglich ist.

Diese hat nach der Rechtsprechung *(vgl. HVGH v. 27.4.199, IÖD 2000, 12; VG Wiesbaden v. 17.1.2012, Az.: 3 L 1044/11Wi.)* nicht nur rein schematisch zu erfolgen, sondern muss die verschiedenen dienstlichen Beurteilungen zueinander vergleichbar darstellen.

Eine solche Vorgehensweise ist zur Wahrung des Grundsatzes der Chancengleichheit immer dann zwingend erforderlich, wenn die auszuwertenden dienstlichen Beurteilungen

– von verschiedenen Beurteilern erstellt worden sind,
– in unterschiedlicher Form abgefasst sind,
– unterschiedliche Beurteilungszeiträume umfassen oder
– unterschiedliche Funktionen oder Tätigkeiten oder Dienstposten beschreiben.

In diesen Fällen können die dienstlichen Beurteilungen ohne Herstellung einer Vergleichbarkeit nicht in ein tragfähiges Verhältnis zueinander gesetzt werden, so dass jedes ohne diese Vergleichbarmachung gefundene Ergebnis rechtlich fehlerhaft wäre und damit mit Aussicht auf Erfolg gerichtlich angefochten werden könnte.

Hieraus folgt für die notwendige Vergleichbarmachung, dass

- bei unterschiedlichen Beurteilern die verwendeten unterschiedlichen Sprachstile, Ausdrucksweisen und Wertungen in ihrer Darstellung angepasst werden müssen,
- bei unterschiedlichen Formaten der Beurteilungen die zueinander passenden Aussagen einander gegenüber gestellt werden müssen und in den Fällen, in denen einzelnen Beurteilungen Aussagen zu einzelnen Merkmalen des Anforderungsprofils keine Aussagen enthalten, dies in der Gegenüberstellung eindeutig kenntlich zu machen ist,
- bei unterschiedlichen Beurteilungszeiträumen diese zueinander entsprechend zu gewichten sind und
- unterschiedliche Funktionen oder Tätigkeiten vor allem, wenn sie mit unterschiedlichen besoldeten Dienstposten verbunden sind, wegen der damit verbundenen höheren Anforderungen ebenfalls entsprechend zu gewichten sind.

Zum Abschluss dieser „gewichteten" Auswertung ist zu prüfen, ob ein Bewerber sich gegenüber den anderen als signifikant besser geeignet für die zu besetzende Stelle darstellt.

In einem solchen Fall ist nach ständiger Rechtsprechung *(vgl. z.B. VG Gießen v. 16.12.2004, Az.: 5 G 2969/04; OVG NRW v. 28.1.2002 RiA 2003, 155; OVG nds v. 13.10.2006 DÖD 2007, 57)* das Auswahlverfahren damit abzuschließen und der im Wege der Auswertung der Aktenlage gefundene Bewerber auszuwählen. Die Durchführung eines sogenannten Überprüfungsverfahrens ist in diesen Fällen ausgeschlossen, denn das aus der Auswertung der Aktenlage gewonnene Bild über die Bewerber umfasst deren gesamte dienstliche Tätigkeit, während ein wie auch immer ausgestaltetes Überprüfungsverfahren demgegenüber lediglich eine Momentaufnahme darstellen kann.

Lediglich für den Fall, dass die Auswertung der Aktenlage kein eindeutiges, eine Auswahlentscheidung im Sinne der Bestenauslese stützendes Ergebnis

143

erbringen sollte, kann auf weitere Erkenntnisse zurückgegriffen werden, die dann im Zuge eines Überprüfungsverfahrens gewonnen werden können.

Die verfahrensführende Behörde ist im Übrigen berechtigt, das gesamte Verfahren jederzeit abzubrechen, sofern dafür ein sachlicher Grund vorliegt *(vgl. BVerfG v. 19.12.2008 NVwZ-RR 2009, 344).*

Ein solcher sachlicher Grund kann sich zum einen aus einer veränderten Planung, aber auch aus einer veränderten Haushalts- oder Stellensituation ergeben. Hieraus folgt, dass die verfahrensführende Dienststelle berechtigt ist, die Stelle nach dem Abbruch des Verfahrens erneut und mit verändertem Anforderungsprofil auszuschreiben.

Die erforderliche Begründung für einen solchen Verfahrensabbruch kann von der Rechtsprechung lediglich daraufhin zu überprüft werden, ob das Verbot der sachwidrigen oder willkürlichen Benachteiligung einzelner Bewerber beachtet worden ist. Rechte Dritter werden durch einen solchen Verfahrensabbruch grundsätzlich nicht berührt.

Für den Fall, dass nach Auswertung der Aktenlage noch keine Auswahlentscheidung zu Gunsten eines Bewerbers getroffen werden kann, sind weitere Auswahlkriterien heranzuziehen. Dazu wird im Regelfall im Wege eines sogenannten Überprüfungsverfahrens vorgegangen. Die Entscheidung darüber, dass eine Auswahlentscheidung nicht bereits nach Auswertung der Aktenlage, sondern erst nach Durchführung eines Überprüfungsverfahrens getroffen werden kann, ist im Auswahlvermerk nachvollziehbar zu begründen.

Zu diesem Überprüfungsverfahren sind die Bewerber, deren prinzipielle Eignung bei der Auswertung der Aktenlage ohne eine klare Rangfolge festgestellt worden ist, unter Einhaltung einer Frist von nicht weniger als 10 Arbeitstagen und unter Angabe des geplanten Ablaufs des Überprüfungsverfahrens und der Mitglieder des Überprüfungsgremiums einzuladen.

Diesem Überprüfungsgremium werden je nach zu besetzender Stelle Vertreter der zuständigen Schulaufsichtsbehörde, der Schule selbst und der zu beteiligenden Gremien angehören *(vgl. zum Überprüfungsverfahren Abschnitt 3.3).*

In diesem Zusammenhang ist darauf hinzuweisen, dass alle im Wege von Überprüfungsverfahren, speziell auch durch Assessment-Elemente gewonnenen

Erkenntnisse nur dann als entscheidungserheblich verwendet werden dürfen, wenn die zuvor durchzuführende Auswertung der Akten und aktuellen dienstlichen Beurteilungen, die den dienstlichen Werdegang der Bewerber um eine zu besetzende Stelle umfassender wiederspiegeln und damit aussagekräftiger sind als das ausführlichste Assessment-Center, keine klare Rangfolge der Bewerber erkennen lassen. Insoweit stellen alle im Überprüfungsverfahren gewonnenen Erkenntnisse letztlich eher Hilfskriterien für die Auswahlentscheidung dar *(vgl. hierzu OVG Thür v. 31.3.2003, Az.: 2 EO 545/02).*

Auf der Grundlage der Erkenntnisse der Auswertung der Aktenlage und – soweit erforderlich – ergänzt um die weiteren Erkenntnisse aus dem Überprüfungsverfahren, die jeweils in der anhand der Kriterien des Anforderungsprofils entwickelten Matrix eingetragen werden, ist die eigentliche Auswahlentscheidung zu entwickeln, indem die Ergebnisse der einzelnen im Verfahren erzielten Erkenntnisse zunächst für jeden Bewerber gesondert zusammenzustellen und sodann in einer vergleichenden Darstellung aller Bewerber zu erfassen sind.

Soweit sich auf Grund dieser Gegenüberstellung bereits ein Bewerber als der beste herausgestellt hat, ist dieser nach dem Prinzip der Bestenauslese auszuwählen.

Lediglich für den Fall, dass bei dieser Gegenüberstellung alle Bewerber im Wesentlichen gleich zu beurteilen sein sollten, kann die Heranziehung von weiteren Hilfskriterien in Betracht kommen.

Dies können im Einzelfall in positiver Hinsicht sein:

- Das Lebens- oder Dienstalter eines Bewerbers, auch wenn dies unter Leistungsgesichtspunkten unmittelbar nicht mehr von Bedeutung ist, erlaubt es dennoch den Schluss, dass sich Lebenserfahrung i.d.R. positiv auf das Leistungsbild auszuwirken vermag.
- Die Schwerbehinderung eines Bewerbers, um den gebotenen Nachteilsausgleich vornehmen zu können.
- Die Notwendigkeit der Frauenförderung, hierzu verlangt z.B. in Hessen das HGlG den Abbau der bisher in Leitungspositionen zu beobachtenden Unterrepräsentierung von Frauen. Zu diesem Zweck dienen zunächst die Aufstellung von Frauenförderplänen und deren ständige Überwachung. Im

Rahmen konkreter Besetzungsverfahren kann das Merkmal „Frau" allein jedoch allenfalls als ergänzendes Entscheidungskriterium herangezogen werden, da sonst wiederum ein Verstoß gegen den Grundsatz der Bestenauslese vorliegen könnte.

- Zur Klarstellung ist an dieser Stelle darauf hinzuweisen, dass das sog. Anciennitätsprinzip, nach dem der ranghöhere Bewerber dem rangniedrigeren gleichsam automatisch vorzuziehen war, in dieser Form keine Anwendung mehr findet. Vielmehr ist nunmehr davon auszugehen, dass ein möglicherweise bestehender Laufbahnvorsprung eines Bewerbers in der Abwägungsentscheidung der auswählenden Behörde wegen der mit dem Laufbahnvorsprung in der Regel verbundenen größeren Erfahrungen berücksichtigt werden muss, aber keine ausschlaggebende Bedeutung (mehr) besitzt.

Sollte sich auch hieraus noch kein abschließendes Bild zu Gunsten eines Bewerbers ergeben, ist darüber hinaus denkbar, dass bestimmte Merkmale zum Nachteil eines Bewerbers herangezogen werden, z.B. laufende disziplinarische Ermittlungen o.ä.. Hier erscheint es rechtlich unbedenklich, sich bei sonst gleicher Bewerberlage gegen den Bewerber zu entscheiden, bei dem ein sog. Negativkriterium – z.B. nachgewiesene Teilnahme an einem „Streik" – vorliegt.

In diesem Zusammenhang ist der Dienstherr verpflichtet, innerhalb eines konkreten Auswahlverfahrens nur solche für den einzelnen Bewerber ggf. negative Kriterien oder Erkenntnisse zu berücksichtigen, zu denen der jeweilige Bewerber vorher angehört worden ist. Dies bedeutet vor allem, dass dienstliche Beurteilungen, die nicht nur positive Wertungen enthalten und erst im laufenden Verfahren eingeholt worden sind, vor ihrer Verwendung dem Bewerber zur Kenntnis gegeben werden müssen. Dies bedeutet in der Praxis vor allem, dass regelmäßig jede im Verfahren angefertigte dienstliche Beurteilung dem jeweiligen Bewerber zur Kenntnis gegeben worden sein muss, bevor die Auswahlentscheidung getroffen werden darf.

Nach Auswertung aller Haupt- und ggf. Hilfskriterien ist in einer abschließenden abwägenden Wertung der Leistungen der einzelnen Bewerber jeweils für sich und in einer Gegenüberstellung ein Auswahlvorschlag zu entwickeln, der dem Leiter der auswählenden Behörde die zu treffende Auswahlentscheidung ermöglichen soll.

Bevor diese Auswahlentscheidung durch den Behördenleiter getroffen werden kann, ist nach den Regelungen einzelner Bundesländer vorgesehen, dass die Frauen- oder Gleichstellungsbeauftragte sich bereits vor der erst beabsichtigten Personalentscheidung dazu äußern darf. Diese Äußerung der Frauenbeauftragten ist dem Behördenleiter zusammen mit dem Auswahlvorschlag vorzulegen.

Nachdem der Behördenleiter die Auswahlentscheidung getroffen hat, sind die zuständigen Mitbestimmungsgremien nach den Regelungen des jeweiligen Landespersonalvertretungsgesetzes und des SGB VII – sofern Schwerbehinderte unter den Bewerbern sein sollten – zu beteiligen.

Nach Abschluss der je nach der zu besetzenden Stelle unterschiedlichen Beteiligungsverfahren ist die Auswahlentscheidung sowohl dem ausgewählten Bewerber als auch den nicht ausgewählten Bewerbern mitzuteilen.

Mit dieser Mitteilung über das Ergebnis des Auswahlverfahrens ist der nicht ausgewählte Bewerber auch darauf hinzuweisen, dass die auswählende Dienststelle innerhalb einer Frist von mindestens 14 Tagen keine den Status des ausgewählten Bewerbers verändernde Maßnahme treffen wird. Damit soll dem nicht ausgewählten Bewerber nach der Rechtsprechung des BVerfG *(BVerfG v. 9.7.2007 RiA 2008, 26)* die Möglichkeit gegeben werden zu prüfen, ob er die nicht zu seinen Gunsten getroffene Entscheidung akzeptieren oder verwaltungsgerichtlichen Rechtsschutz in Anspruch nehmen will. Verwaltungsintern kann es sich anbieten, diese Frist zu verlängern, um dem nichtausgewählten Bewerber zunächst die Möglichkeit zu geben, die Bewerbungsverfahrensunterlagen einzusehen und ggf. mit dem verfahrensführenden Mitarbeiter ein Begründungsgespräch zu führen, womit in vielen Fällen Verfahren vor den Verwaltungsgerichten vermieden werden können.

Die das Auswahlverfahren abschließende Auswahlentscheidung bedarf sowohl wegen ihrer Verwaltungsaktqualität gemäß § 39 Abs. 1 VwVfG als auch wegen der Bedeutung für die in dem Verfahren nicht zum Zuge gekommenen Bewerber diesen gegenüber einer schriftlichen Begründung, in der mindestens in den Grundzügen die entscheidungserheblichen Erwägungen dargestellt werden, auf Grund derer der Bewerber nicht ausgewählt worden ist *(vgl. z.B. OVG nds v. 14.1.2008 DÖD 2008, 132)*.

Nach der Rechtsprechung des BVerfG *(BVerfG ES 85, 36 (57 ff))* genügt eine Personalauswahlentscheidung dem Gebot rationaler Abwägung, wenn die ihr zugrunde liegenden Feststellungen zur Eignung, Befähigung und fachlichen Leistung aller Bewerber und die darauf beruhenden, am Maßstab des Anforderungsprofils der zu besetzenden Stelle orientierten Auswahlerwägungen objektiv sachgerecht sind und die Entscheidung in der Weise tragen, dass die getroffene Auswahl eines Bewerbers nachvollziehbar und im Ergebnis einleuchtend ist.

Dabei kann der Dienstherr auch noch während eines ggf. anhängigen Verwaltungsstreitverfahrens eine diesen Anforderungen an eine rechtsfehlerfreie Auswahlentscheidung entsprechende Begründung für diese Auswahlentscheidung, insbesondere auch einen aktuellen Eignungs- und Leistungsvergleich der Bewerber nachreichen.

Diese Begründungspflicht dient in erster Linie der Sicherstellung des Bewerbungsverfahrensanspruchs der in konkreten Verfahren unterlegenen Bewerbers, damit dieser in die Lage versetzt wird, vor Einlegung von Rechtsmitteln selbst überprüfen zu können, ob er die zu seinen Lasten getroffene Auswahlentscheidung nachvollziehen kann und ob ein ggf. einzulegender Rechtsbehelf Aussicht auf Erfolg haben kann.

Welchen Umfang diese Begründung haben muss, ist letztlich nicht geklärt.

Dem unterlegenen Bewerber ist jedoch nach Abschluss des personalvertretungsrechtlichen Beteiligungsverfahrens verbindlich mitzuteilen, dass nicht er, sondern ein anderer – namentlich zu benennender – Bewerber ausgewählt worden ist. Gleichzeitig ist ihm mitzuteilen, dass innerhalb einer Frist von ca. zwei Wochen noch keine endgültige Regelung zu Gunsten des ausgewählten Bewerbers vorgenommen wird, um ihm die Möglichkeit, verwaltungsgerichtlichen Rechtsschutz zu erreichen, nicht zu vereiteln.

Den Anforderungen an die Begründungspflicht genügen würde in diesem Zusammenhang eine knappe, aber inhaltlich vollständige Darstellung der entscheidungserheblichen Gründe in dieser Mitteilung.

Allerdings ist fraglich, ob diese Vorgehensweise im Interesse des nicht ausgewählten Bewerbers liegt. Denn dieses Schreiben wäre bei einsichtigen unterlegenen Bewerbern möglicherweise überflüssig und würde, da es in seine

Personalakte aufzunehmen ist, bei künftigen Bewerbungen unter Umständen für ihn nachteilige Folgen haben.

Möglich erscheint daher auch die Vorgehensweise, dem unterlegenen Bewerber lediglich die für ihn negative Auswahlentscheidung im Ergebnis mitzuteilen, ihm gleichzeitig sowohl die Möglichkeit zur Einsichtnahme in die vollständigen Auswahlunterlagen als auch ein ausführliches Begründungsgespräch mit dem das Verfahren führenden Schulaufsichtsbeamten anzubieten.

Diese Vorgehensweise hätte nicht nur den Vorteil größerer Praktikabilität, indem es der Schulverwaltung die Notwendigkeit der Erstellung einer Vielzahl von Ablehnungsbegründungen ersparte, sondern auch den der größeren Effektivität, da in einem persönlichen Begründungsgespräch verbunden mit der Möglichkeit der Einsichtnahme in die entscheidungserheblichen Unterlagen wesentlich mehr Chancen bestehen dürften, den unterlegenen Bewerber von der Richtigkeit der getroffenen Auswahlentscheidung zu überzeugen und ihm gleichzeitig Perspektiven hinsichtlich künftiger Bewerbungen aufzuzeigen, sodass ein solches „Kondolenzgespräch" die Möglichkeit eröffnen kann, Personalentwicklungsperspektiven aufzuzeigen.

Nach Ablauf der Frist, innerhalb derer nicht ausgewählte Bewerber die Auswahlentscheidung durch das zuständige Verwaltungsgericht überprüfen lassen können oder nach erfolgloser Inanspruchnahme dieses Rechtswegs wird die verfahrensführende Dienststelle den ausgewählten Bewerber mit der Wahrnehmung der Dienstgeschäfte der zu besetzenden Stelle betrauen und – soweit erforderlich – an diese Dienststelle abordnen.

Innerhalb einer Frist, die in der Regel drei Monate nicht unterschreiten darf, hat der ausgewählte Bewerber die ihm übertragenen Aufgaben zunächst kommissarisch wahrzunehmen. Vor dem Ende des Kommissariats ist durch den Dienstvorgesetzten zu prüfen, ob sich der ausgewählte Bewerber in der ihm übertragenen Stelle bewährt hat. Diese Feststellung der Nichteignung für die zu besetzende Stelle ist gerichtlich nur auf Verfahrensfehler, die Einhaltung eventueller Beurteilungsrichtlinien, Verkennung des Eignungsbegriffs oder der Grenzen der Beurteilungsermächtigung, die Zugrundelegung eines unrichtigen Sachverhalts, die Nichtbeachtung allgemeingültiger Bewertungsmaßstäbe oder die Anstellung sachfremder Erwägungen überprüfbar *(vgl. hierzu BVerwG v. 10.2.2000 ZBR 2000, 303).*

Wenn diese Feststellung zu einem positiven Ergebnis geführt hat, kann der Bewerber endgültig mit der ihm übertragenen Aufgabe betraut und – soweit erforderlich – an die neue Dienststelle versetzt und ggf. befördert werden.

3.7 Der Umgang mit der Tatsache, dass ich nicht ausgewählt wurde

Es liegt in der Natur der Sache, dass in einem Auswahlverfahren mit mehreren Bewerbern nur einer die Nase vorn haben kann und die angestrebte Stelle erhält. Es kann also sein, dass Sie trotz guter oder sogar sehr guter Leistungen nicht zum Zuge kommen, da mit Blick auf das Anforderungsprofil der Stelle die Entscheidung zugunsten eines Mitbewerbers gefallen ist.

Wenn Sie also nicht der Glückliche sind, dann müssen Sie sich mit einer solchen Situation auseinandersetzen und sich selbst fragen, ob es allein diese Stelle war, die Sie wollten und keine andere, oder ob Sie offen sind für weitere Bewerbungsverfahren auf andere Stellen.

In der Regel erhalten Sie nach Abschluss des Verfahrens einen Bescheid. Das Verfahren selbst ist nach Bekanntgabe des Ergebnisses der verwaltungsgerichtlichen Überprüfung zugänglich. Hinweise hierzu finden sie in Abschnitt 4 des Buches (Rechtsschutz). Sie sollten gut abwägen, ob Sie diesen Weg für sich wählen und Sie sollten die Erfolgschancen eines Verwaltungsstreitverfahrens auf jeden Fall mit einem versierten Anwalt beraten.

Es ist mit Sicherheit für den abgelehnten Bewerber hilfreich und interessant, eine Rückmeldung zu seinen Leistungen im Verfahren vom Leiter der Überprüfungskommission zu erhalten. Bitten Sie daher um einen Gesprächs- oder Beratungstermin. Wenn es hierzu kommt, sollten Sie sich im Vorfeld noch einmal kritisch Ihre eigenen Leistungen im Verfahren bewusst gemacht haben, denn in der Regel wird man Sie um eine eigene Einschätzung bitten, bevor man selbst – soweit dies möglich ist, ohne die Persönlichkeitsrechte anderer zu verletzen – Stellung zur getroffenen Auswahlentscheidung bezieht.

Wenn der Ausgang des Verfahrens mit Ihren Leistungen in einem oder in mehreren der Verfahrensteile zusammenhängen sollte, empfiehlt es sich, für zukünftige Verfahren, dieses Problem gezielt anzugehen.

Nicht jeder gute Lehrer ist auch ein guter Schulleiter. Wenn also bestehende Zweifel auf Ihrer Seite durch den Verfahrensausgang bestärkt wurden, könnte Ihnen eine Potenzialanalyse helfen, Einschätzungen und Informationen zu Ihren individuellen Möglichkeiten und persönlichen Voraussetzungen zu erhalten (s. hierzu auch Abschnitt 2.3.2 Potenzialanalyse).

In einem solchen Kontext ist es sinnvoll, auch die eigene Motivation noch einmal auf den Prüfstand zu stellen und sich zu fragen, ob Ihr Hauptanliegen in der Wahrnehmung der mit dem Rollenwechsel verbundenen Aufgaben liegt oder andere Motive wie höheres Ansehen, Titel oder ein höheres Gehalt die ausschlaggebende Rolle spielen.

Sie sollten sich auf jeden Fall noch einmal gut überlegen, was sie antreibt.

Aus dem Schulleiteralltag: Die Schneeräummaschine (Kerstin Gromes)

Die 60er Jahre waren die Zeit, in der es noch Platz und Geld für großzügige Schulneubauten gab – Neubauten bestehend aus mehreren Gebäudekomplexen, angeordnet auf weitläufigem Asphaltgelände mit ebenso weitläufigen Gehwegen rund herum. Der Traum eines jeden Schülers und der Alptraum eines jeden Hausmeisters, denn die Architekten hatten den Winter nicht mitbedacht, vielleicht weil in dieser Jahreszeit sowieso eher nicht gebaut wird. Auch Herr Feller hatte das Glück, in einem solchen 60er Jahre Prestigebau als Schulleiter zu arbeiten, als wieder einmal ein härterer Winter zuschlug. Es schneite mächtig und alle Schüler freuten sich. Nicht so der Hausmeister, bis dato stolzer Herrscher über eine Art Minischneepflug zum Aufsitzen. Er stürmte in das Schulleiterbüro und konfrontierte den überraschten Herrn Feller mit einem Problem, welches dieser bisher noch nicht auf seiner Liste hatte: „Die Schneeräummaschine ist kaputt!"

Nun gehörte Herr Feller zu den Menschen, die sich insgesamt sehr wenig mit Schneeräumgeräten auskannten und auch wenig Interesse für solcher Art von Maschinen hegten, eine Haltung, die er eigentlich grundsätzlich auch beibehalten wollte.

Die Konversation mit dem Hausmeister lief daher von seiner Seite vielleicht zunächst nicht mit der Motivation ab, die dieser von ihm erwartete:

- SL: „Haben Sie schon versucht, sie zu reparieren?" (Der Hausmeister war handwerklich sonst immer sehr geschickt).
- HM: „Natürlich, was denken Sie denn! Ich repariere sie ja sonst auch immer, was glauben Sie, wie das sonst jeden Winter so gut geklappt hätte. Die Maschine ist ja schon 25 Jahre alt!"
- SL: „Haben Sie schon im Schulverwaltungsamt Bescheid gesagt?"
- HM: „Natürlich, was denken Sie denn! Aber die sagen, wenn wir eine Neue wollen, gäbe es nur eine kleine Handbetriebene oder wir müssten sie selbst bezahlen!"

Auf die Anmerkung hin, dass die Wege auf dem Schulhof doch schon geräumt werden müssten, folgte...

- HM: „Also mit einer Handbetriebenen mache ich hier den Schnee nicht weg! Wie lange soll ich denn dafür brauchen! Das schaffe ich auf keinen Fall! Alleine schon gesundheitlich... (Eine ernstzunehmende Äußerung, denn der Hausmeister achtete auf seine Gesundheit und seinen Dienst fortzusetzen, bevor eine Krankheit auskuriert war, kam für ihn nicht in Frage. Daher war hier Sensibilität gefragt, wollte man nicht wochenlang mit einem Vertretungshausmeister, der nur wenige Stunden eingesetzt werden konnte, auskommen).
- SL: „Was kostet denn eine neue Maschine?"
- HM: „Na ja, das günstigste Modell liegt so bei 3000 Euro, aber das brauchen wir mindestens! Ich habe das hier im Prospekt schon mal angekreuzt..." (3000 Euro war die Hälfte des damaligen Budgets der Schule für Anschaffungen allgemeiner Art!)

Ergebnis des folgenden Anrufs des Schulleiters beim Schulverwaltungsamt:

„Also hören Sie mal, ihr Hausmeister soll sich mal nicht so anstellen. Der ist der einzige in unserem Zuständigkeitsbereich mit einer so großen Schneeräummaschine. Die anderen machen das auch alle anders. Eine so teure Maschine können wir für Ihre Schule jetzt nicht bezahlen. Er kann eine ganz normale ohne Motor haben! Sagen Sie ihm das."

Es folgen:

- *Berechnungen seitens des Hausmeisters zur benötigten Zeit für eine Räumung ohne handbetriebene Räummaschine, Unmutsäußerungen und ein neuer Stapel Prospekte.*
- *Nachfragende Kolleginnen, warum immer noch der ganze Schnee auf dem Hof sei.*
- *Berechnungen auf Seiten des Schulleiters, wie ein neuer Haushaltsplan aussehen könnte, der sowohl Regale für die Klassenzimmer als auch eine Schneeräummaschine beinhaltete.*
- *Sammeln erster Kenntnisse durch Herrn Feller über verschiedene Typen von Schneeräummaschinen.*

Der nächste Tag brachte gute Kompromisse. Der Hausmeister war ein echter Computerfan und das Internet sein zweites Zuhause. Er fand dort tatsächlich das benötigte Ersatzteil für die defekte Schneeräummaschine, das vom Schulverwaltungsamt ohne Probleme auch finanziert wurde.

Es konnte also wieder schneien!

4. Rechtsschutz

Rechtsschutz

Der verwaltungsgerichtliche Rechtsschutz in sog. Konkurrentenverfahren findet regelmäßig nur in Gestalt des einstweiligen Rechtsschutzes gemäß § 123 VwGO mit dem Ziel des antragstellenden unterlegenen Bewerbers statt, der auswählenden Schulaufsichtsbehörde aufzugeben, bis zur Behebung der gerügten Verfahrensmängel keine statusbegründende Personalmaßnahme zu Gunsten des ausgewählten Bewerbers vorzunehmen.

Da eine Entscheidung über eine nach Abschluss eines Widerspruchsverfahrens sich anschließende Anfechtungsklage bereits in erster Instanz frühestens nach einem Jahr zu erwarten sein dürfte, wird nahezu ausschließlich zum Mittel des vorläufigen Rechtsschutzes nach § 123 VwGO gegriffen, indem beim örtlich zuständigen Verwaltungsgericht ein Antrag auf Erlass einer einstweiligen Anordnung mit dem Inhalt gestellt wird, dem Dienstherrn bis zum Abschluss des Rechtsschutzverfahrens die Umsetzung der beabsichtigten Personalmaßnahme zu untersagen.

Die Zulässigkeit dieser Verfahren (= sog. Anordnungsgrund) wird in Gestalt einer besonderen Eilbedürftigkeit in derartigen Stellenbesetzungsverfahren regelmäßig bejaht, da ohne eine gerichtliche Anordnung der Dienstherr berechtigt wäre, seine Auswahlentscheidung zu vollziehen.

In diesem Eilverfahren wird in der Regel ohne mündliche Verhandlung allein aufgrund der vorgelegten Unterlagen und Schriftsätze in einem Zeitraum von ca. 4 bis 6 Wochen durch Beschluss des Verwaltungsgerichts entschieden, ob die angefochtene Auswahlentscheidung formell oder materiell rechtmäßig oder rechtswidrig ist. Diese Entscheidungen sind in der Regel abschließender Natur, da die Einlegung der Beschwerde nur unter besonderen, nicht immer erreichbaren Voraussetzungen zulässig ist.

Zur Sicherstellung eines effektiven Rechtsschutzes ist es für den das Verwaltungsgericht anrufenden unterlegenen Bewerber von grundsätzlicher Bedeutung, in umfassender Weise in die von der verfahrensführenden Behörde im

Laufe des Auswahlverfahrens angefertigten Akten Einsicht nehmen zu können, soweit ihm dies nicht bereits zuvor von der Behörde in der geschilderten Weise nach Mitteilung des Verfahrensergebnisses ermöglicht worden sein sollte.

Dieses Akteneinsichtsrecht des § 29 VwVfG umfasst nach der Rechtsprechung *(vgl. HVGH v. 31.3.1994, HessVGRspr. 1995 S. 14)* den Anspruch auf Einsicht in den gesamten Vorgang „Beurteilungen und Befähigungsberichte" aller Mitbewerber, wenn dies aus Sicht eines vernünftig und verständig denkenden Konkurrenten für seine Rechtsverfolgung notwendig ist. Dabei dürfen aus den Personalakten und deren Beiakten seiner Mitbewerber keine Ablichtungen erteilt werden.

Im Übrigen ist der Dienstherr – im Falle der Anhängigkeit eines verwaltungsgerichtlichen Konkurrentenverfahrens – auch ohne entsprechenden Hinweis des Gerichts von Verfassungs wegen nach Art. 19 Abs. 4 und 33 Abs. 2 GG verpflichtet, vor Aushändigung der Ernennungsurkunde bzw. vor Übertragung eines höherwertigen Amtes an den von ihm ausgewählten Bewerber den Ausgang des Verfahrens über den Antrag des nicht ausgewählten Bewerbers auf Erlass einer einstweiligen Anordnung abzuwarten.

Schließlich ist das prozessuale Recht des unterlegenen Bewerbers zur Sicherung seines Bewerbungsverfahrensanspruchs als verwirkt anzusehen, wenn er erst sechs Monate nach Erhalt der Mitteilung über seine erfolglose Bewerbung um gerichtlichen Rechtsschutz nachsuchen sollte.

Im Einzelnen sind für die Zulässigkeit eines derartigen Rechtsbehelfs folgende Voraussetzungen zu beachten:

- Öffentlich-rechtliche Streitigkeit
  Bei den Stellenbesetzungsverfahren an öffentlichen Schulen handelt es sich um Angelegenheiten auf dem Gebiet des öffentlichen Rechts, so dass im Streitfall gemäß § 40 VwGO der Rechtsweg zu den Verwaltungsgerichten eröffnet ist.
- Statthaftigkeit
  Bei der Entscheidung des Dienstherrn, einen bestimmten Beamten für eine Funktionsstelle auszuwählen, handelt es sich für den nicht ausgewählten Bewerber um einen belastenden Verwaltungsakt im Sinne von § 35 Satz 1 VwVfG. Dementsprechend sind Widerspruch und Anfechtungsklage nach den §§ 68 ff und 42 VwGO zulässig. Diese entfalten jedoch keine

aufschiebende Wirkung i.S.v. § 80 Abs. 1 VwGO, da mit dem angefochtenen Verwaltungsakt (= der Nichtauswahlentscheidung) in keine bestehende Rechtsposition eingegriffen oder eine solche genommen, sondern nur eine gewünschte nicht gewährt wird.

- Beschwer
  Mit dem beim Verwaltungsgericht zu erhebenden Antrag muss der Antragsteller geltend machen, durch die angefochtene Auswahlentscheidung in seinen Rechten verletzt zu sein. Dafür ist es im Rahmen der Zulässigkeitsprüfung ausreichend, dass eine behauptete Rechtsverletzung überhaupt möglich ist. Demzufolge reicht regelmäßig z.B. die Behauptung aus, die angefochtene Auswahlentscheidung verletze seinen Auswahlverfahrensanspruch, indem er nicht in angemessener Weise im Verfahren Gehör gefunden habe.
- Rechtsschutzinteresse/Sonstige Voraussetzungen
  Neben weiteren in der Praxis weniger bedeutsamen Zulässigkeitsvoraussetzungen ist schließlich erforderlich, dass die vom Antragsteller behauptete Beschwer zum Zeitpunkt der Entscheidung des Gerichts noch fortbesteht, m.a.W. sich die streitige Angelegenheit nicht anderweitig, z.B. durch Schaffung einer weiteren Stelle, die dem nicht ausgewählten Bewerber übertragen werden kann, erledigt hat.

Nach Vorliegen der erforderlichen Zulässigkeitsvoraussetzungen wird ein Antrag auf Erlass einer einstweiligen Anordnung nur dann in der Sache erfolgreich sein, wenn das Verwaltungsgericht im Rahmen der ihm eingeräumten Überprüfungs- und Kontrollmöglichkeiten Rechtsfehler festgestellt hat.

Dessen gerichtliche Kontrolle hat sich darauf zu beschränken, ob

- die selbst aufgestellten Vorgaben beachtet worden sind,
- der entscheidungserhebliche Sachverhalt richtig ermittelt worden ist,
- ausschließlich sachgerechte Erwägungen angestellt worden sind und
- Willkür ausgeschlossen werden kann.

Bereits hieraus wird deutlich, dass die Überprüfungsmöglichkeiten der Verwaltungsgerichte bei konkreten Stellenbesetzungsverfahren im Wesentlichen darauf beschränkt sind, das einzelne Verfahren daraufhin zu überprüfen, ob es für alle daran beteiligten Bewerber dieselben Chancen eröffnet hat und für alle Bewerber in gleicher Weise gerecht durchgeführt worden ist *(vgl. dazu BVerfG v. 29.5.2002 DVBl 2002, 1203; DÖD 2003, 82; VGH BW v. 12.4.2005 NVwZ-RR 2005, 585).*

Mit anderen Worten, die Verwaltungsrechtsprechung stellt durch ihre Überprüfung, ob alle Verfahrensschritte für alle Bewerber eingehalten worden sind, lediglich einen Bewerbungsverfahrensanspruch, aber keinen Anspruch auf Besetzung einer konkreten Stelle sicher. Die gerichtliche Begleitung dieser Verfahren beinhaltet regelmäßig nur die Überprüfung formeller Schritte, nicht aber die Ersetzung der eigentlichen Entscheidung zu Gunsten eines bestimmten Bewerbers.

Insoweit garantiert die Rechtsprechung zu Gunsten aller Bewerber – die nicht gering zu schätzende – Gerechtigkeit bezüglich der Einhaltung einheitlicher Verfahrensstandards für alle Bewerber, aber keine darüber hinausgehenden inhaltlichen Zusicherungen.

Die inhaltliche Kontrolle durch die Verwaltungsgerichte orientiert sich daher im Kern an den vorstehend aufgeführten und beschriebenen Verfahrensstandards, soweit diese in Rechtssätzen niedergelegt worden sind.

Nur wenn in formeller oder materiellen Hinsicht vom Verwaltungsgericht Mängel festgestellt worden sind, wird der erforderliche Anordnungsanspruch zuerkannt, dem Antrag auf Erlass einer einstweiligen Anordnung entsprochen und die angefochtene Auswahlentscheidung aufgehoben. Andernfalls wird das Gericht feststellen, dass der Antrag als unbegründet zurückzuweisen ist.

In letztem Fall ist die Behörde ab Rechtskraft der Entscheidung berechtigt, ihre Auswahlentscheidung umzusetzen. Andernfalls muss sie – sofern sie das Verfahren fortsetzen will – die vom Gericht festgestellten Mängel beseitigen, indem entweder fehlende Verfahrensschritte nachgeholt oder fehlerhafte Entscheidungen durch fehlerfreie neue und unter Beachtung der Gründe des Gerichts ersetzt werden.

In jedem Fall kann der Antragsteller beim Obsiegen in einem derartigen Verfahren lediglich erreichen, dass das angefochtene Verfahren gestoppt und ggf. wiederholt wird, nicht aber dass er selbst ausgewählt wird. Denn das Gericht ist nicht berechtigt, sein Auswahlermessen an die Stelle des der Behörde zu setzen. Mehr als eine – allerdings nicht gering zu schätzende – Rechtmäßigkeitskontrolle ist mit einem Konkurrentenverfahren nicht zu erreichen. Daher ist jeder unterlegene Bewerber um eine ausgeschriebene Stelle gut beraten, genau zu prüfen, ob er sich den Mühen eines solchen Verfahrens unterziehen sollte, anstatt die Chancen eines Personalentwicklungsgesprächs zu nutzen.

Dabei ist festzuhalten, dass durch die Instrumentalisierung der Konkurrentenverfahren ein gegenüber früheren Stellenbesetzungsverfahren wesentlich differenzierteres, aber auch komplizierteres Verfahren entstanden ist, das zum Teil als sehr aufwändig und umständlich begriffen wird.

Allerdings darf nicht verkannt werden, dass es zum einen selbstverständliche Folge rechtsstaatlicher Bindung jedes staatlichen Handelns ist, dass jeder Adressat einer ihn nicht begünstigenden Entscheidung einer Behörde – also auch jeder nicht ausgewählte Bewerber in einem Auswahlverfahren – berechtigt ist, diese ihn belastende Entscheidung durch ein Verwaltungsgericht überprüfen zu lassen. Zum anderen dient diese Differenzierung des Verfahrens der Sicherstellung einer ebenfalls gewollten größtmöglichen Verfahrenssicherheit.

Aus dem Schulleiteralltag: Schüler lernen in Bikini und Badehose (Heinz Kipp)

Nach einem Bericht im Handelsblatt vom 09.11.2005

In einer Schule nahe Gießen spielt die Heizung verrückt: Während vor den Fenstern milde Temperaturen herrschen, bollern die Heizkörper in den Klassenzimmer mit voller Kraft. Die saunaartigen Zustände bringen die Eltern auf die Palme: Sie verordnen ihren Kindern zum Zeichen des Protests Badeklamotten.

Der Leiter der Gesamtschule berichtet, da sich die Heizung nicht regulieren lasse, herrschten in den Klassenräumen Temperaturen von bis zu 30 Grad. Verärgerte Eltern hätten ihre Kinder daher in Badekleidung zur Schule geschickt. Er zeigt sich verärgert: „Im Sommer gibt's schon bei 25 Grad hitzefrei, aber hier sollen die klatschnass geschwitzten Kinder noch bei 30 Grad lernen." Gegen Bikinis im Unterricht habe er jedoch keine Handhabe, meint der Schulleiter: „Wir haben an unserer Schule keine Kleiderordnung."

Rund 250 bis 300 Schüler der Klassen fünf bis zehn müssen seit Ende Oktober in überhitzten Räumen ausharren. „Wir können nicht einmal die Fenster aufmachen – wegen der nahe gelegenen Autobahn ist dann ein solcher Höllenlärm, dass man sich gegenseitig nicht mehr versteht", klagt der Schulleiter. Die Kinder und Jugendlichen trügen daher zahlreiche Kleidungsschichten übereinander und entblätterten sich nach und nach während des Unterrichts.

Seit der Installation der digital gesteuerten Heizung vor drei Jahren habe es Probleme gegeben, kritisiert er. „Dem Kreis ist das seit langem bekannt."

Der Schulträger habe erst Anfang des Jahres von dem Heizungsdefekt erfahren, sagt dagegen die zuständige Schuldezernentin. „Ich habe ein hohes Interesse daran, diese Energieverschwendung ganz schnell zu beenden – und die Kinder nicht unter unzumutbaren Bedingungen dort sitzen zu lassen." Ein ganzes Konsortium von Fachleuten sei daher mit dem Problem betraut.

Warum nur 10 der insgesamt 42 Räume betroffen seien, kann niemand erklären. An mehreren Heizkörpern habe der Hausmeister bereits die Wasserzufuhr unterbrochen – dennoch seien die Temperaturen im Schnitt nur um zwei Grad gesunken. Damit liegt die Temperatur in den betroffenen Räumen immer noch bei 27 bis 28 Grad, als ideale Raumtemperatur gelte aber 21 Grad.

Nach der spektakulären Aktion von Eltern und Schülern, über die sowohl die regionale Presse als auch Hörfunk und Fernsehen berichten, dauert es noch rund 3 Monate, bis das Problem behoben ist.

Anmerkung:
Der Schulleiter muss sich wegen der plakativen und Aufmerksamkeit erregenden öffentlichen Darstellung des Problems (Beamtenrechtliches Mäßigungsgebot) sowohl schriftlich als auch im persönlichen Gespräch gegenüber Schulamt und Schulträger rechtfertigen. Das Ganze bleibt für ihn allerdings ohne weitere Folgen, da das Einschalten der Öffentlichkeit über die Eltern erfolgte und ihm persönlich kein unangemessener Umgang mit der Angelegenheit nachgewiesen werden kann.

5. Erste Schritte in der neuen Funktion

ROLF HECKEROTH

5.1 Vorbereitung auf die neue berufliche Rolle

Eine große Auswahl von Abhandlungen und Veröffentlichungen beschreibt die ersten Schritte von frisch gekürten Schulleitern sowie Schulleitungsmitgliedern in ihrer neuen Funktion. Der folgende Beitrag wird aus diesem Grund zwangsläufig Parallelen zu anderen Publikationen aufweisen. Es ist auch nicht beabsichtigt, dem Leser gute Ratschläge für ein erfolgreiches Schulleiterdasein zu geben. Den Lesern soll vielmehr ein Einblick in die Erfahrungen, Erkenntnisse und auch Fehler einer Person gegeben werden, die nahezu alle im Buch geschilderten Abläufe im beruflichen Werdegang durchlebt hat, von daher also über ein gewisses Erfahrungsspektrum verfügt.

Geschafft! Das Auswahlverfahren ist vorbei. Das Schreiben, das einem die erfolgreiche Auswahl und die kommissarische Ernennung bescheinigt, liegt im Briefkasten. Freude und auch Stolz sind die ersten Gefühle, die sich beim Lesen einstellen. Jetzt heißt es, Abschied nehmen von der alten Rolle und Altbekanntes hinter sich zu lassen, in den meisten Fällen noch verbunden mit dem Wechsel an eine neue Schule. Viele Gedanken schießen einem durch den Kopf. In erster Linie kreisen sie zunächst um den Abschied aus dem alten System, von Kollegen sowie den Schülern. Recht schnell allerdings nehmen dann die Gedanken an die neue Funktion und die mit ihr verbundenen Anforderungen und Unwägbarkeiten deren Platz ein.

Dr. Carsten Scherließ, Leiter eines Gymnasiums: *„Vom Anfang in einer Schule hängt ganz viel ab!"*

Ist die Veränderung für sie bereits deutlich spürbar? Finden Sie auf Ihrem gedanklichen Türschild schon die Bezeichnung Schulleiter oder Rektor? Werden Sie jetzt ein anderer Mensch?

Vorsicht! Haben Sie sich etwa im ganzen Verfahren als eine andere Person dargestellt, andere Charaktereigenschaften oder andere Fähigkeiten vermittelt? Mit Sicherheit nicht. Vielmehr sind Sie eben genau die Person gewesen, die auf Grund ihres Werdegang, ihres Engagements und ihrer Fähigkeiten die Auswahlkommission dazu bewogen hat, sich für Sie zu entscheiden. Daher sollte in dieser Situation die Eigenreflexion eine zentrale Rolle spielen. Wo liegen die eigenen Stärken und Schwächen? Wie gehe ich mit der neuen Rolle um?

Wie bereits eingangs im Buch dargestellt, werden von Ihnen als Schulleiter mannigfaltige Kompetenzen und Fähigkeiten erwartet, die sowohl im neuen beruflichen, aber auch im privaten Umfeld eine gewisse Vorlaufzeit benötigen. An dieser Stelle sei nochmals auf die Wichtigkeit der Vorabklärung im privaten Bereich hingewiesen. Ist in diesem Kontext alles besprochen und geklärt, bleibt Ihnen nun genügend Freiraum, sich den neuen Anforderungen zu stellen. In Ihrer neuen Rolle wird unter anderem klares Führungshandeln erwartet. Im privaten Bereich und auch in Ihrem Freundeskreis bekommt der Begriff „Primus inter Pares" gleichzeitig eine ganz spezielle Bedeutung. Hier wird man ebenfalls besonders darauf achten, wie Sie mit Ihrer neuen Rolle umgehen. Auch wenn Ihnen das nicht gefallen mag, steht für Ihr Umfeld die Frage im Raum, wie und ob Sie sich verändern. Bleiben Sie die Person, die man gekannt hat oder färben berufliches Handeln und der neue Status auf den Privatbereich ab? Neben der noch so gründlicher organisatorischer Vorbereitung ist auch hier im Vorfeld ein großes Maß an Selbstreflexion nötig.

Je offener und transparenter Sie Ihr privates Umfeld in den Entscheidungsprozess für einen Rollenwechsel einbinden, umso stärker können Sie auf spätere Unterstützung und Verständnis bauen. Schon hier zeigt sich, ob Sie ein Teamplayer sind, aber dennoch auch das nötige Durchsetzungsvermögen besitzen, um eigene Vorstellungen darzulegen und Mitmenschen davon zu überzeugen. Seien Sie offen für diese Unterstützung und die damit verbundenen Ratschläge, denn niemand kennt Sie besser als Ihre Familie oder der langjährige Freundeskreis. Neben all den neuen Herausforderungen, die nun auf Sie warten, sollten

Sie darum bemüht sein, diese Beziehungen nicht zu vernachlässigen. Wer weiß schon, wann man zum ersten Mal richtig Dampf ablassen muss oder einfach jemand zum Reden braucht?

All diese Überlegungen helfen, festen Halt und Sicherheit zu gewinnen und zumindest im privaten Bereich eine verlässliche Unterstützung zu haben.

Fortbildungen, Potenzialanalysen, Mentoringprogramme und Ähnliches haben Ihnen die Bestätigung und auch die Sicherheit gegeben, dass Sie für Führungsaufgaben geeignet sind. Nun gilt es also auch mit dem anderen Bein festen Fuß zu fassen und zwar in dem neuen, anspruchsvollen Berufsfeld „Schulleiter".

5

5.2 Erste Schritte nach Übernahme der Rolle

Hierbei ist von großer Bedeutung, ob der berufliche Rollenwechsel innerhalb der eigenen Schule und damit aus dem eigenen Kollegium heraus oder als sogenannter Externer in einem anderen, zunächst noch weitgehend unbekannten System stattfindet.

Beides birgt Vor- und Nachteile. Bei der Übernahme einer Leitungsfunktion in der eigenen Schule kennt man deren Stärken, Schwächen und Besonderheiten. Die Kollegen sind einem mit all ihren Charaktereigenschaften gut bekannt und vertraut. Zu manchen bestehen eventuell Freundschaften. Hier wird man, wie bereits erwähnt, ganz besonders auf Ihre ersten Arbeitsschritte und Signale achten. Es mag Kollegen geben, die aus früherer kollegialer Nähe auf Vergünstigungen oder besondere Behandlung hoffen. Verfallen Sie in diesem Fall nicht in die Haltung desjenigen, der versucht, es allen Recht zu machen und erhoffen Sie sich keinesfalls, nur mit nur einer Gruppe von altbekannten Verbündeten konstruktive Schulentwicklung betreiben zu können. Schließlich führen Sie von nun an ein Kollegium, in dem Sie nicht von jedem geliebt werden können. Vielleicht kennen Sie die üblichen Neinsager und notorisch unzufriedenen Teile des Kollegiums bestens aus früheren Tagen und haben sich bereits damals gefragt, worin deren Beweggründe für die von ihnen häufig praktizierte Verweigerungshaltung liegen. Nicht zu vergessen auch die Gruppe derjenigen, die vorab beobachten möchte, wie die neue Leitung sich diesen beiden Gruppen gegenüber verhält, um sich dann entsprechend in Position zu bringen.

Für alle Beteiligten gilt es, die neue Rolle klar und transparent zu definieren. Dem Teil, der Ihnen aufgrund langjähriger Kollegialität seine absolute Loyalität und Unterstützung signalisiert, gilt es ebenso wie den Zweiflern und Nörglern deutlich zu machen, dass Sie für ein Gesamtsystem und nicht für Teilgruppen verantwortlich sind. Hilfreich ist in diesem Fall, dass Sie in Ihrem Leitungshandeln deutlich machen können, dass dienstliche Belange häufig neue Wege und Entscheidungen erforderlich machen werden, die die persönliche Beziehungsebene allerdings nicht beeinflussen sollten. Es ist zwar unbestritten, dass Dienstliches und Persönliches nicht immer konsequent voneinander getrennt werden können. Dennoch kann das gegenseitige Wissen, dass schulische Konfliktlösungen nicht auf die private Ebene transferiert werden sollten, bei divergierenden Meinungen zu einer sachlichen Diskussionsgrundlage werden, um auf dieser Basis dann gemeinsame Lösungswege zu finden. Eine solche Transparenz sollte allen beteiligten Kollegen gegenüber vermittelt werden. Auch die notorischen Neinsager und die pädagogisch eventuell Resignierten haben ihr Verhalten nicht von heute auf morgen entwickelt. Mit dem Wissen, dass Gesprächsführung nicht in die persönliche Verurteilung münden sollte, kann es gelingen, Gründe und Ursachen zu erkennen, Unterstützung zu bieten und gemeinsame Lösungen zu suchen.

5.3 Unterstützung in der neuen Funktion

Bei einem Wechsel als sogenannter Externer in eine neue Schule werden Sie unter anderen Grundvoraussetzungen auf eine ähnliche Problematik stoßen. Hier bringen Sie zwar den Vorteil der offenen und unvoreingenommenen Herangehensweise mit, gleichzeitig gilt es aber auch, die Mitglieder der Schulleitung und das Kollegium sowie das gesamte System möglichst schnell kennenzulernen und erste konstruktive Kontakte zu knüpfen.

Willi Sollner, Leiter einer Kooperativen Gesamtschule: *„Mein Kollegium hat mir am Anfang ein Buch geschenkt mit dem Titel: Jetzt Chef, was nun?"*

Allerdings wartet hier eventuell eine weitere Gefahr auf Sie. Das gegenseitige Kennenlernen kann durch mehrere Faktoren positiv oder negativ beeinflusst werden. Wenn Sie versuchen, alle neuen Aufgaben in Windeseile zu verstehen und zu erlernen, werden Sie sehr bald feststellen, dass der Tag zu wenig Stunden für die Bewältigung dieser Herkules-Arbeit aufweist. Es ist durchaus verständlich, wenn man seinem Umfeld zeigen möchte, dass man durch schnelle Auffassungsgabe und gezieltes Handeln sehr schnell in der Lage ist, die gewünschte und notwendige Führung zu übernehmen. Viele Kollegen werden Ihnen ihre Hilfe und Unterstützung bei der Einarbeitung in die diversen Leitungsaufgaben anbieten. Man wird ihnen möglicherweise erklären mögen, wie man die verschiedenen Aufgabenfelder im System bisher gearbeitet hat und nicht wenige werden Ihnen bei der Erklärung und der Einarbeitung behilflich sein wollen.

Was gut gemeint ist, kann sehr schnell zur Extrembelastung führen. Es mag Ihnen vorkommen, als ob Ihnen ein chinesisches Wörterbuch mit der Auflage vorgelegt wird, dieses in wenigen Tagen zu erlernen und die Sprache fließend zu beherrschen. Wenn Sie sich darauf einlassen, werden der Kontakt zum Kollegium und das Kennenlernen sehr schnell auf ein Minimum beschränkt, weil Ihnen einfach die dazu notwendige Zeit fehlt. Zudem bietet diese angebotene Hilfestellung auch die Gefahr, dass alteingefahrene, angeblich sehr bewährte Handlungsweisen beibehalten werden, ohne dass die Möglichkeiten einer gemeinsamen Nachjustierung oder Neuausrichtung gegeben ist.

Wie nebenbei werden Sie sicher auch mit Informationen über die eine oder die andere Kollegin und den ein oder anderen Kollegen bedacht. Was gut gemeint ist, kann aber sehr schnell zu Vorurteilen führen und eventuell Fronten aufbauen, die nur sehr schwer wieder zurück genommen werden können. Sie erfahren dadurch aus zweiter oder dritter Hand lediglich Einschätzungen, die ihre positiven oder negativen Ursachen und Hintergründe in der Vergangenheit hatten und auf unterschiedliche Erfahrungen im menschlichen Miteinander zurückzuführen sind.

Kennenlernen bedeutet, einerseits im persönlichen Gespräch den direkten Kontakt zu den Kollegen zu suchen und andererseits gleichzeitig deutliche Signale in Richtung Kollegium zu senden. Sie zeigen dadurch Offenheit, Interesse und Wertschätzung gegenüber den Menschen, die im System arbeiten.

165

Vergessen Sie dabei auf keinen Fall, auch das nichtpädagogische Personal der Schule in Ihre Bemühungen mit einzubeziehen. Eine offene Haltung Ihrerseits, gepaart mit Empathie und Einfühlungsvermögen wird Ihnen eine Fülle an Informationen, Stärken, Schwächen, aber auch Ängste, Sorgen und Nöte Ihrer Gesprächspartner offenbaren.

Annedore Radvan, Leiterin einer Grundschule:
„Ich bin wirklich sehr auf das kollegiale Miteinander angewiesen!"

Ein kleiner Tipp des Verfassers. Verstehen Sie Gegensätze als Bereicherung. Bereits im Studium und dem darauf folgenden Vorbereitungsdienst lag einer der Schwerpunkte auf dem Umgang mit heterogenen Lerngruppen. Stärken und Schwächen zu erkennen, zu differenzieren und dann gezielt zu fördern, hatten und haben dabei einen sehr großen Stellenwert. Es gibt wohl kaum einen anderen Beruf, der einem tagtäglich nach dem Betreten des Klassenraumes mit einer solchen Fülle menschlicher Gegensätze konfrontiert. Sie zu ignorieren und den Versuch zu starten, alle zum gleichen Ziel zu führen, führt auf beiden Seiten sehr schnell zu Frustrationen. Sie zu akzeptieren, bedeutet in den meisten Fällen Stärken zu erkennen, die einem ansonsten verborgen geblieben wären. Ein kleiner Satz unter der Klassenarbeit oder die persönliche Rückmeldung über den erworbenen Lernzuwachs verfehlen dabei in den seltensten Fällen ihre Wirkung. In meiner langjährigen Berufserfahrung ist mir kein Fall bekannt, in dem Lob zu Motivationsverlust geführt hat. Mir selbst hat es immer wieder geholfen, den eigenen Unterricht zu reflektieren und anschließend neue Lehr –und Lernmethoden zu wählen, die offen gestanden in manchen Fällen auch von pädagogischen Handreichungen und wohl formulierten Vorgaben abwichen.

Diese Akzeptanz der vorhandenen Gegensätze und die Möglichkeit, sie als Bereicherung zu sehen, sollte man daher auch im späteren Führungshandeln berücksichtigen. Auch dort werden Sie auf eine heterogene Gruppe, Ihr Kollegium, treffen. Nutzen Sie in den Gesprächen die Möglichkeit, Ihr Wertesystem, Ihr Führungshandeln und Ihre Ziele für alle transparent zu vermitteln. Das schafft Vertrauen und macht den Gesprächspartnern deutlich, dass sie an der Erreichung der gesteckten Ziele beteiligt sein sollen. Zudem gibt es Ihnen eine Rückmeldung, ob diese Ziele realistisch sind und in der Schulgemeinde akzeptiert werden. Wirken sie auf einen Großteil des Kollegiums abschreckend, so gilt es sie erneut zu überdenken. Und auch in diesem Fall gilt es wieder die Gegensätze als Bereicherung zu empfinden. Bleiben Sie offen für die Argumente und Einwände Ihrer Kollegen, überdenken Sie diese und benutzen sie als Diskussionsgrundlage für die Schulleitungssitzungen. Es ist mir durchaus bewusst, dass diese Vorgehensweise einen hohen Zeitaufwand erforderlich macht. Dennoch lassen sich hier deutliche Parallelen zum Unterricht in der Klasse sehen. Ohne die Gespräche und die Erkenntnisse, die Sie daraus gewinnen können, werden Ihnen Stärken und Schwächen des Kollegiums auf lange Zeit verborgen bleiben und der Verlust gegenseitiger Transparenz führt auch hier eventuell zu Frustration auf beiden Seiten.

Ich möchte an dieser Stelle nicht den Eindruck erwecken, dass sich durch diese Vorgehensweise alle anstehenden Konflikte im Mikrokosmos Schule vermeiden lassen und Ihr angestrebter Führungsstil bei allen auf Zustimmung trifft. Auch ich selbst habe erfahren müssen, was viele Schulleiter in den Interviews geäußert haben und was von Wolfgang Geisler in einem Brief an seinen Nachfolger so trefflich geschildert wird: *„Ja, Sie werden auch Nein sagen müssen. Sie werden von der Kollegin, die im dritten Jahr nacheinander eine Kur auf Sylt machen möchte, und zwar jedes Mal unmittelbar vor oder direkt nach den Osterferien, mindestens einen anderen Termin verlangen......Sie werden es also (zunächst meist nichts Böses ahnend) mit ihnen rätselhaft erscheinenden Zumutungen, nerviger Rechthaberei oder kleinlichem Nörgeln zu tun bekommen, manchmal auch mit schrecklichen Menschen, die offenbar nach dem Motto leben: „Ich lasse mir von niemandem etwas gefallen und von Ihnen schon gar nicht." Nicht alle, die man für gebildete Menschen hält, sind tatsächlich rationaler Argumentation zugänglich. Zuweilen sitzen einem Männer und Frauen am Rande des Nervenzusammenbruchs gegenüber, jedenfalls Kranke und Gesunde, Junge und Alte, Heitere und Verbiesterte, Zufriedene und Unglückliche"* (Geisel,

Wolfgang: Ein Brief, die Entscheidung betreffend, Schulleiter zu werden. S. 147f.
In: Schulverwaltung Hessen/Rheinland-Pfalz 19.Jg. 5.2014).

In der Tat ist es dann so, wie Geisel bemerkt, dass man auf all diese Belange eingehen muss. Bei einigen gilt es ein klares Nein zu formulieren, andere gilt es zu trösten und wieder andere gilt es vor falschen Vorwürfen zu schützen.

„Führung ohne das bewusste Einverständnis des Geführten ist Manipulation" *(vgl. Wikipedia; Menschenführung, Führungsfunktionen).* Dieser Aussage ist im System Schule eine hohe Bedeutung beizumessen. Sie werden sich mit sehr unterschiedlichen Motivationslagen hinsichtlich Pädagogik, Unterricht, Qualitätsentwicklung und Umsetzung von Reformen innerhalb und außerhalb des Systems auseinandersetzen müssen und dabei auch feststellen, dass Sie selbst gesteckte Ziele immer wieder neu überdenken müssen. Auch Sie werden mit Eltern, Personalräten oder übergeordneten Behörden Gespräche führen müssen, die Sie nicht unbedingt als angenehm empfinden werden. Nicht umsonst glaubt jeder, der die Schule besucht hat, aus dieser Erfahrung heraus dort mitreden zu können. Dennoch lassen sich im System Schule gemeinsame Ziele ermitteln, die von allen mitgetragen werden.

Eine gute Erziehung und Bildung der anvertrauten Schüler sowie ein gutes kollegiales Miteinander sollten dabei an erster Stelle stehen. Diese gemeinsame Basis kann den erfolgreichen Start in der neuen Rolle erleichtern. Offenheit, Transparenz und demokratisches Miteinander können zum Einverständnis bei allen an Schulentwicklung Beteiligten führen und bewahren Ihr Umfeld vor dem Gefühl, manipuliert oder regiert zu werden. Es ist gleichzeitig ebenso notwendig, das Kollegium und die beteiligten Gremien in die Schwierigkeiten der schulischen Entwicklungsprozesse mit einzubeziehen, da rechtliche und politische Vorgaben sowie örtliche Gegebenheiten immer wieder auch Grenzen setzen.

Heribert Ohlig, Leiter einer Integrierten Gesamtschule:

„Ich würde es ganz bestimmt noch einmal machen!"

All diese Bemerkungen sind in der Tat nur erste Schritte im Werdegang eines Schulleiters und ich könnte an dieser Stelle sicher noch eine Fülle eigener Erfahrungen schildern. Dennoch bin ich nur einer unter vielen, der diese ersten Schritte vollzogen hat und kann und möchte mir nicht anmaßen, Ihnen Belehrungen darüber zu erteilen, wie Sie Ihren eigenen Weg gehen. Ich möchte aber allen Kollegen Mut machen, sich den Aufgaben von Schulleitung zu stellen. Lassen Sie sich die Zeit, in die neuen Aufgaben hineinzuwachsen, eilen Sie nicht dem Kollegium davon, lernen Sie Aufgaben mit anderen zu teilen und bleiben Sie sich selbst treu in Ihrer individuellen Denk- und Handlungsweise. Rückblickend auf die Zeit in der Schulleitung kann ich guten Gewissens sagen, dass ich nicht einen Tag bereut habe.

5

Aus dem Schulleiteralltag: Der Hochspannungstransformator (Heinz Kipp)

„Das ist ja nicht auszuhalten, der Chef muss dringend etwas unternehmen!" Mit diesen Worten und hochrotem Kopf stürzt Kollegin Muster in das Sekretariat.

Es ist 10.15 Uhr an einem sonnigen und sehr warmen Sommertag. Die Schüler der zweizügigen Grundschule bereiten sich innerlich auf die Sommerferien vor und auch die Lehrkräfte sind zwar angespannt und etwas genervt, aber doch auch voller Vorfreude auf die Ferienzeit. Was kann da passiert sein, das die Kollegin so aufbringt? Im Gespräch wird schnell klar, dass es um die Hitzebelastung in einem Klassenraum geht.

Die Klasse 2a, hat ihren Klassenraum im Erdgeschoss auf der Nordseite des Gebäudes, eigentlich eine ideale Lage in den Sommermonaten. Der Raum sollte also nicht so heiß werden, wie es bei den auf der Sonnenseite liegenden Klassen der Fall ist.

„Kommen sie mit in meinen Klassenraum, sehen sie selbst, das ist einfach nicht auszuhalten," bemerkt Frau Muster noch und zieht den Schulleiter hinter sich her.

Tatsächlich, der Klassenraum ist unerträglich warm, fast noch wärmer als die Räume mit direkter Sonneneinstrahlung. Merkwürdig auch, dass die Hitze weniger von den Fenstern zu kommen scheint als vom Boden. Bodenheizung ist keine installiert. Da kann nur etwas im Keller darunter nicht in Ordnung sein.

Die sofortige Besichtigung des unter dem Klassenraum liegenden Kellerbereichs bringt zumindest ein wenig Klarheit. Der Raum ist unbenutzt und besitzt einen eingemauerten Bereich mit einer verschlossenen Metalltür. Für die gibt es aber keinen Schlüssel, wie schnell klar wird, als der herbeigerufene Hausmeister erscheint. Keiner der Anwesenden weiß, was sich hinter der Tür befindet. Das Metall der Tür strahlt aber ebenfalls sehr deutlich Wärme ab. Dahinter muss sich die Quelle für das Wärmephänomen befinden.

Ein Anruf beim Hochbauamt des Landkreises, der als Schulträger verantwortlich für die Schulen des Bereichs und damit auch für die Schulgebäude ist, bringt weitere Informationen.

Im Jahr 1967 hat der Energieversorger des Landkreises erstmals einen Hochspannungstransformator im Schulgebäude eingebaut. Über diesen werden die Schule selbst aber auch die benachbarten Wohnviertel versorgt. In der Schule war dies zu keinem Zeitpunkt bekannt, die Wartung erfolgte während der Ferienzeiten. Probleme hat der Einbau ebenfalls nicht produziert, so dass er in den zurückliegenden 47 Jahren von Kollegium und Schulleitung unentdeckt blieb.

Der zuständige Sachbearbeiter, der selbst keinen Zugang zu dem Raum hat, sagt zu, sich umgehend um die Angelegenheit zu kümmern und mit dem Energieversorger Kontakt aufzunehmen.

Tags darauf ist klar, dass der zuständige Energieversorger ein kleines Unternehmen, das in der Nachbarschaft der Schule gegründet wurde, neu in das Netz integriert hat. Die dadurch größere Auslastung muss für die Wärmeentwicklung verantwortlich sein. Es wird ein Ortstermin für den darauf folgenden Tag vereinbart.

Der Versorger erklärt beim Ortstermin, dass er auf die Trafostation im Schulgebäude nicht verzichten könne und gesundheitliche Gefahren sicher nicht zu erwarten seien. Man wolle aber mittelfristig prüfen, ob eine Minimierung der Wärmebelastung durch entsprechende Dämmung möglich sei.

Der Schulleiter berichtet auf der letzten Gesamtkonferenz des Schuljahres und gibt die Stellungnahmen der beteiligten Ämter wieder. Sofort entsteht Widerspruch im Kollegenkreis zum Vorschlag des Versorgungsunternehmens, die Angelegenheit *mittelfristig durch entsprechende Dämmung lösen zu wollen. Die Frage gesundheitsgefährdender Strahlung steht plötzlich im Raum und der Schulpersonalrat meldet sich zu Wort.*

In der letzten Sitzung des Gesamtpersonalrats wird der Leiter des zuständigen Staatlichen Schulamtes mit dem Problem konfrontiert. Er sagt zu, den Schulträger zu kontaktieren und in der Sache tätig zu werden …

5

6. Anhang

6.1 Leitfragen für die Schulleiterinterviews:

Rahmendaten: Schulform

Größe der Schule/Besonderheiten

Größe des Kollegiums

Dauer der Leitungstätigkeit

Bereich 1 – Motivation:
- Warum haben Sie sich auf eine Stelle im Schulleitungs-Bereich beworben?
- Was war für Sie ausschlaggebend, sich auf diese Stelle zu bewerben?
- Haben Sie lange überlegen müssen? Was ging Ihnen dabei durch den Kopf?
- Mit wem haben Sie sich evtl. beraten?
- Wo und wie haben Sie sich über die angestrebte Stelle erkundigt?
- Welche Hoffnungen/Erwartungen, welche Befürchtungen/Unsicherheiten waren mit Ihrer Bewerbung für Sie verbunden?
- Gab es Zwischenschritte auf dem Weg zur Schulleitung?

Bereich 2 – Verfahren:
- Wie lief das Bewerbungsverfahren in Ihrem Fall ab?
- Wie haben Sie selbst das Bewerbungsverfahren erlebt?
- Wie haben Sie sich darauf vorbereitet?
- Was empfanden Sie als schwierig, was fiel Ihnen eher leicht?
- Wie haben Ihre Kollegen auf Ihre Bewerbung reagiert?
- Welche Ratschläge zur Vorbereitung und zum Verfahren selbst würden Sie jüngeren Kollegen geben?

Bereich 3 – Einstiegsphase:
- Können Sie sich noch an die Anfangszeit Ihrer neuen Tätigkeit erinnern?
- Was ist Ihnen zunächst schwer gefallen? Was fiel Ihnen eher leicht?
- Worauf haben Sie beim Einstieg in Ihre neue Tätigkeit besonders geachtet? Was war Ihnen wichtig?
- Welche Fehler haben Sie zu Beginn gemacht?
- In welchen Bereichen hätten Sie Unterstützung benötigt?

6

- Wie lange hat es gedauert, bis Sie Ihre neue berufliche Rolle tatsächlich ausgefüllt haben?

Bereich 4 – Erfahrungen:
- Wenn Sie zurück blicken: War Ihre damalige Entscheidung richtig oder haben Sie Ihren Schritt manchmal auch bereut?
- Welche Ihrer Erwartungen/Vorsätze haben Sie umsetzen können?
- Können Sie sich an besonders belastende Erfahrungen erinnern?
- Welche Erfahrungen sind Ihnen besonders positiv in Erinnerung geblieben?
- Was würden Sie im Nachhinein anders machen?
- Würden Sie jemanden zur Übernahme von Schulleitungsfunktionen ermutigen? Mit welchen Argumenten?
- Mit welchen Gruppen fiel Ihnen die Zusammenarbeit eher leicht, mit welchen war es eher schwierig?
- Worauf sind Sie stolz?
- Was hat Ihnen zur Bewältigung Ihrer Leitungsrolle gefehlt?
- Glauben Sie, dass ein Schulleitungsmitglied eher Pädagoge oder eher Manager sein sollte?
- Worauf führen Sie es zurück, dass es immer schwieriger wird, Schulleitungsstellen zu besetzten?
- Welche Maßnahmen schlagen Sie vor, um das zu ändern?

6.2 Übersichten über Landesgesetze

6.2.1 Übersicht über die Schulgesetze der Bundesländer (Stand: Mai 2014)

Quelle: Website der Kultusministerkonferenz
(*http://www.kmk.org/dokumentation/rechtsvorschriften-und-lehrplaene-der-laender/uebersicht-schulgesetze.html*)

Baden-Württemberg
Bekanntmachung der Neufassung des Schulgesetzes für Baden-Württemberg (SchulG)
Vom 01.08.1983 (GBl. Baden-Württemberg 1983,15, S. 397 ff.),
zul. geänd. durch Gesetz vom 24.04.2012 (GBl. Baden-Württemberg 2012, 7, S. 209 ff.)

Bekanntmachung der Neufassung des Privatschulgesetzes (Gesetz für die Schulen in freier Trägerschaft – Privatschulgesetz – PSchG)
Vom 28.02.1990 (GBl. Baden-Württemberg 1990, 8, S. 105 ff.),
zul. geänd. durch Gesetz vom 18.12.2012 (GBl. Baden-Württemberg 2012, 19, S. 677 ff.)

Bayern

Bekanntmachung der Neufassung des Gesetzes über das Erziehungs- und Unterrichtswesen (BAYEUG)
Vom 31.05.2000 (GVBl. Bayern 2000, 17, S. 414 ff., berichtigt in GVBl. Bayern 2000, 20, S. 632), zul. geänd. durch Gesetz vom 23.05.2014 (GVBl. Bayern 2014, 10, S. 186)

Berlin

Schulgesetz für das Land Berlin (Schulgesetz – SchulG)
Vom 26.01.2004 (GVBl. Berlin 60.2004, 4, S. 26 ff.),
zul. geänd. durch Gesetz vom 26.03.2014 (GVBl. Berlin 70.2014, 7, S. 78 ff.)

Brandenburg

Bekanntmachung der Neufassung des Brandenburgischen Schulgesetzes (BbgSchulG)
Vom 02.08.2002 (GVBl. I Brandenburg 13.2002, 8, S. 78 ff.),
zul. geänd. durch Gesetz vom 14.03.2014 (GVBl. I Brandenburg 25.2014, 14, S. 1 ff.)

Bremen

Bekanntmachung der Neufassung des Bremischen Schulgesetzes (BremSchulG)
Vom 28.06.2005 (GBl. Bremen 2005, 31, S. 260 ff., berichtigt in GBl. 2005, 38, S. 388, zul. berichtigt in GBl. 2005, 39, S. 398 f., zul. geänd. durch Gesetz vom 28.01.2014 (GBl. Bremen 2014, 12, S. 72 f.))

Bekanntmachung der Neufassung des Bremischen Schulverwaltungsgesetzes (BremSchulVwG)
Vom 28.06.2005 (GBl. Bremen 2005, 31, S. 280 ff., berichtigt in GBl. Bremen 2005, 38, S. 388 f., zul. ber. in GBl. 2005, 39, S. 399), zul. geänd. durch Gesetz vom 23.06.2009 (GBl. 2009, 36, S. 237 ff.)

Gesetz über das Privatschulwesen und den Privatunterricht (Privatschulgesetz)
Vom 03.07.1956 (GBl. Bremen 1956, 19, S. 77 ff.),
zul. geänd. durch Gesetz vom 24.11.2009 (GBl. Bremen 2009, 65, S. 535 ff.)

Hamburg
Hamburgisches Schulgesetz (HmbSG)
Vom 16.04.1997 (GVBl. I Hamburg 1997, 16, S. 97 ff.),
zul. geänd. durch Gesetz vom 28.01.2014 (GVBl. I Hamburg 2014, 6, S. 37)

Hamburgisches Gesetz über Schulen in freier Trägerschaft (HmbSfTG)
Vom 21.09.2004 (GVBl. I Hamburg 2004, 43, S. 365 ff.),
zul. geänd. durch Gesetz vom 27.04.2010 (GVBl. I Hamburg 2010, 17, S. 342)

Hessen
Bekanntmachung der Neufassung des Hessischen Schulgesetzes (HSchG)
Vom 14.06.2005 (GVBl. I Hessen 2005, 15, S. 441 ff.),
zul. geänd. durch Gesetz vom 22.05.2014 (GVBl. 2014, 9, S. 134)

Mecklenburg-Vorpommern
Bekanntmachung der Neufassung des Schulgesetzes für das Land Mecklenburg-Vorpommern
Vom 10.09.2010 (GVBl. Mecklenburg-Vorpommern 2010, 17, S. 462 ff., ber. in GVBl. 2011, 14, S. 859, ber. in GVBl. 2012, 19, S. 524),
geänd. durch Gesetz vom 13.12.2012 (GVBl. 2012, 20, S. 555 f.)

Niedersachsen
Bekanntmachung der Neufassung des Niedersächsischen Schulgesetzes (NSchG)
Vom 03.03.1998 (GVBl. Niedersachsen 52.1998, 8, S. 137 ff.),
zul. geänd. durch Gesetz vom 19.06.2013 (GVBl. Niedersachsen 67.2013, 10, S. 165)

Nordrhein-Westfalen
Schulgesetz für das Land Nordrhein-Westfalen (Schulgesetz NRW – SchulG)
Vom 15.02.2005 (GVBl. Nordrhein-Westfalen 59.2005, 8, S., 102 ff.),
zul. geänd. durch Gesetz vom 10.04.2014 (GVBl. Nordrhein-Westfalen 68.2014, 12, S. 268 f.)

Rheinland-Pfalz
Schulgesetz Rheinland-Pfalz (SchulG)
Vom 30.03.2004 (GVBl. Rheinland-Pfalz 2004, 8, S. 239 ff.),
zul. geänd. durch Gesetz vom 08.10.2013 (GVBl. Rheinland-Pfalz 2013, 15, S. 349 ff.)

Landesgesetz über die Privatschulen in Rheinland-Pfalz (Privatschulgesetz – PrivSchG)
Vom 04.09.1970 (GVBl. Rheinland-Pfalz 1970, 19, S. 372 ff.),
zul. geänd. durch Gesetz vom 08.02.2013 (GVBl. Rheinland-Pfalz 2013, 2, S. 9)

Saarland
Bekanntmachung der Neufassung des Gesetzes Nr. 812 zur Ordnung des Schulwesens im Saarland (Schulordnungsgesetz: SchoG)
Vom 21.08.1996 (ABl. Saarland 1996, 37, S. 846 ff., berichtigt in ABl. Saarland 1997, 9, S. 147),
zul. geänd. durch Gesetz vom 20.11.2013 (ABl. I Saarland 2014, 1, S. 3 f.)

Bekanntmachung der Neufassung des Gesetzes Nr. 826 über die Schulpflicht im Saarland (Schulpflichtgesetz)
Vom 21.08.1996 (ABl. Saarland 1996, 37, S. 864 ff., berichtigt in ABl. Saarland 1997, 9, S. 147),
zul. geänd. durch Gesetz vom 15.06.2011 (ABl. I Saarland 2011, 24, S. 230 ff.)

Bekanntmachung der Neufassung des Gesetzes Nr. 994 über die Mitbestimmung und Mitwirkung im Schulwesen – Schulmitbestimmungsgesetz (SchumG)
Vom 21.08.1996 (ABl. Saarland 1996, 37, S. 869 ff., berichtigt in ABl. Saarland 1997, 9, S. 147),
zul. geänd. durch Gesetz vom 11.12.2012 (ABl. I Saarland 2012, 31, S. 1555 ff.)

Bekanntmachung der Neufassung des Gesetzes Nr. 751 Privatschulgesetz (PrivSchG)
Vom 22.05.1985 (ABl. Saarland 1985, 25, S. 610 ff.),
zul. geänd. durch Gesetz vom 16.11.2011 (ABl. Saarland 2011, 38, S. 422 f.)

Allgemeine Schulordnung (ASchO)
Vom 10.11.1975 (ABl. Saarland 1975, 53, S. 1239 ff.),
zul. geänd. durch Verordnung vom 24.06.2011 (ABl. I Saarland 2011, 22, S. 220)

Sachsen

Bekanntmachung der Neufassung des Schulgesetz für den Freistaat Sachsen
Vom 16.07.2004 (GVBl. Sachsen 2004, 10, S. 298 ff.),
zul. geänd. durch Gesetz vom 12.12.2008 (GVBl. Sachsen 2008, 18, S. 866 ff.)

Gesetz über Schulen in freier Trägerschaft (SächsFrTrSchulG)
Vom 04.02.1992 (GVBl. Sachsen 1992, 4, S. 37 ff.),
zul. geänd. durch Gesetz vom 12.12.2008 (GVBl. Sachsen 2008, 18, S. 866 ff.)

Sachsen-Anhalt

Bekanntmachung der Neufassung des Schulgesetzes des Landes Sachsen-Anhalt (SchulG LSA)
Vom 22.02.2013 (GVBl. Sachsen-Anhalt 24.2013, 5, S. 68 ff.),

Schleswig-Holstein

Gesetz zur Weiterentwicklung des Schulwesens in Schleswig-Holstein
(Art. 1: Schleswig-Holsteinisches Schulgesetz (Schulgesetz – SchulG))
Vom 24.01.2007 (GVBl. Schleswig-Holstein 2007, 3, S. 39 ff.; ber. in GVBl. 2007, 11, S. 276),
zul. geänd. durch Gesetz vom 04.02.2014 (GVBl. Schleswig-Holstein 2014, 2, S. 21 ff.)

Thüringen

Neubekanntmachung des Thüringer Schulgesetzes (ThürSchulG)
Vom 30.04.2003 (GVBl. Thüringen 2003, 7, S. 238 ff.),
zul. geänd. durch Gesetz vom 31.01.2013 (GVBl. Thüringen 2013, 1, S. 22 ff.)

Neubekanntmachung des Thüringer Förderschulgesetzes
Vom 30.04.2003 (GVBl. Thüringen 2003, 7, S. 233 ff.),
geänd. durch Gesetz vom 31.01.2013 (GVBl. Thüringen 2013, 1, S. 22 ff.)

Thüringer Gesetzes über Schulen in freier Trägerschaft (ThürSchTG)
Vom 20.12.2010 (GVBl. Thüringen 2010, 14, S. 522 ff.)

6.2.2 Übersicht über die Beamtengesetze der Bundesländer

Stand: März 2012

Bundesland	Datum und Fundstelle des aktuellen Gesetzes
Baden-Württemberg	9.11.2010 GBl S. 793
Bayern	24.7.2013 GVBl S. 450
Berlin	9.7.2014 GVBl S. 28
Brandenburg	5.12.2013 GVBl Nr. 37
Bremen	20.12.2011 GBl 484
Hamburg	8.7.2014 GVBl S. 299/325
Hessen	20.11.2013 GVBl S. 578
Mecklenburg-Vorpommern	10.12.2012 GVOBl S. 51
Niedersachsen	16.12.2013 GVBl S. 242
Nordrhein-Westfalen	1.10.2013 GV S. 566
Rheinland-Pfalz	8.7.2014 GVBl S. 107
Saarland	8.12.2010 ABl S. 1522
Sachsen	27.1.2012 GVBl S. 130
Sachsen-Anhalt	24.6.2014 GVBl S. 350
Schleswig-Holstein	1.6.2014 GVOBl S. 92
Thüringen	20.3.2009 GVBl S. 238

6.2.3 Übersicht über die Personalvertretungsgesetze der Bundesländer

Stand März 2012

Baden-Württemberg
i.d.F.v. 3.12.2013 (GBl. S. 329)

Bayern
i.d.F.v. 24.7.2013 (GVBl. S. 450)

Berlin
i.d.F.v. 5.11.2012 (GVBl. S. 354)

Brandenburg
i.d.F.v. 11.2.2014 (GVBl. I Nr. 14)

Bremen
i.d.F.v. 22.12.2009 (GBl. S. 59)

Hamburg
i.d.F.v. 17.9.2013 (GVBl. S. 389)

Hessen
i.d.F.v. 27.5.2013 (GVBl. I S. 218)

Mecklenburg-Vorpommern
i.d.F.v. 16.10.2010 (GVBl. S. 730)

Niedersachsen
i.d.F.v. 30.6.2011 (GVBl. S. 210)

Nordrhein-Westfalen
i.d.F.v. 31.1.2012 (GVNW. S. 90)

Rheinland-Pfalz
i.d.F.v. 8.7.2014 (GVBl. S. 107)

Saarland
i.d.F.v. 6.2.2013 (ABl. S. 66)

Sachsen
i.d.F.v. 27.1.2012 (GVBl. S. 130)

Sachsen-Anhalt
i.d.F.v. 5.12.2012 (GVBl. LSA S. 560)

Schleswig-Holstein
i.d.F.v. 4.4.2013 (GVOBl. S. 143)

Thüringen
i.d.F.v. 13.1.2012 (GVBl. S. 1)

6.2.4 Übersicht über die Gleichstellungsgesetze der Bundesländer

Stand März 2012

Bundesland: Datum und Fundstelle des Gesetzes

Baden-Württemberg: Chancengleichheitsgesetz v. 1.4.2014 GVBl S.

Bayern: Gleichstellungsgesetz (GLG) v. 23.5.2006 GVBl S. 292

Berlin: Landesgleichstellungsgesetz (LGG) v. 5.11.2012 GVBl S. 35

Brandenburg: Landesgleichstellungsgesetz (LGG) v. 5.12.2013 GVBl I Nr. 35

Bremen: Gleichstellungsgesetz v.1.2.2011 GBl S. 63

Hamburg: Gleichstellungsgesetz v. 15.12.2009 GVBl S. 405

Hessen: Gleichberechtigungsgesetz (HGlG) v. 10.12.2013 GVBl I S. 67

Mecklenburg-Vorpommern: Gleichstellungsgesetz (GlG) v. 17.12.2009 GVOBl S. 687

Niedersachsen: Gleichberechtigungsgesetz (NGG) v. 17.11.2011 GVBl S. 422

Nordrhein-Westfalen: Landesgleichstellungsgesetz (LGG) v. 21.4. 2009 GV S. 224

Rheinland-Pfalz: Landesgleichstellungsgesetz (LGG) v. 20.10.2010 GVBl S. 139

Saarland: Landesgleichstellungsgesetz v. 4.5.2010 ABl S. 1176

Sachsen: Frauenfördergesetz (FFG) v. 18.12.2013 GVBl S. 970

Sachsen-Anhalt: Frauenfördergesetz (FrFG) v. 19.12.2005 GVBl S. 740

Schleswig-Holstein: Gleichstellungsgesetz (GstG) v. 8.9.2010 GVOBl S. 575

Thüringen: Gleichstellungsgesetz (GleichG) v. 6.3.2013 GVBl S. 49

6.3 Übersicht über die Struktur der Schulaufsichtsbehörden in Deutschland

Bundesland	Aufsichtsebene			Fundstelle
	Orts-/Kreisebene	Bezirksebene	Landesebene	
Baden-Württemberg	GHRS-Bereich Staatliches Schulamt Landratsamt/ kreisfreie Stadt	Gymnasien/ Berufliche Schulen Regierungs-präsidium	Kultusminis-terium	§§ 32 ff. SchulG
Bayern	GHS-Bereich Staatliches Schulamt	Berufliche Schulen Regierung	Gymnasien Berufsober-schulen Realschulen Kultusminis-terium	Art 111 ff. EUG

Bundesland	Aufsichtsebene			Fundstelle
Berlin	Alle Schulformen Landesschulamt mit 12 Bezirks-Außenstellen		Senatsver-waltung für Schule	§ 5 Abs. 2/3
Brandenburg	Alle Schulformen Landesschulamt mit 4 Außenstellen		Kultusminis-terium	§§ 129 ff. SchulG
Bremen			Alle Schulfor-men Senator für Bildung und Wissenschaft	§§ 11 ff. SchulVwG
Hamburg			Alle Schulfor-men Behörde für Schule	§ 85 SchulG
Hessen	Alle Schulformen Landesschulamt mit 15 Außenstel-len		Kultusminis-terium	§§ 92-97 SchulG
Mecklen-burg-Vorpommern	GHRS-Bereich/ Gymnasien Schulämter		Berufliche Schulen Kultusminis-terium	§§ 95 ff. SchulG
Niedersach-sen		Alle Schulfor-men Landesschul-behörde mit Außenstellen	Kultusminis-terium	§§ 119 ff. SchulG
Nordrhein-Westfalen	GHRS-Bereich Schulämter	Gymnasien/ Berufliche Schulen Regierungs-präsidien	Kultusminis-terium	§§ 15 ff. SchulVwG

Bundesland	Aufsichtsebene			Fundstelle
Rheinland-Pfalz		Alle Schulformen Aufsichts- u. Dienst-leistungsdirektion (Schulbehörde) Trier mit Außenstellen in Koblenz u. Neustadt	Kultusministerium	§§ 85 ff. SchulG
Saarland			Alle Schulformen Kultusministerium	§§ 55 ff. SchOG
Sachsen		Alle Schulformen Sächs. Bildungsagentur mit 5 Außenstellen	Kultusministerium	§§ 58/59 SchulG
Sachsen-Anhalt		Alle Schulformen Landesschulamt mit 4 Außenstellen	Kultusministerium	§§ 82/83 SchulG
Schleswig-Holstein	GHRS-Bereich Staatliche Schulämter		Gymnasien/ Berufliche Schulen Kultusministerium	§§ 120 ff. SchulG
Thüringen	Alle Schulformen 5 Staatliche Schulämter		Kultusministerium	§§ 2 ff. SchAG

© Bott 2014

183

6.4 Formulare, Vorlagen, Beispiele

6.4.1 Dienstliche Beurteilung

Beispiel 1: Hessen

Zum Zeitpunkt der Veröffentlichung des Buches gab es in Hessen keine Beurteilungsrichtlinien für den Lehrerbereich. Derzeit sind landesweit verbindliche Beurteilungsrichtlinien in der Vorbereitung. Jedes der 15 hessischen Staatlichen Schulämter hat daher eine eigene Version eines Formulars entwickelt und darüber eine Dienstvereinbarung mit dem zuständigen Gesamtpersonalrat geschlossen. Hier die Version des Staatlichen Schulamtes für die Stadt Frankfurt:

Dienstliche Beurteilung, Staatliches Schulamt der Stadt Frankfurt:

Vertraulich behandeln!

Dienststelle

Dienstliche Beurteilung

für die

Bewerbung um eine Funktions- bzw. Beförderungsstelle

(nicht bei Bewährungsfeststellung)

Beurteilungszeitraum:
Anlass:

I. Angaben zur Person:

Name, Vorname	
Geburtstag	
Dienst/Amtsbezeichnung	
Name der Schule	
Schulform	
Anschrift der Dienststelle	
Schwerbehinderung, ggf. Grad der Behinderung in %	☐ nein ☐ ja. Grad der Behinderung in % _____ Die Schwerbehindertenvertretung wurde beteiligt ☐ ja ☐ nein

II. Beruflicher Werdegang

Lehrämter/Diplomprüfungen	
Studienfächer	
Ergänzungsprüfung (Datum u. Note)	
1. Staatsprüfung (Datum u. Note)	
2. Staatsprüfung (Datum u. Note)	
Datum Ernennung zum BaP	
Datum Ernennung zum BaL	
Weitere Ernennungen	
Dienstorte und Zeiten (inkl. BAT und Vertretungsverträgen)	
Datum der letzten Beurteilung	
Erziehungsurlaub/Elternzeiten	von bis
Sonstige Beurlaubungen	von bis
Teilzeitbeschäftigungen (mit Stellenumfang)	von bis
Sonstige berufl. Tätigkeiten	
Erwerb von Zusatzqualifikationen, auch aus Erziehungszeiten	
Fortbildungsmaßnahmen (Datum/Zeitraum)	Themen/Inhalte

Wertung schulrelevanter Zusatzqualifikationen (auch aus Erziehungszeiten, s. **II.**)

III. Unterrichtlicher Einsatz

Frau/Herr .... unterrichtete

die Fächer ....

☐ → in allen Klassenstufen

☐ → überwiegend in den Klassen ....

der Schulformen/der
Bildungsgänge ....

IV. Übernahme besonderer schulischer oder im schulischen Interesse liegender Ämter und Aufgaben

(z.B. Klassenlehrer/in, Mentor/in, Fachberater/in, Verbindungslehrer/in, Sammlungs-leiter/in, Mitarbeit in schulischen Veranstaltungen, Vorsitz von Fachkonferenzen, Mitarbeit in der Lehrerfortbildung, Mitarbeit in Prüfungs-ausschüssen usw.)

Zeitraum	Art der Tätigkeit

Führungserfolg im Rahmen von Leitungsfunktionen (nur ausfüllen, wenn auf Grund des Dienstpostens Aussagen möglich sind

V. Bericht über einen zeitnahen Unterrichtsbesuch

Unterrichtsplanung und -gestaltung, Lernerfolg, Reflexion, Bewertung des Unterrichtsbesuches

VI. Fachliche Kompetenzen

Fachwissenschaftliche Kompetenz

Erziehungskompetenz

Verwaltungs- und schulrechtliche Kompetenz

Medienkompetenz

VII. Überfachliche Kompetenzen

Planungs- und Organisationsfähigkeit

Motivationsfähigkeit

Konfliktfähigkeit

Gesprächsführungskompetenz

Teamfähigkeit

Belastbarkeit

Initiative und Innovationsfähigkeit

Entscheidungsfähigkeit

Interkulturelle Kompetenz

Genderkompetenz

VIII. Gesamturteil (in freier Wortwahl)
(unter besonderer Berücksichtigung der im Anforderungsprofil geforderten Kompetenzen)

_____   _____

Datum   Unterschrift des/der Erstbeurteilenden

Stellungnahme der/des Zweitbeurteilenden

_____   _____

Datum   Unterschrift der/des Zweitbeurteilenden

Von der Beurteilung Kenntnis genommen

_____   _____

Formulierungshilfen des Staatlichen Schulamts Frankfurt für die dienstliche Beurteilung

Unterrichtsplanung und -gestaltung, Lernerfolg, Reflexion, Bewertung des Unterrichtsbesuches (s. Ziffer V.)
- Lehrplanbezug
- Einbettung in längerfristige Lernprozesse (Jahresplanung)
- Wissenschaftsorientierte Didaktik und Methodik
- Lernfortschrittsplanung und -erkennung
- Schülerzentrierung
- Unterrichtsatmosphäre

Zusammenarbeit mit Erziehungsberechtigten/Ausbildungsbetrieben
- Informationsbereitschaft
- Regelmäßige Kontaktpflege
- Intensivierung der Kooperation in Problemlagen

Mitwirkung bei (Fach)Konferenzen und Zusammenarbeit im Kollegium
- Übernahme besonderer Aufgaben, z.B. Referate, Moderation;
- Themenvorschläge, Berichte, Gewährleistung des Informationsflusses, Beteiligung an gemeinsamen Vorhaben, Koordination der Unterrichts- und Erziehungsarbeit

Beratung von Schülern
- Schullaufbahnberatung, Lernberatung, Konfliktberatung

Vorbereitung und Gestaltung schulischer Veranstaltungen

Mitarbeit in der Schulentwicklung
- Schulprogrammarbeit, Organisationsentwicklung, Unterrichtsentwicklung, Personalentwicklung

Arbeitsverhalten (Arbeitsweise, Arbeitsgüte)
- geplant, zielgerichtet, strukturiert, ergebnisorientiert, anwendungsbezogen, termingerecht, vollständig, kostenbewusst, selbstverantwortlich, qualitativ

Führungserfolg im Rahmen von Leitungsfunktionen (nur ausfüllen, wenn auf Grund des Dienstpostens Aussagen möglich sind!)
- Motivierung und Förderung der Beschäftigten
- Delegation

- Schaffung von Mitwirkungsmöglichkeiten
- Koordinationsvermögen
- Steuerung
- Konfliktregelung

Wertung schulrelevanter Zusatzqualifikationen (auch aus Erziehungszeiten)

Planungs- und Organisationsfähigkeit
heißt, eine Aufgabenstellung unter Berücksichtigung aller Rahmenbedingungen in angemessener Zeit so zu lösen, dass der eingeschlagene Weg der Sache gerecht und von den Beteiligten akzeptiert wird.

Die Person
- analysiert und strukturiert eine Aufgabenstellung
- betreibt eine systematische Lösungssuche
- setzt Lösungsansätze in Relation zu Rahmenbedingungen und Ressourcen
- koordiniert Ablauf von Handlungsschritten

Motivationsfähigkeit
heißt, Menschen durch Überzeugung für die Beteiligung an Arbeitsprozessen zu gewinnen und zu dauerhafter Mitarbeit und besonderem Engagement zu bewegen.

Die Person
- bringt Visionen ein und versteht, andere dafür zu interessieren
- knüpft an erkennbare Stärken von Personen oder Gruppen an
- erfasst Wünsche und Probleme anderer Menschen und bezieht sich auf sie
- kann das Interesse des Gegenübers wecken und aufrechterhalten

Konfliktfähigkeit
heißt, die Anzeichen konfliktträchtiger Situationen zu erkennen, Meinungs und Interessenunterschiede offen und sachlich zu erkennen und nach Lösungen zu suchen, die von allen Beteiligten mitgetragen werden

Die Person
- spricht kritische Situationen frühzeitig an
- kann Kritik klar und fair äußern, ohne andere zu verletzen
- bleibt bei Auseinandersetzungen ruhig und sachlich

- findet Lösungsschritte, die der Zielsetzung und den Beteiligten gerecht werden (Trennen in Ziele und Beteiligte)
- nimmt Kritik an eigener Person an
- sucht Kompromisse

Gesprächsführungskompetenz

heißt, einen aufeinander bezogenen Gesprächsaustausch aufzunehmen und aufrechtzuerhalten, in dem die Gesprächspartner ihre Einstellungen, Ideen und Handlungsabsichten einander näher bringen und eine Verständigung miteinander anstreben.

Die Person
- drückt sich klar und verständlich aus
- legt Aspekte des eigenen Denkens und Fühlens offen
- begründet ihre Position
- vergewissert sich, dass sie verstanden wurde/hat
- wendet sich mit Mimik und Gestik dem Gesprächspartner zu
- nimmt das Anliegen des Gegenübers ernst

Teamfähigkeit

heißt, ihre Kompetenzen und Arbeitsleistung für die Erreichung der gemeinsamen Ziele einzusetzen, die anderen Teammitglieder zu unterstützen und gemeinsam getroffene Entscheidungen nach außen zu vertreten. Unterschiedliche Ansichten und Perspektiven werden akzeptiert und für die Erfüllung der gemeinsamen Aufgabe nutzbar gemacht.

Die Person
- übernimmt Moderationsfunktion
- greift Beiträge anderer Teammitglieder auf und entwickelt sie weiter
- teilt ihr Wissen mit, das für die Erreichung des gemeinsamen Ziels wichtig ist
- macht konstruktive Vorschläge
- erinnert die Gruppe an die Verfolgung des gemeinsamen Arbeitsauftrages, verliert das Ziel nicht aus den Augen
- würdigt die Beiträge anderer
- fasst Beiträge zusammen
- hält die Balance zwischen dem Einbringen eigener Ideen und dem Akzeptieren anderer Vorschläge

Beispiel 2: Baden Württemberg

(Quelle: http://www.kultusportal-bw.de/Lde/776577):

Schule	
▓▓	Vertraulich behandeln

Dienstliche Beurteilung

Anlassbeurteilung

Grund: ▓▓▓

Letzte Beurteilung am —

6

I. Angaben zur Person

Familienname, ggf. Geburtsname, Vorname, ▓▓ ▓▓	Geburtsdatum ▓▓	
Amts- bzw. Dienstbezeichnung, Funktion ▓▓	Bes.-/Verg.-Gruppe	schwerbehindert ☐ ja ☐ nein
Lehrbefähigung (Fächer)/Fachrichtung/ Stufenschwerpunkt ▓▓ ▓▓	an der berichtenden Schule seit	
	Beurteilungszeitraum von/bis ▓▓ – ▓▓	

II. Beschreibung der dienstlichen Tätigkeit

a) Allgemeiner Aufgabenbereich
Derzeitiger Lehrauftrag (Fach, Klasse, Wochenstunden, Klassenlehrer/in),
Schwerpunkte des Lehrauftrags in den vorangegangenen Jahren des
Beurteilungszeitraums

▓▓

b) Sonderaufgaben
(Z.B. Verbindungslehrer/in, Beratungslehrer/in, Sammlungstätigkeit, Personalratsmitglied, Tätigkeit in der Lehreraus- und -fortbildung)

▓▓

III. Leistungsbeurteilung

a) Unterrichtsgestaltung, Unterrichtserfolg

Vorbereitung und Planung, fachlich-methodisch-didaktisches Vorgehen, schülergerechte Behandlung des Lehrstoffs, individuelle Förderung der Schüler/innen, Beachtung der Unterrichtsziele, Leistungskontrolle und Notengebung, Einhaltung des Lehrplans, angemessener Medieneinsatz u.a.

b) Erzieherisches Wirken

Vor allem ganzheitliche Förderung der Schüler/innen, Wertevermittlung und Wirken im Sinne der Erziehungsziele, Aufgeschlossenheit für Probleme der Schüler/innen, Hilfsbereitschaft, beispielhaftes Verhalten, Erscheinungsbild, Mitwirkung bei außerunterrichtlichen Veranstaltungen

c) Zusammenarbeit mit den am Schulleben Beteiligten
(Vorgesetzte, Kollegen/Kolleginnen, Eltern, Schulträger, Kirchen, Betriebe und andere Stellen)

d) Wahrnehmung leitender, beratender Aufgaben und von Sonderaufgaben
Z.B. als Schulleiter/in, Fachberater/in, Mentor/in (insbesondere Verhalten als Vorgesetzte/r, Wahrnehmung von Führungs- und Aufsichtsfunktionen, Erledigung von Verwaltungsaufgaben, Vertretung der Schule nach außen, Tätigkeit in der Lehreraus- und -fortbildung)

IV. Befähigungsbeurteilung (Bewertung bitte ankreuzen)

Befähigungsmerkmale	Ausprägungsgrad A = schwach ausgeprägt B = normal ausgeprägt C = stärker ausgeprägt D = besonders stark ausgeprägt				Ggf. zusätzliche Erläuterungen (vgl. Verwaltungsvorschrift vom 21. Juli 2000 in der jeweils geltenden Fassung, Abschnitt III Nr. 4.2 und Fußnote*)
	A	B	C	D	
Fachkenntnisse	☐	☐	☐	☐	
Auffassungsgabe und geistige Beweglichkeit	☐	☐	☐	☐	
Urteilsvermögen	☐	☐	☐	☐	
Mündliche Ausdrucksfähigkeit	☐	☐	☐	☐	
Schriftliche Ausdrucksfähigkeit	☐	☐	☐	☐	
Fortbildungsbereitschaft	☐	☐	☐	☐	
Bereitschaft zur Auseinandersetzung mit pädagogischen Fragen	☐	☐	☐	☐	
Verhandlungsgeschick	☐	☐	☐	☐	
Organisationsfähigkeit	☐	☐	☐	☐	
Zuverlässigkeit	☐	☐	☐	☐	
Durchsetzungsvermögen	☐	☐	☐	☐	
Entschlusskraft	☐	☐	☐	☐	
Initiative	☐	☐	☐	☐	
Verantwortungsbewusstsein	☐	☐	☐	☐	
Einsatzbereitschaft	☐	☐	☐	☐	
Kontaktfähigkeit	☐	☐	☐	☐	

6

Befähigungsmerkmale	Ausprägungsgrad A = schwach ausgeprägt B = normal ausgeprägt C = stärker ausgeprägt D = besonders stark ausgeprägt				Ggf. zusätzliche Erläuterungen (vgl. Verwaltungsvorschrift vom 21. Juli 2000 in der jeweils geltenden Fassung, Abschnitt III Nr. 4.2 und Fußnote*)
Kooperationsfähigkeit	☐	☐	☐	☐	
Fähigkeit zur Menschen-führung als Vorgesetzter	☐	☐	☐	☐	
	☐	☐	☐	☐	
	☐	☐	☐	☐	
	☐	☐	☐	☐	
	☐	☐	☐	☐	
	☐	☐	☐	☐	

*Anmerkungen:
Ggf. sind wesentlich erscheinende weitere Merkmale zu bewerten sowie ergänzende oder erläuternde Hinweise zu geben, vor allem wenn offensichtlich besondere persönliche Verhältnisse von Einfluss waren.

Merkmale wie Objektivität, Bereitschaft, ggf. Kritik anzunehmen (Einsichtsfähigkeit), Selbstbeherrschung u.a. sind nicht besonders aufgeführt und sollen nur dann eine Wertung erfahren, wenn eine besondere Auffälligkeit festzustellen ist.

V. Gesamturteil

Gesamturteil durch den Schulleiter/die Schulleiterin
(Note und ggf. Begründung gemäß Verwaltungsvorschrift vom 21. Juli 2000 in der jeweils geltenden Fassung, Abschnitt III Nr. 5.3)

(Datum, Unterschrift)

Name: **Vorname:**

Amtsbezeichnung: **Geb.-Datum:**

VI. Bekanntgabe an die betreffende Lehrkraft

☐ Durch Übergabe
1. Die vorstehende dienstliche Beurteilung wurde mir am _____ durch Übergabe einer Ausfertigung bekannt gegeben.
   ☐ Sie wurde auf mein Verlangen am _____ mit mir besprochen.

_____   _____
(Ort, Datum)   (Unterschrift der Lehrkraft)

2. Die Lehrkraft hat sich zu der dienstlichen Beurteilung
   ☐ geäußert. Die Äußerung ist dieser dienstlichen Beurteilung beigefügt.
   ☐ nicht geäußert.

_____   _____
(Ort, Datum)   (Unterschrift des Beurteilers/der Beurteilerin)

☐ Durch Übersendung
1. Die vorstehende dienstliche Beurteilung wurde der Lehrkraft durch Übersendung am _____ bekannt gegeben.
   ☐ Sie wurde auf ihr Verlangen am _____ mit ihr besprochen.

2. Die Lehrkraft hat sich zu der dienstlichen Beurteilung
   ☐ geäußert. Die Äußerung ist dieser dienstlichen Beurteilung beigefügt.
   ☐ nicht geäußert.

_____   _____
(Ort, Datum)   (Unterschrift des Beurteilers/der Beurteilerin)

Name: **Vorname:**

Amtsbezeichnung: **Geb.-Datum:**

6.4.2 Schulsituationsbericht

Beispiel: Schulsituationsbericht für eine Grundschule:
Die XXX-Schule ist eine Grundschule mit Pädagogischer Mittagsbetreuung und seit ihrem Umzug in die XXX-Straße im Jahr 2007 eine von drei Grundschulen in der Südstadt.

Das Wohngebiet Südstadt ist stark geprägt durch den sozialen Wohnungsbau und den hohen Anteil von Familien mit Migrationshintergrund. Ebenso ist der Anteil von Alleinerziehenden überdurchschnittlich hoch im Vergleich zu anderen Stadtteilen. Das Einzugsgebiet der XXX-Schule stößt an die Schulbezirksgrenzen von YYY-Schule und ZZZ-Schule.

Bis zu ihrem Umzug war die Schule im Gebäude der „Alten Schule" untergebracht. Dieses Gebäude gehörte zum Komplex der Gesamtschule. Wegen jahrelanger beengter Raumverhältnisse wurde im Jahr 2007 vom Schulträger beschlossen, dass die XXX-Schule in das leer gewordene Gebäude des Haupt- und Realschulzweiges umziehen soll.

Auf Grund der räumlichen Erweiterung und einer großen Nachfrage in der Elternschaft beschlossen die Schulgremien noch im selben Jahr, dass die XXX-Schule sich auf den Weg zur Ganztagsschule macht. Im Jahr 2009 wurde die Schule offiziell in das Landesprogramm ganztägig arbeitender Schulen aufgenommen.

Durch die zusätzlichen Ressourcen konnte ab dem Schuljahr 2009/2010 die Pädagogische Mittagsbetreuung weiter ausgebaut werden auf eine Betreuungszeit von jetzt vier Tagen in der Woche bis jeweils 16 Uhr.

In Kooperation mit dem Schulverwaltungsamt und dem Jugendzentrum erfolgt die Organisation, Personalauswahl und Mittelverwaltung.

Parallel zur schulischen Mittagsbetreuung gibt es außerdem das städtische Schülerbetreuungsangebot an fünf Tagen in der Woche, ebenfalls bis 16 Uhr. Von Anfang an gab es eine große Nachfrage für das Betreuungsangebot.

Im aktuellen Schuljahr sind 65 Kinder angemeldet.

An der XXX-Schule unterrichten 11 Lehrkräfte, davon zwei Kolleginnen mit Vertretungsverträgen sowie ein Förderschullehrer, der die Kleinklasse für Erziehungshilfe betreut.

6

Für die kommenden Schuljahre ist eine stabile Zweizügigkeit vorausgesagt. Zum Schuljahresbeginn 2011/2012 werden voraussichtlich 41 Schulanfänger eingeschult.

Das besondere Profil der XXX-Schule ergibt sich aus der Zusammensetzung ihrer Schülerschaft. Die Schule wird im Schuljahr 2010/2011 von 135 Kindern aus 14 verschiedenen Nationen besucht. Den Hauptanteil bilden türkische Kinder. Insgesamt besuchen 72 % Kinder mit Migrationshintergrund die XXX -Schule. Daraus ergeben sich sehr heterogene Lerngruppen. Für die pädagogische Arbeit bedeutet dies die Notwendigkeit breit gefächerter, individueller Lernangebote mit differenzierten Förderangeboten, um die Schüler zu einem erfolgreichen Schulabschluss zu führen.

Um dem hohen Förderbedarf unter den Schülern gerecht zu werden, gibt es ein breites Angebot unterschiedlicher Fördermaßnahmen. Die XXX-Schule ist seit 2006 Projektschule im landesweiten Förderprogramm für Kinder mit Migrationshintergrund „Deutsch & PC", zusätzlich gibt es BFZ-Stunden vom Beratungs- und Förderzentrum. Klassenübergreifend, aber auch klassenspezifisch werden Förderangebote für alle Jahrgangsstufen durchgeführt.

Außerdem gibt es einen Vorlaufkurs, der von 11 Kindern besucht wird.

Die Schule gehört dem lokalen Projekt „Netzwerk Sprache" an.

Ab der Jahrgangsstufe zwei wird in allen Klassen das Gewaltpräventionsprogramm „Faustlos" durchgeführt. Einmal in der Woche kommen zwei Schulmediatorinnen in die Schule und unterstützen die Kinder bei der Klärung von Konflikten.

Zur räumlichen Ausstattung der Schule zählen acht Klassenräume (vier mit Nebenraum), zwei Gruppenräume, ein Multifunktionsraum (Kunst, Werken, Musik), ein PC-Raum, eine Schülerbücherei, eine Ludothek, ein Lehr- und Lernmittelraum, Kopierraum, Küche mit Mensa und eine Turnhalle. Der Verwaltungsteil im Erdgeschoss besteht aus Sekretariat, Schulleitungszimmer, Lehrerzimmer und Hausmeisterraum. Für die Schülerbetreuung der Stadt steht ein größerer Raum im Erdgeschoss zur Verfügung.

Alle Klassenräume haben eine kleine Medienecke, die mit zwei Schülerarbeitsplätzen mit Internetzugang ausgestattet ist.

Außerdem befindet sich im Ausleihbereich der Schülerbücherei ein PC mit Internetzugang.

Im Lehrerzimmer befindet sich ein Lehrer-Arbeitsplatz mit Internetzugang.

Im PC – Raum mit einem fest installierten Beamer sind 24 Schülerarbeitsplätze vorhanden. Zwei Klassenräume sind mit Whiteboards ausgestattet.

Der Schulhof ist seit einem Jahr mit Spielgeräten und Kletterwand ausgestattet. Der letzte Bauabschnitt der Schulhofumgestaltung ist für das kommende Schuljahr geplant.

Beispiel: Schulsituationsbericht für ein Gymnasium:
Das XXX-Gymnasium gehört zu den großen innerstädtischen Schulen in YYY mit einem hohen Anteil auswärtiger Schüler aus den Gemeinden der umliegenden Landkreise. Das Gymnasium wird von ca. 1.530 Schülern besucht.

6

Bei der Anmeldung können die Schüler zwischen zwei Einstiegsprofilen in Klasse 5 wählen: Englisch oder Latein als erste Fremdsprache. Die Kinder mit Englisch als erster Fremdsprache können zudem noch die sogenannten Science – Klassen als eine mögliche Variante wählen, in denen in den Jahrgangsstufen 5 und 6 die Fächer Biologie, Physik und Chemie fachübergreifend unterrichtet werden. In den Lateinklassen wird die bereits in der Grundschule betriebene Fremdsprache Englisch weiter unterrichtet, aber erst in der 6. Klasse als zweite Fremdsprache bewertet.

Doppeljahrgangsstufen in der Mittelstufe sowie die gymnasiale Oberstufe bilden jeweils Einheiten. In der gymnasialen Oberstufe wird für neu hinzukommende Schüler in der Regel eine weitere Klasse gebildet. Das Leistungskursangebot umfasst die Fächer Deutsch, Englisch, Französisch, Latein, Kunst, Musik, Geschichte, Politik und Wirtschaft, Mathematik, Physik, Chemie und Biologie.

Ein umfangreiches Sprachenangebot und damit verbunden ein breites Austauschprogramm prägen das Profil des XXX-Gymnasiums:

Ab Jahrgangsstufe 6:

- Latein oder Französisch (1. Fremdsprache: Englisch)
- Englisch (1. Fremdsprache: Latein)

Ab Jahrgangsstufe 8:

Französisch, Latein, Spanisch, Altgriechisch als 3. Fremdsprache

E-Phase: Spanisch als neu beginnende Fremdsprache

Austauschmöglichkeiten bestehen mit England, Frankreich, Spanien, USA, Lettland und demnächst mit Kanada.

In speziell zum Erwerb international anerkannter Sprachzertifikate eingerichteten Arbeitsgemeinschaften können Schüler in Englisch die Prüfung für das Cambridge-Zertifikat, in Französisch für das DELF-Zertifikat und in Spanisch für das DELE-Zertifikat ablegen.

Im Bereich des Wahlunterrichtes können Schüler zwischen Bürokommunikation und Informatik wählen. Die informationstechnische Grundbildung beginnt bereits ab der Klasse 5 in Projekten mit den Fächern Deutsch, Mathematik und Science. Ebenso ist es möglich, im Wahlunterricht einen sprachlichen bzw. naturwissenschaftlichen Schwerpunkt zu setzen oder mit der Ausbildung in Darstellendem Spiel zu beginnen.

Um über den Unterricht hinaus selbstständiges, selbstbestimmtes und kreatives Lernen (forschendes Lernen) zu fördern, ist die Teilnahme an Wettbewerben am XXX-Gymnasium schon seit langer Zeit Tradition. In der Vergangenheit haben Schülergruppen sehr erfolgreich an folgenden Wettbewerben teilgenommen:

- Jugend und Wirtschaft,
- Wettbewerbe zur politischen Bildung,
- Jugend debattiert,
- Bundeswettbewerb Fremdsprachen,
- Bundesmathematikwettbewerbe (z.B. Känguruwettbewerb),
- Chemie- oder Physikwettbewerbe,
- sportliche Wettbewerbe wie Jugend trainiert für Olympia,
- Schülerzeitungswettbewerbe,
- Lese- und Schreibwettbewerbe.

Es werden regelmäßig Projekttage (zum Teil mit Schwerpunktthemen) durchgeführt. Besonders begabte Schüler erfahren im Rahmen der

Hochbegabtenförderung eine spezielle Unterstützung und Förderung. Schüler nehmen dazu u.a. außerhalb des Unterrichts an speziellen Studientagen teil, die in Zusammenarbeit mit der Universität organisiert werden.

Das Engagement der Schülervertretung ist rege, auch von Schülern selbstorganisierte Projekte wie der schulische Sanitätsdienst, der Schülerkiosk (Schülerfirma) und perspektivisch Projekte mit Kindern aus einzelnen Stadtvierteln (z.B. Hausaufgabenhilfe) sind erwähnenswert.

Das Fahrtenprogramm des XXX-Gymnasiums sieht neben den oben beschriebenen Austauschfahrten gemeinsame Fahrten im Klassenverband bzw. in der Tutorengruppe vor. In der Jahrgangsstufe 5 findet ein Schullandheimaufenthalt an der Nordsee statt. In der Jahrgangsstufe 7 erfolgt die Klassenfahrt unter einem sportlichen Schwerpunkt. Hierbei besteht auch die Möglichkeit, die Fahrt als Ski Woche durchzuführen. Die Jahrgangsstufe 10 (zukünftig 9) besucht obligatorisch die Bundeshauptstadt Berlin. Abschließend finden im ersten Jahr der Qualifikationsphase die Studienfahrten der Tutorenkurse statt. Auf freiwilliger Basis können in der Sek. II die Lateinschüler Rom und die Französischschüler Straßburg oder Paris besuchen. Ein optionaler kultureller Austausch mit einer Partnerschule in Lettland oder der Theateraustausch mit Italien erweitern das Angebot.

Zur Vorbereitung auf Studium und Beruf werden derzeit in den Jahrgansstufen 9, 10 und 11 (zukünftig 8, 9, E-Phase) Praktika und Informationsveranstaltungen mit ehemaligen Schülern angeboten.

Das XXX-Gymnasium ist eine Ganztagsschule mit pädagogischer Mittagsbetreuung. Schüler können täglich ein warmes Mittagessen in der Schulmensa zu sich nehmen. Die Schwerpunkte der pädagogischen Mittagsbetreuung sind Fördern (Hausaufgabenbetreuung, unterstützende Arbeitsgemeinschaften in allen Sprachen, den Naturwissenschaften und der Mathematik) und Fordern (Schülerfirma, Chinesisch, Altgriechisch oder höhere Mathematik) sowie die musisch-ästhetische Erziehung. Für die musisch-ästhetische Erziehung werden Sport, Kunst-AGs, Chöre, Orchester, Instrumental- und Theatergruppen angeboten.

Insgesamt unterrichten derzeit 115 Lehrer an dieser Schule.

6

6.5 Beispiel eines Ablaufplans für Funktionsstellenbesetzungen:

In den Behörden gibt es in der Regel sogenannte Verfahrensbücher oder andere Zusammenstellungen der Verfahrensabläufe. Das nachfolgende Beispiel aus einem hessischen Staatlichen Schulamt zeigt eine der möglichen Varianten auf:

Funktionsstellenbesetzungsverfahren
Az.:

Stelle/Funktion	
Besoldungsgruppe	A HBesG/BBesG
Dienststelle	
Dienstort/Kreis	
Zuständigkeit für Auswahlentscheidung	☐ HKM ☐ Staatliches Schulamt
SAP-Ausschreibungs-Nr.	

A B L A U F P L A N (Zutreffendes ankreuzen/Nichtzutreffendes streichen)

1. Vorbereitung der Ausschreibung

		Zuständig *	Handzeichen/ Datum
1.1.	Stellungnahme Stellenbewirtschafter: **Stelle steht zur Verfügung** ☐ ja ☐ nein ☐ Stellungnahme:	PSB/SB	
1.2.	Stellungnahme Stellendezernenten: **Stelle steht zur Verfügung** ☐ ja, ab Zeitpunkt: ☐ nein	PSB/SD	
1.3.	Entwurf eines Anforderungsprofils und Schulsituationsbericht **angefordert am**	PSB/SF	

		Zuständig *	Handzeichen/ Datum
1.4.	Prüfung Anforderungsprofil durch schul- fachliche Aufsichtsbeamtin/schulfachlichen Aufsichtsbeamten: **Stellungnahme:**	SF	
1.5.	Beteiligung der Frauenbeauftragten **Stellungnahme:**	PSB/FB	

2. Veröffentlichung der Ausschreibung:

		Zuständig *	Handzeichen/ Datum
2.1.	Anlegen der Ausschreibung in SAP (Beachte: Vakanz, Kostenplanung direkte Bewertung 1,– Euro)	PSB	
2.2.	Freigabe der Ausschreibung für Veröffentlichung im Portal: ☐ **Information an HKM über ange- legte Ausschreibung per Mail am** ☐ **Freigabe durch Staatliches Schulamt am**	PSB	
2.3.	Veröffentlichung der Ausschreibung im Internet **Datum der Veröffentlichung: Ende Ausschreibungsfrist:**	PSB	
2.4.	Sichtkontrolle der Ausschreibung nach Veröffentlichung im Internet **Ausschreibung im Internet korrekt** ☐ **ja** ☐ **nein**	PSB	
2.5.	Information über erfolgte Veröffentlichung im Internet ☐ **Frauenbeauftragte** ☐ **Schulfachl. Dezernentin/ Dezernent**	PSB	

6

3. Bewerbungen

3.1. Übersicht Bewerbungen

Name, Vorname, Dienstbezeichnung	Schwer-beh.	Stammdienst-stelle	SAP-Bew. Nr.	Eingangs-bestätigung an Bewerber

3.2. Personalunterlagen zusammenstellen (PSB)

Name, Vorname, Dienstbezeichnung	Stammdienststelle	PA angef. am	Dienstliche Beurteilung angefordert am

3.3. Bei Auswahlentscheidung durch das HKM

Abgabe der Unterlagen (Bewerbungen, aktuelle dienstliche Beurteilung, Personalakten) an das HKM durch PSB/AL am:

4. Auswahlverfahren durchführen (bei Auswahlentscheidung durch Staatliches Schulamt)

		Zuständig	Handzeichen/ Datum
4.1.	Einsicht **Frauenbeauftragte** in die Bewerbungsunterlagen und Personalakte am:	PSB/FB	

		Zuständig	Handzeichen/ Datum

4.2.	Auswahlverfahren wird durchgeführt
	☐ **nein**
	  ☐ **Neuausschreibung**
	  ☐ **Neuausschreibung mit verkürzter Bewerbungsfrist**
	☐ **ja**
	  ☐ **Entscheidung nach Aktenlage**
	  ☐ **Durchführung Überprüfungsverfahren**
		SF	

4.3.	Beteiligung **Schulträger** gem. § 89 Abs. 2 HSchG (bei Schulleiterstellen) am:	PSB	
4.4.	Einsicht **Personalrat/Gesamtpersonalrat** in Bewerbungsunterlagen am:	PSB	
4.5.	Einsicht **Schwerbehindertenvertretung** in Bewerbungsunterlagen bei schwerbehinderten Bewerbern am:	PSB	
4.6.	Termin Überprüfungsverfahren in Abstimmung mit Frauenbeauftragter **Datum, Uhrzeit:** **Ort:** **Information Schule am:**	SF	
4.7.	Einladungen zum Überprüfungsverfahren – **Bewerber** am: – **Personalrat/ Gesamtpersonalrat** am: – **Frauenbeauftragte** am: – **Schwerbehindertenvertretung** am:	PSB/SF	

6

		Zuständig	Handzeichen/ Datum
4.8.	Erstellen Auswahlbericht	SF, VF	
4.9.	Beteiligung ☐ **Frauenbeauftragte gem. § 16 HGlG** ☐ **Schwerbehindertenvertretung**	PSB	
4.10.	Entscheidung Amtsleiter/in am	PSB/VF/ AL	

5. Umsetzung der Auswahlentscheidung

		Zuständig *	Handzeichen/ Datum
5.1.	Verfahren § 10 Abs. 4 HGlG durchführen	PSB	
5.2.	Beteiligungsverfahren zur kommissarischen Beauftragung durchführen **Personalrat/Gesamtpersonalrat hat zugestimmt** ☐ **ja** ☐ **nein** **Frauenbeauftragte wurde beteiligt** ☐ **ja** ☐ **nein** **Schwerbehindertenvertretung hat zugestimmt** ☐ **ja** ☐ **nein** **Schulträger hat zugestimmt:** ☐ **ja** ☐ **nein**	PSB	

		Zuständig *	Handzeichen/ Datum

5.3.	Absagen an Mitbewerber erstellen
	
	Ende Bedenkzeit für einstweiligen Rechtsschutz der Mitbewerber (2 Wochen) am:
	
	Einstweilige Anordnung beantragt:
	☐ **ja**
	   Beschluss vom:
	   Weiteres Vorgehen:
	☐ **nein**
		PSB/SF/VF	

5.4.	Pflege der Absage in PB	PSB	
5.5.	Notwendiges Versetzungsverfahren durchführen Versetzung bei personalaktenführender Dienststelle beantragen	PSB/SF	
5.6.	Kommissarische Beauftragung ausfertigen Datum kommissarische Beauftragung: **Durchschrift an:** ☐ Sachbearbeiter/in Frauenförderplan ☐ Stellenwirtschaft ☐ Stellendezernent/in ☐ **Bei Auswahlentscheidungen des HKM Information an HKM über Zeitpunkt der kommissarischen Beauftragung**	PSB/SF	
5.7.	SAP PB Verfahren durchführen und Ausschreibung abschließen ☐ Übernahme vorbereiten HKM (PB) ☐ Übernahme durchführen (PA) ☐ Vakanz löschen (OM und Vakanzliste) ☐ Ausschreibung beenden	PSB	

6

		Zuständig *	Handzeichen/ Datum
5.8.	Wiedervorlage endgültige Beauftragung und/oder Beförderung verfügen	PSB/SF	
6.	z.d.A. 40 k		

* Abkürzungen Zuständig:
  AL Amtsleiter
  FB Frauenbeauftragte
  PSB Personalsachbearbeiter/in
  SB Stellenbewirtschafter
  SD Stellendezernent
  SF Schulfachliche/r Aufsichtsbeamtin/Aufsichtsbeamter
  VF Verwaltungsfachliche/r Aufsichtsbeamtin/Aufsichtsbeamter

6.6 Beispiele von Auswahlberichten für Funktionsstellenbesetzungen

Im Folgenden sind drei von Stil und Vorgehensweise sehr unterschiedliche Auswahlberichte für die Besetzung von Funktionsstellen in wesentlichen Ausschnitten zusammengestellt worden. Es handelt sich dabei um Texte, die zwar fiktiv sind, sich jedoch sehr eng an tatsächlich vorliegenden Berichten und Unterlagen orientieren. Die zum Teil stark gekürzte Darstellung soll dem Leser einen Eindruck davon vermitteln, in welcher Weise in der für die Auswahl zuständigen Behörde (Schulamt, Bezirksregierung, Kultusministerium) solche Vorgänge bearbeitet und entschieden werden. Bei jedem Stellenbesetzungsvorgang wird ein solcher Bericht durch den für das Verfahren zuständigen Schulaufsichtsbeamten für denjenigen erstellt, der im jeweiligen Fall letztendlich die Entscheidung trifft (z.B. Behördenleiter, Staatsekretär etc.).

6.6.1 Oberstudienrätin/Oberstudienrat

hier: **XXX-Gymnasium, Ausschreibungsnummer YYY**

Auf o.g. Stelle gingen fristgerecht zwei Bewerbungen ein: StR R (Gymnasium in X) und StR F (Gymnasium in Y).

1 Vergleichende Übersicht

1.1 Allgemeine Aktenlage

	Herr R	Herr F
Geburtsdatum		
1. Staatsprüfung		
2. Staatsprüfung		
Erweiterungsprüfung		
BaP		
BaL		
Sonstige Tätigkeiten		
Note der dienstl. Beurteilung	11 Punkte	13 Punkte

Abgleich Anforderungsprofil/Voraussetzungen der Bewerber

Die im Anforderungsprofil genannten Voraussetzungen sind:

1. Kontinuierliche Erfahrung im Unterrichten aller Stufen eines Gymnasiums in den Fächern Englisch und Griechisch oder Deutsch inklusive Erfahrungen in der Durchführung von Leistungskursen und Abiturprüfungen
2. Mehrjährige Erfahrungen in der Organisation und Durchführung von Fremdsprachenaustauschen
3. Einsatzbereitschaft, Team- und Kontaktfähigkeit sowie Überzeugungskraft
4. Ausgeprägte Kommunikationsfähigkeit
5. Besondere Belastbarkeit
6. Konzeptionelles und perspektivischorientiertes Denken
7. Fachkombination Englisch/Griechisch

	Herr R	Herr F
Erfahrung im Unterrichten aller Stufen eines Gymnasiums in Englisch und Griechisch oder Deutsch, Erfahrungen in der Durchführung von Leistungskursen und Abiturprüfungen		

Erfahrungen in der Organisation und Durchführung von Fremdsprachenaustauschen		
Einsatzbereitschaft, Team und Kontaktfähigkeit sowie Überzeugungskraft		
Ausgeprägte Kommunikationsfähigkeit		
Besondere Belastbarkeit		
Konzeptionelles und perspektivisch-orientiertes Denken		
Fachkombination Englisch/Griechisch		

Nach dem Abgleich der Bewerberprofile mit denen des Anforderungsprofils scheidet Herr R aus dem Verfahren aus, weil er nicht über eine als zwingend vorausgesetzte Kompetenz oder Erfahrung verfügt (Erfahrungen in der Organisation und Durchführung von Fremdsprachenaustauschen). Auch wird aus der dienstlichen Beurteilung nicht deutlich, aufgrund welcher Fähigkeiten/ Kompetenzen er die Aufgabe „Erarbeitung eines Konzeptes zur Nutzung der Synergieeffekte zwischen der griechischen, der englischen Sprache und der deutschen Sprache im ersten Schulprofil" bewältigen könnte.

Herr F hingegen erfüllt nicht nur sämtliche Kriterien des Anforderungsprofils, sondert verfügt darüber hinaus auch über das erwünschte Kriterium Fachkombination Englisch/Griechisch. Dies versetzt ihn in besonderer Weise in die Lage, das in der Stellenbeschreibung verlangte Aufgabengebiet „Erarbeitung eines Konzeptes zur Nutzung der Synergieeffekte zwischen der griechischen, der englischen Sprache und der deutschen Sprache im ersten Schulprofil" zu bearbeiten.

Große Teile des Aufgabengebietes hat Herr F bereits übernommen: So ist er seit 2000 zuständig für die Organisation und Durchführung des Auslands-Austausches. Erste Erfahrungen in der Erstellung eines Konzepts zur Nutzung der Synergieeffekte konnte er ebenfalls bereits sammeln. Als Leistungskurslehrer im Fach Englisch war er zudem mit der Organisation der Kommunikationsprüfungen betraut.

Ich komme daher zu dem Schluss, dass Herr F nach Eignung, Befähigung und Leistung auszuwählen ist.

6.6.2 Rektor als Leiter einer Grundschule mit mehr als 180 bis zu 360 Schülern

Besetzung der Stelle einer Rekorin/eines Rektors als Leiterin/Leiter einer Grundschule mit mehr als 180 bis zu 360 Schüler an der XXX-Grundschule

Ausschreibungsnummer …

Bericht und Auswahlempfehlung

(Grundlagen: Personalakten, Dienstliche Beurteilungen, Tätigkeits- und Fortbildungsnachweise, Überprüfungsverfahren)

Auf die o.g. Stelle haben sich fristgerecht beworben:

1. Frau K
2. Frau Z

6

Leistungen im Überprüfungsverfahren:

	Frau K	Frau Z
Unterrichtsanalyse+Beratungsgespräch		
Unterrichtsanalyse, Bewertung der Stunde Und Beratung der Kollegin	Frau K benennt in ihrer Analyse der Stunde nur wenige, eher nebensächliche Schwachpunkte der Stunde. Die beiden großen Probleme, die Lehrerpersönlichkeit und der viel zu geringe Lernzuwachs, werden von ihr nicht angesprochen. Sie bewertet die Stunde eher positiv. Frau K gelingt es ansatzweise, die Rolle der Beraterin einzunehmen. Sie strukturiert das Gespräch mithilfe vorbereiteter Leitthemen, die sie auf Karten zum Verfahren mitgebracht hat. Frau K agiert sehr vorsichtig und zurückhaltend und findet keine Anknüpfungspunkte, um die Kollegin zur kritischen Selbstreflexion zu bringen.	Frau Z erkennt einen zentralen Schwachpunkt der Stunde: Die fehlende Emotionalität der Lehrkraft im Umgang mit dem dramatischen Thema. Sie kann Alternativen dazu benennen. Sie bewertet die Stunde dennoch eher positiv. Frau Z gelingt es , die Rolle der Beraterin einzunehmen. Sie erreicht es, durch gezielte Fragen einen Reflexionsprozess bei der Lehrkraft zu initiieren. Die Lehrkraft äußert, dass Sie die Tipps von Frau Z gut annehmen kann.
Bewertung	**7 Punkte**	**11 Punkte**

Präsentation und schulfachliches Gespräch		
	Frau K	**Frau Z**
Kurzpräsentation: Ihr Weg zur Implementierung der Bildungsstandards an der XXX-Grundschule	Frau K stellt sehr detailliert Hintergrundbedingungen an der Grundschule vor. Sie möchte in hohem Maße an vorhandene Strukturen anknüpfen. Sie referiert dann zu vielen Einzelüberlegungen und Faktoren, die in die Arbeit an der Schule einfließen sollten. Sie versucht dabei alle Bereiche der schulischen Arbeit, die in irgendeiner Form mit den Bildungsstandards zusammenhängen, zu berücksichtigen. Dazu hat Sie ein ausführliches schriftliches Konzept im Vorfeld des Verfahrens erstellt, das sie mitgebracht hat. Es wird nicht deutlich, welche konkreten Schwerpunkte sie zeitnah bearbeiten möchte. Ein wirklich arbeitbares Konzept für die ersten Schritte zur Einführung der Bildungsstandards wird nicht klar herausgearbeitet.	Frau Z entwirft sehr anschaulich Ihren ersten Schritt in einem möglichen Implementierungsprozess: Die Durchführung eines Pädagogischen Tages, der nicht nur zur inhaltlichen Auseinandersetzung, sondern auch zur Klärung der Rollen im Arbeitsprozess und zu Klärung von Fragen genutzt werden soll. Sie begründet dies gut und beleuchtet die unterschiedlichen zu berücksichtigenden Aspekte, die für eine erfolgreiche Einführung eines so umfassenden Veränderungsprozesses notwendig sind. Sie entwickelt dies kleinschrittig, nachvollziehbar und konkret. Sie gibt einen logischen Ausblick auf Ihre weiteren Planungen.
Bewertung:	**7 Punkte**	**12 Punkte**

6

Eigene Einschätzung bezüglich der Eignung für diese Funktionsstelle	Frau K berichtet von positivem Feedback aus einem Coaching, sieht sich vom Kollegium getragen und freut sich auf die begonnen Projekte und die Weiterentwicklung der Schule	Frau Z berichtet, dass sie bereits als Vertretungskraft im Angestelltenverhältnis an ihre aktuelle Schule gekommen sei und sich nun als Konrektorin gut für Schulleitung gerüstet sehe. Sie wolle als Leitung Eltern stärker einbeziehen und insgesamt für sich zufriedenstellender arbeiten, als Sie das als Konrektorin könne
Frage der Frauenbeauftragten: Welches wären die ersten drei Dinge in Ihrem neuen Amt?	– Jahresgespräche installieren – für Pünktlichkeit sorgen – räumliche Umgestaltung der Schule	– Frühstück ausgeben – Geschäftsverteilungsplan – Gespräch mit Konrektorin
Kompetenzorientierter Unterricht und Stundenplangestaltung – Wo sehen Sie Zusammenhänge?	Ideen von Frau K: 1 Stunde Präsenzpflicht für alle Lehrer; von außen angeordnet; Klassenlehrerprinzip aufweichen	Klassenlehrerprinzip; Abkehr vom 45 Minutenrhythmus; vorhandene Ressourcen in Absprache mit dem Kollegium nutzen
Wie gehen Sie mit aktivem Widerstand gegenüber der Einführung der Bildungsstandards durch eine Kollegin um?	Frau K würde auf bereits erarbeitete Aspekte verweisen, die Kollegin nach der Konferenz zum Gespräch bitten und diese, wenn dies nichts hilft, anweisen. Auch wenn Sie dies für die Atmosphäre im Kollegium schwierig finden würde.	Im Rahmen einer Konferenz würde sie die offene Konfrontation vermeiden, die Kollegin zur Not bitten, die Gruppe zu verlassen und anschließend ein persönliches Gespräch terminieren. Sie würde ihr Hilfen anbieten, indem Sie Arbeitsbereiche gemeinsam eingrenzen. Sie wolle Motivation und Wertschätzung transportieren.

Wie gehen Sie damit um, wenn mehrere Kolleginnen nicht im Nachmittagsbereich unterrichten wollen, obwohl Ihre Schule eine Schule mit Ganztagsangebot ist?	Frau K würde den Kolleginnen zunächst einzelne Tage vorschlagen. Wenn es sein muss, würde Sie diese zum Dienst anweisen. Wichtig ist ihr in jedem Fall das persönliche Gespräch und die Vorbildfunktion.	Hier sieht Frau Z die klare Notwendigkeit von Vorgesetzten-Handeln. Sie will den Einsatz aber auf mehrere Schultern verteilen und die positive Bedeutung der Mittagsbetreuung für die Schule in den Mittelpunkt der Gespräche rücken.
Bewertung	Frau K 8 Punkte	Frau Z 12 Punkte

Zusammenfassung und Auswahlvorschlag:

In der ersten Staatsprüfung erzielten beide Bewerberinnen eine vergleichbare Benotung.

In der zweiten Staatsprüfung liegt Frau Z um fast eine Note vor Frau K.

Beide erreichen einen Punktwert von vierzehn in den dienstlichen Beurteilungen.

Beide Bewerberinnen verfügen über Erfahrung im Zusammenhang mit Schulleitungsaufgaben, Frau K als gewählte Abwesenheitsvertreterin und Frau Z als Konrektorin.

In der Unterrichtsanalyse konnte Frau K nur ansatzweise Schwachpunkte der Stunde benennen, während Frau Z hier die eigentliche Schwachstelle bei der Bearbeitung des Themas erkannte und deutlich machte.

In der anschließenden Beratungssituation gelang es Frau K nur ansatzweise, die Kollegin zu einer konstruktiven Reflexion zu bringen. Frau K versuchte, durch Karten mit Gliederungspunkten das Gespräch zu strukturieren, blieb insgesamt sehr defensiv und konnte die Kollegin nur teilweise zum Nennen von möglichen Alternativen motivieren, während Frau Z im Gespräch mit der Kollegin schwierige Punkte der Stunde aufgriff und durch detailliertes Nachfragen eine selbstkritische Haltung bei der Lehrkraft hervorrief. Dabei lenkte Frau Z das Gespräch zu jeder Zeit aktiv und bewußt.

Im anschließenden Präsentationsteil konnte sich Frau K nur schwer von Ihrer sehr detaillierten Vorbereitung lösen, die zwar eine umfassende Zusammenstellung nahezu aller Aspekte zu diesem Thema beinhaltete, aber für eine konkrete Darstellung, wie Sie aktiv an die Implementierung der Bildungsstandards in Ihrem Kollegium herangehen könnte, nur sehr begrenzt geeignet war.

Frau Z überzeugte durch einen praxisnahen, nachvollziehbaren Einstieg, den sie konkret und unter Berücksichtigung sozial-emotionaler Bedingungen in Kollegien darstellte.

Auch bei den anschließenden schulfachlichen Fragen blieben Frau Ks Antworten teilweise sehr theoretisch oder etwas vage und vorsichtig. Frau Zs Aussagen zeigten Praxisorientierung und stellten mögliche Handlungsgrundlagen dar.

Ich empfehle daher, Frau Z für die Stelle der Schulleiterin an der XXX-Grundschule auszuwählen.

Unterschrift
Schulaufsichtsbeamter

Frauenbeauftragte
Mit der Bitte um Kenntnisnahme

Herr Amtsleiter
Mit der Bitte um Entscheidung

6.6.3 Oberstudiendirektor als Leiter eines voll ausgebauten Gymnasiums A 16

Der folgende fiktive Text gibt wesentliche Auszüge aus einem Bericht zur Besetzung der Stelle des Leiters eines Gymnasiums wieder:

Besetzung der Stelle einer Oberstudiendirektorin/eines Oberstudiendirektors als Leiterin/Leiter eines voll ausgebauten Gymnasiums

hier: XXX-Gymnasium in YYY

- Ausschreibung im Internet, Ausschreibungsnummer … vom …
- Überprüfungsverfahren am …

Die Stelle ist zu besetzen, da der Stelleninhaber in den Ruhestand versetzt wurde.

1. Schulsituation

…

2. Anforderungsprofil

Schulspezifisch werden die im Folgenden genannten Anforderungen gestellt:

- Die Bewerberin/der Bewerber soll über Erfahrungen im Leitungsteam einer großen Schule mit gymnasialer Oberstufe verfügen.
- Die neue Schulleiterin/der neue Schulleiter muss eine Führungspersönlichkeit mit hoher kommunikativer Kompetenz und ausgeprägter Teamfähigkeit sein. Sie/Er muss motivierend und integrierend im Schulleitungsteam und in das Kollegium hinein wirken.
- Von der neuen Leiterin/dem neuen Leiter wird erwartet, dass mithilfe eines Qualitätsmanagementsystems Formen der inneren Differenzierung im Unterricht und des kooperativen Lernens systematisch weiter entwickelt werden.
- Die neue Schulleiterin/der neue Schulleiter muss in der Lage sein, Konzepte für ein tragfähiges Schulprofil und die Weiterentwicklung der Schule sowohl in Bezug auf die schulische Gesamtsituation der Stadt und des Umlandes als auch der Standortsituation zu entwickeln, zu kommunizieren und umzusetzen. Dazu sind neben dem entsprechenden Weitblick auch Überzeugungsfähigkeit gegenüber Kollegium und Schulträger erforderlich. Notwendig ist ein sicheres und gewinnendes Auftreten innerhalb der Schulgemeinde und in der Öffentlichkeit.

6

3. Dienstliche Angaben zu den Bewerbern

3.1 StD A, stellvertretender Schulleiter des XXX-Gymnasiums

Geburtsdatum …

Studium 19..-19.. Studium für das Lehramt an Gymnasien mit den Fachern

…an der …Universität in …

1. Staatsprüfung 19.. mit gut bestanden

2. Staatsprüfung 19.. mit Auszeichnung bestanden

Einsatzorte 19.. -19.. Referendariat an der …schule in …

…

Laufbahn:

01.08.19.. Ernennung zum Studienrat z.A.

01.06.19.. Ernennung zum Studienrat unter Berufung in das Beamtenverhältnis auf Lebenszeit

01.10.20.. Beförderung zum Oberstudienrat

01.04.20.. Beförderung zum Studiendirektor als ständiger Vertreter des Leiters eines voll ausgebauten Gymnasiums

3.2 Frau StD'in Dr. S, stellvertretende Schulleiterin am Gymnasium in ...

Geburtsdatum ...

Studium 19.. -19.. Studium für das Lehramt an Gymnasien mit den Fächern ... und ... an der ... Universität in ...

1. Staatsprüfung 19.. mit Auszeichnung bestanden

2. Staatsprüfung 19.. mit Auszeichnung bestanden

Promotion 20.. Dr. phil.

Einsatzorte 19.. -19.. Referendariat am Oberstufengymnasium in ...

...

20.. -20.. Abordnungen in unterschiedlichem Umfang, u.a. ...

Laufbahn:

01.08.19.. Ernennung zur Studienrätin z.A.

01.09.20.. Ernennung zur Studienrätin unter Berufung in das Beamtenverhältnis

auf Lebenszeit

01.04.20.. Beförderung zur Oberstudienrätin

01.10.20.. Beförderung zur Studiendirektorin als ständige Vertreterin des Leiters eines voll ausgebauten Gymnasiums

3.3 Herr StD P., Leiter eines nicht voll ausgebauten Gymnasiums in …

Geburtsdatum …

Ausbildung 19.. -19.. Lehre als …

Schule 19.. -19.. Oberstufe mit dem Abschluss Allgemeine Hochschulreife

19.. -19.. Studium für das Lehramt an Gymnasien mit den Fächern

… und … an der … Universität in …

1. Staatsprüfung 19.. mit gut bestanden

2. Staatsprüfung 19.. mit Auszeichnung bestanden

Erweiterungsprüfung 19.. im Fach … mit gut bestanden

Einsatzorte 19.. -19.. Referendariat an der …schule, Gymnasium in …

Laufbahn:

01.02.19.. Ernennung zum Studienrat z.A.

01.09.19.. Ernennung zum Studienrat unter Berufung in das

Beamtenverhältnis auf Lebenszeit

01.07.19.. Beförderung zum Oberstudienrat

01.04.20.. Beförderung zum Studiendirektor als Leiter einer gymnasialen Oberstufe an einer Gesamtschule

01.10.20.. Beförderung zum Studiendirektor als Leiter eines

nicht voll ausgebauten Gymnasiums

4. Aktenlage

4.1 Herr StD A

Herr A verfügt über umfassende Unterrichtserfahrung in seinen Fächern auf unterschiedlichen Niveaustufen und als Prüfer im Rahmen der Abiturprüfung. In den dienstlichen Beurteilungen wird festgestellt, dass sein Unterricht durch Lebendigkeit, die Förderung von Kreativität und Selbstständigkeit bei Schülern sowie zielgerichtetes Arbeiten auf hohem Niveau gekennzeichnet ist.

Besonderen Wert legt er auf die Einbeziehung der gesamten Lerngruppen in das Unterrichtsgeschehen sowie die Sicherung der Ergebnisse.

Neben seinen unterrichtlichen Aufgaben nahm der Bewerber immer wieder zusätzliche Aufgaben wahr. Genannt werden in diesem Zusammenhang u.a. seine Mentorentätigkeit und die Betreuung von Praktikanten, der Aufbau des Fachbereichs …, Fachsprechertätigkeit in den Fächern … und …, Fachberater am Staatlichen Schulamt und die Mitarbeit in der Fachgruppe … zur Prüfung von Abituraufgaben im dezentralen Abitur. Besondere Erwähnung fand seine gute und allgemein anerkannte konzeptionelle Arbeit im Bereich der Fachberatung.

Herr A versieht seinen Dienst als ständiger Vertreter des Schulleiters sehr gut. Dabei kommen ihm die hervorragenden Informatikkenntnisse und die langjährige Erfahrung mit Schulverwaltungssoftware zugute. Er versteht sich als „Teamplayer", sein Kommunikationsstil wird als sachlich-prägnant beschrieben. Die von Herrn A initiierte Einrichtung von „Sport-Klassen 7/8" wird als weitblickende Entscheidung gewertet; den Aufbau und die Entwicklung dieses Profils leistete er in Kooperation mit dem Fachbereichsleiter und den Kollegen des Aufgabenfeldes. Im Auftrag des Schulleiters arbeitete Herr A ständig mit dem Schulträger in den Bereichen der Gebäudeinstandhaltung und der informationstechnischen Ausstattung zusammen. Des Weiteren verwaltete er sämtliche Haushalte eigenverantwortlich. In allen Bereichen der Zusammenarbeit mit dem Schulträger und der Haushaltsführung zeichnete er sich durch transparentes Vorgehen und große Zuverlässigkeit aus.

Seit der Ruhestandsversetzung des Schulleiters nimmt Herr A eigenverantwortlich dessen Amtsgeschäfte wahr.

Schulleitungssitzungen werden von ihm konsensorientiert geführt. Bei Entscheidungen, die über das Tagesgeschäft hinausgehen, wird auch die erweiterte Schulleitung mit einbezogen.

Hervorgehoben werden ein sehr guter Kontakt zu der Elternschaft und ein ausgezeichnetes Verhältnis zu den Schülern. Herr A hat die Schulleitung bei Schulelternbeiratssitzungen vertreten. Des Weiteren verfügt er über umfassende Erfahrungen in der Konferenzleitung auf unterschiedlichen Ebenen (Fach-,

Halbjahres-, Zeugnis-, pädagogischen, Gesamt- und Schulkonferenzen). In der Funktion des stellvertretenden Schulleiters hat er Personalentwicklungsgespräche durchgeführt. Mit der Schulaufsicht arbeitet der Bewerber offen und vertrauensvoll zusammen.

Zusammenfassend werden die Leistungen von Herrn A in der dienstlichen Beurteilung durch das Staatliche Schulamt mit der Note „sehr gut" (14 Punkte) beurteilt.

4.2 Frau StD'in Dr. S

…

4.3 Herr StD P

…

5. Das Überprüfungsverfahren

Die Bewerberin und die Bewerber sind laufbahnrechtlich gleichartig fortgeschritten (A 15).

Die größte Nähe zur angestrebten Position hat Herr P, der bereits als Schulleiter gearbeitet und seit 20.. zwei Schulen mit gutem Erfolg geleitet hat. In diesen Tätigkeiten konnte er die grundlegend geforderten Kompetenzen unter Beweis stellen.

Frau Dr. S und Herr A sind stellvertretende Schulleiterin bzw. Schulleiter.

Beide werden in dieser Funktion mit sehr gutem Erfolg beurteilt. Bedingt durch die Ruhestandsversetzung des Schulleiters hat Herr A zusätzlich aktive Schulleitungserfahrung nachzuweisen. Herr J hat die größte Distanz zur angestrebten Position, aber ebenfalls eine sehr gute Leistungsbeurteilung.

Das Überprüfungsverfahren fand am … statt. Es bestand aus einer Unterrichtsmitschau (45 Minuten) mit anschließender Gruppenreflexion (60 Minuten) und einem schulfachlichen Gespräch (60 Minuten). Der Gruppenreflexion ging eine Stellungnahme der Bewerber zur Durchführung des Beratungsgesprächs voraus. Der Unterrichtsentwurf (vgl. Anlage 1) zur Unterrichtsmitschau einer Musikstunde eines Grundkurses in der Jahrgangsstufe 12 stand vor Stundenbeginn zur Verfügung.

6

Im schulfachlichen Gespräch wurden folgende Themen angesprochen:

1. Einschätzung der Gruppenreflexion und des weiteren Handlungsbedarfs
2. Motivation und Biografisches in Bezug auf die angestrebte Funktion
3. Problemlösekompetenz, Konfliktmanagement und Mitarbeiterführung (Handout)
4. Persönlicher Führungsstil und Pädagogisches Leadership (Handout)
5. Qualitätsmanagement und Schulentwicklung (Auszug aus der Zielvereinbarung anlässlich der Schulinspektion, und Auszug aus dem Inspektionsbericht)
6. Frage der Frauenbeauftragten
7. Frage zur Selbstreflexion

Anwesend waren:

Beauftragter des Ministeriums: Herr MinR Z

Schulfachlicher Aufsichtsbeamter: Herr LSAD V

Frauenbeauftragte: Frau H

Protokollnotizen: Frau P

Herr Z befragte die Bewerber vor Beginn des Verfahrens bezüglich ihres gesundheitlichen Befindens. Alle Bewerber erklärten, sie seien gesundheitlich in der Lage, am Verfahren teilzunehmen. Die Prüfungsreihenfolge wurde durch Los festgelegt.

Die Frauenbeauftragte bezeichnete das Verfahren am Ende auf Nachfrage als „fair", alle Bewerber wurden vergleichbar behandelt.

5.1 Herr StD A

5.1.1 Unterrichtsmitschau mit anschließender Gruppenreflexion

Ziele, Schwerpunkte und Strategie:

Herr A stellt treffend das hohe musikalische Niveau und die disziplinierte Arbeit im praktischen Teil der beobachteten Stunde heraus und benennt die wesentlichen Schwächen als Beratungsschwerpunkte (Bruch zwischen dem ersten praktischen und dem zweiten theoretischen Teil der Stunde, starke

Lehrerzentrierung und geringe Schülerbeteiligung im zweiten Stundenteil, das fehlende Aufgreifen der unterschiedlichen Lernvoraussetzungen).

Herr A stellt fest, dass die genannten Punkte nicht getrennt voneinander betrachtet werden können und erläutert, dass aufgrund der Unterschiedlichkeit der beiden Stundenteile eine Bewertung sehr schwierig sei. Die Bewertung der Stunde mit „09 Punkten" ist tendenziell etwas zu positiv. Strategisch würde Herr A dem Kollegen zunächst das Positive der Stunde zurückmelden, um anschließend über Alternativen im theoretischen Teil zu sprechen.

Gruppenreflexion:

Herr A orientiert sein Gesprächsverhalten an den Prinzipien des aktiven Zuhörens. Er übernimmt an vielen Stellen aktiv die Gesprächsführung, wobei er stets um den Einbezug der anderen Teilnehmer bemüht ist. Soweit der Gesprächsverlauf es erfordert, äußert er klar und gezielt seine Kritik an den Gesprächsbeiträgen und unterstützt durch ergänzende Vorschläge die Kompromissfindung.

5.1.2 Schulfachliches Gespräch

Eigene Einschätzung der Gruppenreflexion und des weiteren Handlungsbedarfs:

Herr A stellt fest, dass alle Gesprächsteilnehmer eine ähnliche Einschätzung der Unterrichtsstunde vertreten haben, wobei er auch das Gesprächsverhalten der anderen in einem Punkt (Sichtweise von Herrn J) angemessen reflektiert. Befragt nach dem weiteren Handlungsbedarf bezieht Herr A ein, dass es sich um keinen Berufsanfänger, sondern um einen erfahrenen Kollegen handelt und dass der Kollege eine Säule des musikalischen Profils der Schule ist. Somit müsse man mit der notwendigen Sensibilität vorgehen. Er nennt als mögliche Handlungsschritte die Fort- bzw. Weiterbildung. Erst nach Hilfestellung erkennt Herr A die Problematik eines solchen Schrittes und nennt die Teambildung als denkbare Alternative.

Motivation und Biografisches in Bezug auf die angestrebte Funktion:

Herr A stellt nachdrücklich seinen Vorteil gegenüber den anderen Bewerbern heraus, der aus der Tatsache resultiere, dass er seit der Ruhestandsversetzung des Schulleiters die Schule zumindest phasenweise geleitet habe bzw. leite. Herr A betont seine detaillierten Kenntnisse der gesamten schulischen Strukturen und der Entwicklungsbedarfe, die sich seiner Ansicht nach aus den Ergebnissen der Schulinspektion ergeben (u.a. kein akzeptiertes Leitbild, fehlende Unterrichtsvariabilität). Die Schule voranzutreiben benennt er als seine zentrale Motivation, sich der Aufgaben als Schulleiter zu stellen. Er vertritt die Überzeugung, der Schule täte die wiederholte personelle Neubesetzung der Schulleiterstelle innerhalb weniger Jahre nicht gut. Die Antwort von Herrn A zeugt von einem ausgeprägten Selbstbewusstsein, eigene Entwicklungsbedarfe werden dabei jedoch völlig ausgeblendet.

Problemlösekompetenz, Konfliktmanagement und Mitarbeiterführung (Handout):

Herr A stellt treffend fest, dass bei dem ihm vorgelegten Schreiben der Dienstweg hätte eingehalten werden müssen, woraus er die Notwendigkeit, dem Personalrat eine Missbilligung auszusprechen, ableitet. Erst nach Hilfestellung erkennt Herr A die problematische Dimension des Schreibens, die aus dem Hinweis auf die Schulleitungsfunktion des Unterzeichners resultiert, verweist jedoch wiederum ausschließlich auf die Notwendigkeit einer Missbilligung. Auch nach weiterer Hilfestellung bezieht Herr A seine Überlegungen nicht auf die sich in dem Schreiben abzeichnende inhaltliche Problematik, sondern fokussiert seine Überlegungen auf die potentielle Möglichkeit eines Angriffs auf seine Autorität als Schulleiter, die sich in der Missachtung des Dienstwegs zeigen könnte. Auf die konkrete Frage des Berichterstatters, wie Herr A in Bezug auf den Inhalt des Schreibens agieren würde, führt er an, dass die Belastung der Kollegen wirklich gestiegen sei, bleibt jedoch in Bezug auf den Handlungsbedarf und mögliche Handlungsschritte sehr oberflächlich.

Damit zeigt Herr A zwar ein grundsätzlich angemessenes Rollenverständnis eines Schulleiters in Konfliktsituationen, der selbstständige Einbezug der personalen Dimension (Belastungsempfinden als problematischer Hintergrund) wäre jedoch wünschenswert gewesen.

Herr A versäumt es insgesamt, umfassende Fähigkeiten zur Konfliktlösung durch das Aufzeigen konkreter und überzeugender Handlungsschritte unter Beweis zu stellen.

Persönlicher Führungsstil und pädagogischen Leadership (Handout):

Herr A erkennt die zentrale Aussage des Zitats und beschreibt seinen eigenen Führungsstil, indem er nachdrücklich betont, die Aufgaben im Sinne der

Qualitätsentwicklung müssten gemeinsam angegangen werden, wobei er die Gremien zu einer gemeinsamen Arbeit bringen bzw. andere motivieren müsse, aber es auch ganz klar Situationen gebe, in denen er zu entscheiden habe. Er sei als Schulleiter für eine den rechtlichen Bestimmungen entsprechende Umsetzung verantwortlich. Somit folge er eher der zweiten Aussage des Zitats, obwohl er eigentlich die beiden Aussagen nicht für trennbar hält. Herr A stellt nach der Aufforderung, seine Überlegungen anhand eines Praxisbeispiels zu veranschaulichen, die Entwicklungsbedarfe des Gymnasiums dar und skizziert die Handlungsschritte der Schulleitung in Bezug auf die Schärfung des sprachlichen Profils der Schule. Dabei wäre eine stärkere Fokussierung auf die eigentliche Fragestellung wünschenswert gewesen. Es wird deutlich, dass Herr A in Bezug auf das gewählte Praxisbeispiel ausschließlich die Schulleitungsmitglieder als die potentiell Handelnden sieht. Auch auf Nachfrage werden z.B. die Lehrkräfte nicht als mögliche Agierende in die Überlegungen einbezogen. Eine Erläuterung des Begriffs „Pädagogische Leadership" erfolgt nicht. Die Ausführungen von Herrn A zeugen insgesamt von einer Reflexion des eigenen Führungsstils und einem grundlegenden Rollenverständnis.

Qualitätsmanagement und Schulentwicklung-Auszug aus der Zielvereinbarung anlässlich der Schulinspektion und Auszug aus dem Inspektionsbericht (Handout):

Herr A übergeht, bedingt durch Tatsache, dass er als stellvertretender Schulleiter den in der Zielvereinbarung abgebildeten Entwicklungsprozess mit gestaltet hat, die Analyse der einzelnen Inhalte, um nachdrücklich seine Kritik an den bisher ergriffen Maßnahmen und somit indirekt auch an der Zielvereinbarung zum Ausdruck zu bringen. Er skizziert erste Prozessveränderungen und benennt zwei maßgebliche Entwicklungsstränge des Gymnasiums. Die Ausführungen zu dem Zitat des Inspektionsberichts (vgl. Handout) belegen, dass Herr A sich der ihm in diesem Zusammenhang vom Kollegium zugeschriebenen problematischen Rolle bewusst ist, diese Entwicklung aus seiner Sicht aber dem damaligen Anforderungsprofil der Stellvertreterstelle geschuldet sei. Diese Aufgabe habe er ernst genommen.

Herr A ergänzt, dass er im laufenden Schuljahr versucht habe, „für alle Fachbereiche offen zu sein" und ihm alle Einstiegsprofile der Schule wichtig seien. Nach Aufforderung kann Herr A die mehrfache Schwerpunktbildung der Schule überzeugend vertreten und weitere Entwicklungslinien skizzieren. Als sein zentrales Ziel benennt Herr A, die Schüler individueller zu fördern. Zusammenfassend ist festzustellen, dass sich Herr A der Verbesserungsmöglichkeiten in Bezug auf die Schulentwicklungsprozesse bewusst ist, Ursachen identifizieren kann und sich der Skepsis des Kollegiums in Bezug auf seine Person stellt, wobei eine weitergehende Konkretisierung der daraus abgeleiteten Konsequenzen für sein Verhalten an dieser Stelle aus der Sicht des Berichterstatters wünschenswert gewesen wäre.

Frage der Frauenbeauftragten:

Herr A benennt das Sichten und Ansprechen von talentierten Frauen (und Männern) als eine wichtige Linie, die eine Schulleiterin bzw. ein Schulleiter zur Personalförderung verfolgen sollte. Zur Unterstützung von Frauen mit Kindern zeigt er Möglichkeiten auf und nennt als weitere wichtige Instrumente zur Förderung von Kolleginnen das Jahresgespräch und Fortbildungen. Herr A stellt eine angemessene Genderkompetenz unter Beweis.

Frage zur Selbstreflexion:

Befragt, warum er als neuer Schulleiter des Gymnasiums ausgewählt werden sollte, stellt Herr A nachdrücklich fest, er habe seine Arbeit bisher gut gemacht und damit gezeigt, dass er es könne. Dabei hätte er unter schwierigeren Bedingungen arbeiten müssen, als wenn er als Schulleiter offiziell eingesetzt gewesen wäre. Abschließend sagt Herr A: „Ich will Schulleiter werden, ich will es an meinem Gymnasium", und schlägt mit der Hand auf den Tisch. Somit lässt Herr A keinen Zweifel an seiner Entschlossenheit und Willensstärke, hinterlässt aber auch Zweifel an der gebotenen Professionalität im Hinblick auf das Bewerbungsverfahren und auf eine reflektierte Sicht der eigenen Arbeit.

5.2 Frau StD'in Dr. S

5.2.1 Unterrichtsmitschau mit anschließender Gruppenreflexion

…

…

6. *Abwägung*

StD'in Dr. S verfügt in ihren Unterrichtsfächern über Erfahrung in beiden Sekundarstufen sowie über hervorragende fachliche, didaktische und methodische Kompetenzen.

Sie konnte in Abordnungsmaßnahmen Erfahrungen auf allen Ebenen des Kultusressorts sammeln, dabei hat er in allen Beurteilungsbeiträgen beste Noten erhalten. Seit dem Schuljahr 20XX ist Frau Dr. S stellvertretende Schulleiterin eines Gymnasiums. In der aktuellen dienstlichen Beurteilung wird festgestellt, dass es sich bei ihr in jeder Hinsicht um eine Führungspersönlichkeit handelt, die vor allem durch hervorragende kommunikative Kompetenzen und eine ausgeprägte Teamfähigkeit überzeugt. Auch wenn im Bericht anlässlich der Bewährungsfeststellung darauf hingewiesen wird, dass Dr. S sich auf Grund der weitreichenden Verwaltungsarbeit als stellvertretender Schulleiterin nicht verstärkt in die aktive Gestaltung der Schulentwicklungsprozesse einbringen konnte, zählt diese zu den großen Interessen von Frau Dr. S. Sie hat sehr überzeugend bewiesen, dass sie Qualitätsmanagementsysteme aufzubauen und anzuwenden versteht, kompetent und konsequent die Forderungen der Schulinspektion nach Binnendifferenzierung und kooperativem Lernen aufgreift und mit dem Kollegium akzentuiert. Dabei hat sie das gesamte schulische Umfeld im Blick, berücksichtigt die Abstimmung mit den Gremien der Schule und sucht mit großem Erfolg die Kooperation mit dem Schulträger. In der Umsetzung der neuen Oberstufenverordnung hat Frau Dr. S die Einführungsphase in wichtigen Bereichen neu gestaltet. Die von ihr erarbeiteten Lösungen zeichnen sich durch Klarheit und Stringenz aus.

Zusammenfassend werden die Leistungen von Frau Dr. S mit „15 Punkten" bewertet.

Das Staatliche Schulamt hat sich der Erstbeurteilung angeschlossen.

Im Überprüfungsverfahren ist Frau Dr. S nicht in der Lage, den sehr positiven Eindruck der Aktenlage zu bestätigen. Frau Dr. S erfasst zwar die wesentlichen Schwächen der Stunde, orientiert ihr Gesprächsverhalten in der Gruppenreflexion an den Prinzipien des aktiven Zuhörens, bei starker Gesprächsführung

6

durch andere Gesprächsteilnehmer zieht sie sich jedoch phasenweise zu sehr aus der aktiven Gesprächsteilnahme zurück. Die Ausführungen von Frau Dr. S zur Motivationslage bleiben insgesamt zu abstrakt und zeigen, dass sich die Bewerberin der Probleme, denen sie sich als neue Schulleiterin ggf. zu stellen hat, nicht ausreichend bewusst ist. Im Fallbeispiel konkretisiert Dr. S ihre Handlungsschritte erst nach zweimaliger Aufforderung; die Lösungsansätze sind ausschließlich dem Bereich der Verwaltung zuzuordnen, es fehlt der in diesem Kontext maßgebliche Blick auf die Personal- und Unterrichtsentwicklung.

Über mögliche dienstrechtliche Maßnahmen ist Frau Dr. S nur ansatzweise informiert. Frau Dr. S erkennt zwar treffend die zentrale Aussage des ihr vorgelegten Zitats, bleibt aber in ihren Ausführungen wiederum eher allgemein und lässt erkennen, dass ihr die für eine Schulleiterin unabdingbare Entscheidungskraft bzw. -fähigkeit noch nicht ausreichend bewusst ist. Über die konkreten Schwierigkeiten bzw. Entwicklungsbedarfe des Gymnasiums ist Frau Dr. S nicht ausreichend informiert. Die Aufgabenstellung zur Zielvereinbarung bearbeitet sie unsicher und bleibt auch nach Hilfestellung in ihren Ausführungen eher oberflächlich. Es fehlt ein durchgängig angemessenes Verständnis des Instruments der Zielvereinbarung und möglicher Evaluationsmaßnahmen.

Insgesamt ist das Überprüfungsverfahren mit „befriedigend, in Teilen schlechter" zu bewerten.

Unter Berücksichtigung aller Aspekte ist damit festzustellen, dass Frau Dr. S derzeit grundsätzlich geeignet erscheint, die Aufgaben der Schulleiterin am Gymnasium zu übernehmen.

Herr StD A verfügt über umfassende Unterrichtserfahrung in seinen Fächern auf unterschiedlichen Niveaustufen. Es wird festgestellt, dass sein Unterricht durch Lebendigkeit, die Förderung von Kreativität und Selbstständigkeit sowie zielgerichtetes Arbeiten gekennzeichnet ist. Neben seinen unterrichtlichen Aufgaben nahm der Bewerber immer wieder zusätzliche Aufgaben wahr. Besondere Erwähnung fand seine gute und allgemein anerkannte konzeptionelle Arbeit im Bereich der Fachberatung.

Seit dem Schuljahr 2005/2006 versieht Herr A sehr kompetent seinen Dienst als ständiger Vertreter des Schulleiters. Dabei kommen ihm die hervorragenden

Informatikkenntnisse und die langjährige Erfahrung mit Schulverwaltungssoftware zugute. Er versteht sich als „Teamplayer", sein Kommunikationsstil wird als sachlich-prägnant beschrieben. Im Auftrag des Schulleiters arbeitete er ständig mit dem Schulträger zusammen. Des Weiteren verwaltete er sämtliche Haushalte eigenverantwortlich. In beiden Bereichen zeichnete er sich durch transparentes Vorgehen und große Zuverlässigkeit aus. Aufgrund der Ruhestandsversetzung des Schulleiters hat Herr A Aufgaben aus dem originären Tätigkeitsbereich des Schulleiters übernommen und nimmt seit dem Schuljahresbeginn 20.. eigenverantwortlich die Amtsgeschäfte des Schulleiters wahr. Hervorgehoben werden ein sehr guter Kontakt zu der Elternschaft und ein ausgezeichnetes Verhältnis zu den Schülern. Des Weiteren verfügt er über umfassende Erfahrungen in der Konferenzleitung auf unterschiedlichen Ebenen. In der Funktion des stellvertretenden Schulleiters hat er Personalentwicklungsgespräche durchgeführt.

6

Zusammenfassend werden die Leistungen von Herrn A in der dienstlichen Beurteilung durch das Staatliche Schulamt mit der Note „sehr gut" (14 Punkte) beurteilt.

Im Überprüfungsverfahren gelingt es Herrn A nicht immer umfassend, den positiven Eindruck der Aktenlage zu bestätigen.

Herr A erfasst die wesentlichen Schwächen der Unterrichtsstunde und orientiert sein Gesprächsverhalten in der Gruppenreflexion an den Prinzipien des aktiven Zuhörens. Er übernimmt an vielen Stellen aktiv die Gesprächsführung, äußert klar und gezielt seine Kritik an den Gesprächsbeiträgen und unterstützt die Kompromissfindung. Die Antwort von Herrn A zur Motivationslage zeugt von einem ausgeprägten Selbstbewusstsein, es fehlt jedoch an professioneller Selbstkritik. Zum Fallbeispiel zeigt Herr A zwar ein grundsätzlich angemessenes Rollenverständnis eines Schulleiters in Konfliktsituationen, die starke Fokussierung auf die Autoritätsfrage irritiert, umfassende Fähigkeiten zur Konfliktlösung werden nicht unter Beweis gestellt. Herr A erkennt die zentrale Aussage des Zitats, die Ausführungen zeugen von einer Reflexion des eigenen Führungsstils und einem grundlegenden Rollenverständnis. Die fehlende Fokussierung auf die eigentliche Frage und die Nichteinbeziehung des Kollegiums in seine Überlegungen sind zu kritisieren. Zur Zielvereinbarung und zum Inspektionsbericht ist sich Herr A der Verbesserungsmöglichkeiten bewusst, kann Ursachen identifizieren und stellt sich der Skepsis des Kollegiums in Bezug auf seine Person, eine weitergehende Konkretisierung der daraus abgeleiteten Konsequenzen für sein Verhalten wäre wünschenswert gewesen. Bei der Abschlussfrage sind Entschlossenheit und Willensstärke erkennbar, es bleiben aber auch Zweifel an der gebotenen Professionalität.

Insgesamt ist das Überprüfungsverfahren mit „gut bis befriedigend" zu bewerten.

Unter Berücksichtigung aller Aspekte ist damit festzustellen, dass Herr A derzeit gut bis befriedigend geeignet erscheint, die Aufgaben des Schulleiters am Gymnasium zu übernehmen.

Der Unterricht von Herrn StD P ist gekennzeichnet durch fundierte fachliche Kompetenz, adäquate Anforderungen und eine qualifizierte Methodenvielfalt. Herr P war in unterschiedlichen Schulen tätig, war abgeordnet in verschiedene Bereiche der Schulverwaltung und mehrere Jahre als Studienleiter tätig. Von 20.. bis 20.. leitete er ein Mittelstufengymnasium, bevor er sechs Jahre die XXX-Schule führte. In allen dienstlichen Beurteilungen wird festgestellt, dass der Bewerber seine Dienstobliegenheiten äußerst verantwortungsbewusst, eigenständig, korrekt und zuverlässig versieht. Mit dieser breiten Erfahrung hat er bewiesen, dass er in besonderer Weise und an leitender Stelle an der Weiterentwicklung von Schule mitarbeiten kann.

In der aktuellen dienstlichen Beurteilung wird darauf verwiesen, dass Herr P eine spürbare Anerkennung seiner Schule erreicht hat. Die internen Entscheidungen zur Qualitätsentwicklung wurden jeweils mit großer Zustimmung getroffen, ein Zeichen guter Führungsqualität und Überzeugungsarbeit. Die positive Entwicklung der Schule wurde durch seine pädagogische Arbeit gestützt. Ein neues Schulprogramm, der „sanfte Übergang" von der Grundschule zur Sekundarstufe, das Konzept „Deutsch als Zweitsprache" und ein Ganztagsprogramm entstanden unter seiner Leitung.

Eine Inspektion hat die Schule 20.. mit Erfolg bestanden. Insgesamt ist unter der Leitung von Herrn P eine positive Entwicklung der pädagogischen Arbeit und der Leistungsqualität der Schule festzustellen.

Zusammenfassend werden die Leistungen von Herrn P durch den für die Schule zuständigen Mitarbeiter des Schulamtes mit „gut" (den Anforderungen voll entsprechend) bewertet.

Im Überprüfungsverfahren ist Herr P nur in befriedigender Weise in der Lage, den sehr guten Eindruck der Aktenlage zu bestätigen.

Herr P erkennt Stärken und Schwächen der Unterrichtsstunde, seine Beurteilung der Stunde mit „noch ausreichend" ist als zu negativ einzuschätzen. Seine Beiträge im Gruppengespräch berücksichtigen nicht immer den Gesprächsverlauf, eine Orientierung an den Prinzipien des aktiven Zuhörens ist nur ansatzweise erkennbar. In der Antwort zur Motivationsfrage hat Herr P sehr stark die eigene Situation im Blick, ein stärkerer Fokus auf die Schule wäre wünschenswert gewesen. Die von Herrn P aufgezeigten Handlungsschritte im Fallbeispiel fokussieren zunächst auf dienstrechtliche Maßnahmen Auch nach einer eingeforderten Konkretisierung bleibt Herr P in seinen Äußerungen eher pauschal. Insgesamt zeugt die Bearbeitung dieses Fallbeispiels von einem grundlegend angemessenen Rollenverhalten, aber einer zu stark formalen Bearbeitung, es fehlt das Eingehen auf konkrete inhaltliche Konfliktlösungsansätze. Die Ausführungen zur Zitatinterpretation zeugen von einer umfassenden, allerdings nicht immer bis ins Detail überzeugenden Reflexion des eigenen Führungsstils und einem grundsätzlich angemessenen Rollenverhalten. Insgesamt ist Herr P ansatzweise in der Lage, die Schwächen der vorgelegten Zielvereinbarung zu erkennen und den zeitlichen Rahmen, den komplexe Schulentwicklungsprozesse erfordern, angemessen einzuschätzen. Seine Skepsis in Bezug auf die Zusammensetzung der Steuergruppe steht in einem gewissen Widerspruch zur Einbindung der Schulgemeinde in laufende Entwicklungsprozesse.

Insgesamt ist das Überprüfungsverfahren mit „befriedigend" zu bewerten.

Unter Berücksichtigung aller Aspekte ist damit festzustellen, dass Herr P derzeit noch gut geeignet erscheint, die Aufgaben des Schulleiters am Gymnasium zu übernehmen.

7. Schulfachliche Eignungsfeststellung

In der Gesamtabwägung im Hinblick auf die ausgeschriebene Stelle ist unter Berücksichtigung der dienstlichen Werdegänge, der dienstlichen Beurteilungen, des Ergebnisses des Überprüfungsverfahrens, der Schulsituation und der Anforderungskriterien die schulfachliche Eignung der Bewerber wie folgt festzustellen:

1. Herr StD A noch gut geeignet
2. Herr StD P gut bis befriedigend geeignet
3. Frau StD'in S grundsätzlich geeignet

Wenngleich auch er die gestellten Anforderungen nicht vollständig erfüllt, erscheint Herr StD A der am besten geeignete Bewerber zu sein. Ich schlage daher vor, die ausgeschriebene Stelle mit Herrn StD A zu besetzen.

7. Literaturverzeichnis

1. Astheimer, Bott, Hoffmann, Nolte, Schreiner, Siegle, Wenzelburger; Grundkurs Schulrecht V, Carl Link 2010

2. Avenarius, H.; Füssel, H.-P. Schulrecht, Carl Link 2010

3. v. Bernuth, W.; Grundkurs Schulrecht X, Urheber- und Medienrecht leicht gemacht, Carl Link 2013

4. Böhm, Th.; Aufsicht und Haftung in der Schule, Luchterhand 2002

5. Böhm, Th.; Grundkurs Schulrecht I, Zentrale schulrechtliche Fallbeispiele für die Praxis, Carl Link 2006

6. Böhm, Th.: Grundkurs Schulrecht II, Zentrale Fragen zur Aufsichtspflicht und Erziehungs- und Ordnungsmaßnahmen, Carl Link 2007

7. Böhm, Th.: Grundkurs Schulrecht III, Zentrale Fragen zur Leistungsbeurteilung und zum Prüfungsrecht, Carl Link 2008

8. Böhm, Th.: Grundkurs Schulrecht IV, Gerichtsentscheidungen und juristische Texte besser verstehen, Carl Link 2009

9. Böhm, Th.; Grundkurs Schulrecht VIII, Rechts-ABC Schulverwaltung, Carl Link 2012

10. Bott, W.; Grundkurs Schulrecht VI, Verwaltungsrecht im Schulbereich, Carl Link 2011

11. Bott, W.; Dienstrecht in Hessen – Handbuch für Lehrerinnen und Lehrer, Carl Link 2010

12. Bott, W.; Dienstordnung für Schulen in Hessen, Carl Link 2012

13. Bott, W.; Grundkurs Schulrecht IX, Stellenbesetzung im Schulbereich, Carl Link 2012

14. Bott, W.; Diegelmann, E.; Koplow, E.; Liese, G; Schullink – Hessen, Datenbank für Schulmanagement, 2014

15. Camus, A.; Der Mythos vom Sysyphos. Ein Versuch über das Absurde, Rowohlt 1992

16. Fisseni, H.-J.; Fennekels, G.: Das Assessment Center – Eine Einführung für Praktiker, Verlag für Angewandte Psychologie 1995

17. Freie und Hansestadt Hamburg, Behörde für Schule und Berufsbildung, Landesinstitut für Lehrerbildung und Schulentwicklung (Hrsg.), Schulleitung in Hamburg – eine Informationsschrift, 7. Aktualisierte Auflage, September 2008

18. GEISEL, W.; Ein Brief, die Entscheidung betreffend, Schulleiter zu werden; in: Schulverwaltung Hessen/Rheinland-Pfalz 5/2014)

19. GRUEL, H.J.; KIPP,H.; Zum Job-Shadowing nach North-Lanarkshire, in: pad aktuell 3/2011

20. HARNISCHFEGER, A.; Schule leiten. Neue Wege gehen und sie anderen zumuten, Debus 2013

21. HUBER, ST.; Qualifizierung von Schulleiterinnen und Schulleitern im internationalen Vergleich, Wolters Kluwer 2003

22. HUNDT, M.; Grundkurs Schulrecht VII, Religionsrecht in der Schule, Carl Link 2011

23. KEßLER, C.; GROMES, K.(HRSG.); Bausteine zum Berufseinstieg in die Schule, Carl Link 2013

24. LUNGERSHAUSEN, H. (HRSG.); Neu in der Schulleitung – Ein Wegweiser für den erfolgreichen Start, Carl Link 2011

25. PFUNDTNER, R.; Grundwissen Schulleitung. Handbuch für das Schulmanagement, Luchterhand 2007

26. ROLFF, H.G. U.A.(HRSG.); Jahrbuch der Schulentwicklung Bd. 9, Beltz 1996

27. ROLFF, H.G. U.A. (HRSG.); Jahrbuch der Schulentwicklung, Bd. 10, Beltz 1998;

28. SCHMITZ E., HILLERT A.; Schulleitung – ein unmöglicher Beruf?; in: Schulverwaltung NRW, 7–8/2011

29. SCHÜTZE, F.; Biografieforschung und narratives Interview, in: Neue Praxis, 1/1983 (3), S. 283–293

30. VEITH, R.; Qualifizierung und Eignungsfeststellung für Schulleiter – Ein Überblick über den Weg zum Schulleiter in Nordrhein-Westfalen, in Schulverwaltung NRW 1/2014)

8. Liste mit interessanten und hilfreichen Links

Zu den Themen „Schulleitung", „Bewerbung", „Überprüfungsverfahren", „rechtliche Bestimmungen" etc. gibt es im Internet eine Fülle von Hinweisen, Tipps und Materialien, die unter anderem auch deshalb so zahlreich sind, weil es von Bundesland zu Bundesland unterschiedliche Rahmenbedingungen für die Schulleiter-Funktion gibt. Deshalb ist es mit Sicherheit hilfreich und lohnend, sich zu diesem ganzen Bereich, aber auch zu speziellen Fragen oder einzelnen Aspekten auf die Suche im Internet zu begeben.

Wir haben uns hier darauf beschränkt, einige Links zusammen zu stellen, von denen wir der Meinung sind, dass sie für Kollegen hilfreich und interessant sein könnten. Mehr Links zum Themenkomplex „Schulleitung" finden sich auf der zum Buch gehörenden Micro-Site.

1. http://www.schulrecht-rlp.de/index.php/Informationen_f%C3%BCr_ Interessentinnen_und_Interessenten_um_schulische_Funktionsstellen_ von_Januar_2010
   (Informationstext über die Bewerbung um schulische Funktionsstellen von Januar 2010 aus Rheinland-Pfalz)

2. http://www.tresselt.de/schulleitung.htm (Umfangreiches Material und Downloads zum Bereich Schulleitung, z.B. Burn-Out, Aufgabenbereiche usw. vorwiegend für Nordrhein-Westfalen)

3. http://www.absolventa.de/karriereguide/assessment-center
   (Kurzbeschreibungen für Studenten zu verschiedenen Assessmentverfahren)

4. http://www.praktikumsamt.mzl.uni-muenchen.de/materialien/u_ beobachtungsbogen.pdf
   (Zweiseitiger, praktikabler Beispielbogen für die Beobachtung von Unterricht)

5. http://lehrerfortbildung-bw.de/ffb/schulleit/anforderungsprofil/ anforderungsprofil_sl_04092012.pdf
   (Kompetenzbeschreibungen zum Anforderungsprofil für Schulleiterinnen und Schulleiter, Baden Württemberg, Ministerium für Kultus, Jugend, Sport, PDF-Datei von 23 Seiten)

8

6. http://www.rechnungshof.baden-wuerttemberg.de/de/veroeffentlichungen/
denkschriften/31760/31877.html
(Informative Denkschrift des Rechnungshofs Baden Württemberg zum
Bereich „Schulleitung an allgemein bildenden Schulen [Beitrag Nr. 13]")

7. http://www.bildung-news.com/bildung-und-karriere/bewerbung/
vermeiden-sie-10-fehler-im-bewerbungsanschreiben/
(Materialien und Hinweise zum Bewerbungsschreiben bzw. zur Bewerbung allgemein)

8. http://www.rpt.tue.schule-bw.de/a7/a711-service/01-formulare/bew/bew_
uebergr/rpt7-06-leitfaden.pdf
(Leitfaden mit Hinweisen für Bewerbungen auf Funktionsstellen in Baden
Württemberg, PDF-Datei von 19 Seiten mit zusätzlichen Verweisen)

9. http://www.bezreg-koeln.nrw.de/brk_internet/leistungen/abteilung04/46/
schulleitungen/specials/curriculum.pdf
(Fortbildungsinhalte für die Schulleiter-Qualifizierung im Bezirk Köln)

10. https://www.thueringen.de/imperia/md/content/tkm/lehrer/
anforderungsprofil_evas_schulleiter.pdf
(Allgemeines Anforderungsprofil für Schulleiter einer eigenverantwortlichen Schule aus Thüringen, PDF-Datei von 5 Seiten)

11. *http://mbwwk.rlp.de/ministerium/stellenausschreibungen/*
funktionsstellen-an-schulen/allgemeine-stellen-und-anforderungsprofile/
(Allgemeine Stellen- und Anforderungsprofile für schulische Funktionsstellen Rheinland Pfalz, PDF-Datei von 5 Seiten)

12. *http://mbwwk.rlp.de/ministerium/stellenausschreibungen/funktionsstellen-*
an- schulen/allgemeine-stellen-und-anforderungsprofile/
(Allgemeine Stellen- und Anforderungsprofile für schulische Funktionsstellen aus Rheinland Pfalz)

13. http://www.aps-noe.at/fileadmin/inhalte/downloads/Brosch%C3%BCren/
Schulleitermodell.pdf
(Informative Materialien aus Nieder-Österreich zur Bewerbung auf Schul-
leiter-Stellen, PDF-Datei von 63 Seiten)

14. *http://www.arbeitgeber.de/www/arbeitgeber.nsf/%20res/*
    Schulleiterbrosch%C3%BCre.pdf/$file/Schulleiterbrosch%C3%BCre.pdf
    („Was Schulleiter als Führungskräfte brauchen"; PDF-Broschüre der
    Arbeitsgemeinschaft „Schule und Wirtschaft" von 34 Seiten)

15. http://www.kultusportal-bw.de/Lde/776577
    (Dienstliche Beurteilung von Lehrern in Baden Württemberg)

16. http://www.schulministerium.nrw.de/docs/bp/Ministerium/Presse/
    Pressekonferenzen/2008/17_06_2008_Eigenverantwortliche-Schule-in-
    NRW/Handlungsfelder_und_Kompetenzen_Erlassfassung4.pdf
    (Handlungsfelder und Schlüsselkompetenzen für das Leitungshandeln in
    eigenverantwortlichen Schulen in Nordrhein-Westfalen, PDF-Datei von
    10 Seiten)

17. http://www.dionysianum.de/index.php/component/attachments/
    download/470
    (Sehr umfangreiche Zusammenstellung der 318 Aufgabenbereiche des
    Schulleiters aus Nordrhein-Westfalen)

18. http://www.lis.bremen.de/sixcms/media.php/13/NiSL2010_b.pdf
    (Maria Schümann/Angelika Wittenberg; Neu in Schulleitung. Das Hand-
    buch, Materialien aus Bremen, PDF-Datei 140 Seiten)

8

9. Autorenverzeichnis

Dr. Wolfgang Bott

Jahrgang 1949. Studium der Rechtswissenschaften in Freiburg und Kiel. Promotion 1978 in Speyer. Von 1978 bis 2001 Schulaufsichtsbeamter beim Staatlichen Schulamt Frankfurt/Main, seit 1991 zudem für eineinhalb Jahre Vizepräsident beim Oberschulamt Leipzig. Danach Referatsleiter Schulaufsicht beim Hessischen Kultusministerium. Seit 2010 Referatsleiter Allgemeine Rechtsangelegenheiten für berufliche Schulen beim Hessischen Kultusministerium. Ergänzend seit 1992 Durchführung von Fortbildungsveranstaltungen für Lehrkräfte und Schulleiter in Sachsen, Sachsen-Anhalt und Thüringen.

Kerstin Gromes

Jahrgang 1969. Studium für das Lehramt an Grundschulen an der Justus-Liebig-Universität Gießen in den Fächern Deutsch, Mathematik und Kunst von 1988 bis 1991. Konrektorin der Käthe-Kollwitz-Schule Gießen von 1996 bis 2000. Lehrtätigkeit an der University of Wisconsin, Milwaukee, USA 2000 bis 2001. Schulleiterin der Käthe-Kollwitz-Schule Gießen von 2002 bis 2009. Schulfachliche Aufsichtsbeamtin am Staatlichen Schulamt für den Landkreis Gießen und den Vogelsbergkreis seit 2009.

HANS-JOACHIM GRUEL

Jahrgang 1948. Studium für das Lehramt an Gymnasien an der Johann-Wolfgang-Goethe-Universität in Frankfurt und an der Justus-Liebig-Universität in Gießen in den Fächern Deutsch und Politische Bildung von 1969 bis 1974. Referendariat am Studienseminar III in Frankfurt und am Humboldt-Gymnasium in Bad Homburg von 1975 bis 1977. Lehrer an einer Integrierten Gesamtschule von 1977 bis 1982. Wechsel an die Kooperative Gesamtschule in Schotten 1982. Abordnung an ein Gymnasium. Pädagogischer Leiter der Schottener Vogelsbergschule von 1997 bis 2002. Teilabordnung an das Staatliche Schulamt Gießen/Vogelsberg als Koordinator des Netzwerkes „Voneinander Lernen". Mitarbeit in zahlreichen regionalen und europäischen Projekten. Direktor der Vogelsbergschule Schotten von 2002 bis 2012. Versetzung in den Ruhestand im Jahr 2012. Weiterhin Koordinator des Netzwerkes „Voneinander Lernen".

ROLF HECKEROTH

Jahrgang 1959. Studium der Medizin an der Universität Marburg. Danach Studium für das Lehramt an Haupt- und Realschulen an der Justus-Liebig- Universität Gießen in den Fächern Biologie und Englisch. Rektor zur Wahrnehmung von Schulleitungsaufgaben an der Gesamtschule Mücke von 2001 bis 2007. Schulfachlicher Aufsichtsbeamter am Staatlichen Schulamt für den Landkreis Gießen und den Vogelsbergkreis seit Mai 2007.

DR. CHRISTINA KEßLER

Jahrgang 1980. Ausbildung zur Bankkauffrau von 1999 bis 2002. Studium der Psychologie an der Justus-Liebig-Universität in Gießen von 2001 bis 2007, abgeschlossen mit dem Diplom. Anschließend wissenschaftliche Mitarbeiterin in der Abteilung für Pädagogische Psychologie an der Justus-Liebig-Universität Gießen. Promotion 2010. Seit 2009 Tätigkeit als Schulpsychologin im Staatlichen Schulamt für den Landkreis Gießen und den Vogelsbergkreis.

HEINZ KIPP

Jahrgang 1949. Studium für das Lehramt an Haupt- und Realschulen an der Justus-Liebig-Universität Gießen in den Fächern Mathematik und Physik von 1969 bis 1973. Lehrer an einer Grund-, Haupt- und Realschule mit Förderstufe in Bad Nauheim von 1973 bis 1978. Rektor als Ausbildungsleiter mit erziehungs- und gesellschaftswissenschaftlichem Arbeitsschwerpunkt am Studienseminar für das Lehramt an Grund-, Haupt-, Real- und Sonderschulen in Friedberg von 1978 bis 1983. Pädagogischer Leiter der Peter-Petersen-Schule, Schulformbezogene Gesamtschule der Stadt Frankfurt am Main von 1983 bis 1986. Schulfachlicher Aufsichtsbeamter und stellvertretender Schulamtsleiter im Staatlichen Schulamt für den Main-Taunus-Kreis von 1986 bis 1995. Leiter des Staatlichen Schulamtes für den Vogelsbergkreis von 1995 bis 1997. Leiter des Staatlichen Schulamtes für den Landkreis Gießen und den Vogelsbergkreis seit 1997.

9

10. Stichwortverzeichnis

10

10

10